中野憲志

日米同盟という欺瞞、
日米安保という虚構

新評論

まえがき

1

「潜在的欺瞞」という言葉がある。『近代国家における警察思想』を著したドイツの学者（ボルツェンドルフ）が、近代官僚制国家の政策理念と現実の政策目的との乖離をさして、そう名づけたのである。官僚の言動には表と裏があり、一般人の目には裏は隠れ、見えにくくなっているということだろう。

たとえば、警察は「交通事故から国民の生命を守るためにスピード違反の取り締まりを強化する」と言う。しかし、私たちは警察が「国民」の生命をそこまで気にはかけていないこと、また警察が取り締まりを強化するのは「国民」から罰金を徴収し、国や地方、ひいては警察自身の財源確保の手段としたり、「不審車両」や「不審人物」を取り締まる治安対策の一環としてそうすることを知っている。「国民の生命を守る」という公共性を装った理念の下に、財政や治安上の目的を潜り込ませ、隠れて見えなくさせる、そうした近代官僚制国家の「公共政策」の特質をボルツェンドルフは「潜在的欺瞞」と呼んだのである。

「公共の利益」「公共の安全」「公共の福祉」を国は語る。しかし、戦後日本において、「公共」とは何か、何を「利益」「安全」「福祉」とするか、その定義や基準、そこに含まれる物／者と含まれない物／者の差別化、それらの優先順位を決めてきたのは官僚だった。「潜在的欺瞞」は、官僚制国家日本のあらゆる政策分野において確認できる現象なのである。

本書は、日米同盟と日米安保の「潜在的欺瞞」を論じようとする。日本政府が、官僚や政治家が日米関係を「同盟」と定義する欺瞞、そして日米安保が日本の「平和と安全」を守るために存在するという、その論理の虚構性を暴くのが目的である。

もっとも、日本と米国が「同盟」関係にあると思い込み、日米安保が日本を守るために存在すると信じている人は少なくないだろう。だから、「潜在的欺瞞」というドイツの学者が喝破した近代官僚制国家の特質を念頭に置きつつ、その思い込みや信仰が何に由来するか、じっくり考えてみたい。戦後日本を代表してきた政治家や官僚たちが安保条約をどのように解釈し、安保との関係において日米関係をどのように定義してきたか、生の言葉を再現しながら検証してみようと思うのである。

2

日米安保の「安保」とは、「安全保障」の略語である。では、「安全保障」とはいったい何なのか。考えてみれば、「わが国の安全保障」とは言うが、「私の安全保障」とは言わない。また、「自治体の安全対策」とは言うが、ここでも安全保障は使わない。安全保障とは「国家の安全」を「保障」することであり、国家が自らの主権と領土の保全を目的にした概念であって、本来的に私たちが私的には語れない言葉なのだ。そのことに気づいている人は意外に少ないのではないか。

政治家や官僚は「国家国民の安全を守る」と抵抗もなく語る。しかし、彼／彼女らは決して固有名を持つ私たちの安全を保障するとは語らない。安全保障とは、私たちの個別的で具体的な安全を離れ、実体のない抽象的な「国家国民の安全」を定義し、それに基づいて政策を立案し遂行するという、その意味ではとても無謀な試みをする者たちの言葉なのだ。

行政概念としての安全保障は、国家の安定的統治を国家に対して保障する政策の総称である。国家の主権が及ぶ外部と内部を分かち、その両方に統治の安定を脅かす軍事上の「敵」や「脅威」が存在することをそれは想定する。それらが特定できない場合には潜在／潜伏していると考え、名前を与え、把捉しようとする。「テロリズム」がその典型である。

では、いったい誰がその特定できない物／者を考え、名前を与え、把捉しようとするのか。官僚であり、政治家である。つまり、安全保障という概念には、実はそれを語る者たちの国家（＝自分たち）の「敵」や「脅威」が常に顕在／潜在するという、強迫神経症的心理とその認識作用があらかじめ埋め込まれているのである。その意味で、「統治」もまた、安全保障がその内に宿す病理なくして成り立たない概念なのである。

本論の中で折に触れて論じることになるが、国家は戦争のない状態を平和と呼ぶのではない。「統治の安定」が安全保障によって保たれ、安定の均衡が破られていない状態を平和と呼ぶ。そこでは国家の安定＝統治の安定を保つための戦争と殺戮は、平和と両立する概念になる。他者の殺戮を前提にして平和を語る病理が安全保障にはあり、統治はその安全保障によって保たれる。このような国家を単位に語られる平和を人が拒むときには、安全保障をその論理の全体において拒むほかなくなるだろう。

平時、戦時を問わず、統治の安定が見かけの上で保たれている状態においてこそ、安全保障という概念に潜むこのような度し難い病理を、人は忘れがちになる。安全保障が私たちを統治／支配する主体、あるいはその主体に自己同一をはかろうとする者たちの言葉であること、また統治／支配のための物理的強制力・暴力が、国家の主権の外部ばかりでなくその内部＝固有名を持つ私たち自身に対しても向けられていることを、つい忘れてしまうのである。

そういうとき人は、国家の安全保障と生きた諸個人の生活の平穏との間に横たわる、ピンと張りつめた緊張、ときに対立的な関係に無自覚になってしまう。安全保障には、この世界に現実に生きている人間の生を忘れた者たちが、地球儀や世界地図を前に、何か自分を超越的な存在にみたて、国家や「国民」を観念的に操作することを許すような危うさがある。人をして自分の立ち位置や、自分の何者（何様）たるかを簡単に見失わせるような魔性がある。

日米同盟の欺瞞や日米安保の虚構を論じようとしながら、最後まで私が安全保障という概念の論理構造に自己を内在化させることができなかったのは、つまるところ統治／支配という論理の体系に自己を投影することができなかったからだ。私にとって「日米同盟」や「日米安保」は、今でも自分の思考の外部にあり、私はそれを他者の言葉として語っている。安全保障を平気で語れる人々の心性をいまだに私が理解できず、その理論と称されるものに個人的関心が持てないのも、どうもその辺に原因があるらしい。

3

本書は、旧安保条約を締結した吉田内閣から「日米同盟の深化」をオバマ政権とともに宣言した菅内閣まで、「戦後」六〇年間にわたる日本政府の安保解釈とその再編の変遷を辿ってゆくが、読み進めるに従い、読者は本書が対象にしている政府見解の「権威」が、内閣総理大臣や外務大臣をはじめとした閣僚ではなく、内閣法制局長官や外務省条約局長などの官僚であることに気づくはずである。安保をめぐる議論は、旧安保条約の締結から米ソ冷戦体制の崩壊までの約四〇年間においては「資本主義 vs. 共産主義」という日本の体制選択の問題として論じられ、ポスト冷戦の時代においては日本国外の「安全保障上の不安定要因に対処する」ものとして論じられてきた。しかし、そうした言説によって隠蔽されてきたものこそ、安保条約の条文解釈や条約の運用において絶大なる権力を行使してきた官僚機構の存在と、「官僚制民主主義」とも言うべき戦後憲法下における日本の「議会制民主主義」の実態だったのである。

本論に入るに先立ち、この問題を読者に喚起するために、『日本官僚制の研究』という辻清明の書に収められた「戦後の統治構造と官僚制」の一節を紹介しておきたい。『日本官僚制の研究』の旧版は、一九五二年一月に弘文堂から、新版は「東大の異常な事態のなかで法学部長の激職」に辻が就いていた一九六九年五月、東京大学出版会から出されたが、「戦後の統治構造と官僚制」は辻が一九四九年一一月に書き、新版で「増補」されたものである。

辻は、こんなことを書いている。

終戦以後、わが国の国会や政党は、果して、官僚の機構に対して、どれだけの努力と成果を示しているであろうか。この点に関するかぎり、見るべき成果をほとんど挙げていないといっても、決して誇張の言ではない。現に、かれらが、選挙の際に仰々しく並べ立てる公約には、常に美辞麗句に充ちた政策内容が盛りこまれているが、それを何人がいかなる方法で実現してゆくかという肝腎の政策遂行の過程の問題になると、ほとんど口を緘して触れようとしない。占領期間中、なんらかの意味で、官僚制の民主化を匂わせてくれた政策は、地方自治であれ警察であれ、公務員制であれ、ことごとく、占領軍当局のイニシアチーブに基づいていた。党の化石化した命脈と硬化した中枢を、絶えず隠退高級官僚の多年にわたる専門能力と職権網によって輸血し、頻繁な更迭を通じて、無冠の陣笠議員に大臣や次官の栄職を大量に分配して、かれらの官尊意識を充たしながら、既成の官僚機構と密着している自由党や自民党の保守政党ならいざ知らず、進歩政党を標榜して政権を獲得した片山内閣ですら、当時の西尾官房長官の告白によれば、戦前の官吏制度に対する改革は、なにひとつ考慮に上っていなかったという不甲斐ない状態であった……。

明治以来のわが国統治構造の中枢は、占領政策の唯一の代行機関となることによって補強され、あたかも利用されたかのごとき外観の下に、逆に一切の政治勢力を利用できたのである。戦前と同じく、戦後の国会も政党も、華々しい衣裳は纏っていても、けっきょく精緻な官僚機構の舞台で、踊っていたといえるであろう。まことに、わが国の官僚機構は、強靭な粘着力の所有者であった。(二八〇～二八一頁)

辻がこの論文を書いた一九四九年の大晦日、連合国軍総司令部（ＧＨＱ）は*Political Reorientation of Japan*（日本の政治的再方向づけ）と題された「戦後改革」に関する総括文書を発表している。『〈官制〉の形成』（日本評論社、一九九一）の著者、赤木須留喜によれば、総括文書は「封建的・全体主義的日本のとりでのなかで、官僚制は無傷のまま存続している。この官僚制は、しっかりと占領期を生きぬいていくことであろう。そして日本の将来の形成にさいして決定的な役割を果すであろう」と述べ、さらに「官僚制構造には改革の兆しは見られない」「現存する官僚制がその制度を改革しようとすることはないし、また、改革する能力もない」と戦後四年を経た官僚制国家日本の「診断」をしていたという（四八四頁）。

辻の「戦後の統治構造と官僚制」とＧＨＱの総括文書がともに、サンフランシスコ平和条約と旧安保条約（「日本国とアメリカ合衆国との間の安全保障条約」）の締結（一九五一年九月八日）の二年前に書かれ、しかもいずれの文書も、戦前の日本の統治構造を支え、担った「官制」が戦後においてもＧＨＱの「民主化」に抗し、延命したと指摘していることに着目したい。赤木の『〈官制〉の形成』によれば、その最大の根拠は「各省庁設置法が、国会制定法という形をとって、行政官庁ごとにその縄張りを固守してきた「法令」の枠組を承継・承認する形を守りきったこと」により、各省庁が「旧制度の系譜のうえに自らの再生と拡大の道を探りあてた」ことにあった（四八三〜四八四頁）。

「戦後」の日本の針路を決定した対日「平和」条約と同じ日に署名された旧安保条約。私たちはこの条約の何たるかを理解するにあたっても、条約が締結されたその前段階において日本の官僚機構が「自らの再生と拡大の道を探りあて」ることに成功しており、条約締結当時の国会や政党が「華々しい衣裳は纏っていても、けっきょく精緻な官僚機構の舞台で、踊っていた」という歴史的事実を、しっかり踏まえておく必要がある。一九六〇年の「安保改定」もまた「精緻な官僚機構の舞台」でなされ、さらにそれから半世紀を経ても、この「舞台」装置は何も壊されてはおらず、安泰を誇っているからである。

日本の官僚機構が保持する権力構造の解体問題が、ややもすれば官僚の「天下り」解消と「公務員制度改革」という官僚の特権構造の「改革」問題一般に横滑りする傾向が見受けられる昨今、右にみた辻、GHQ文書、赤木による戦後官僚制の分析の意義はここで強調して、し過ぎることはないだろう。無論、官僚の特権構造は「改革」ではなく、文字通り解体されねばならないことは言うまでもない。しかし、官僚の特権は法令によって保障された（官僚自身が自らに保障した）官僚機構が保持する権力構造から派生するものであって、そこにメスを入れなければ特権さえ解体することはできないのである。

民主党政権ではその「改革」さえ覚束ないことが明らかになりつつある今日の状況にあって、私たちは今更ながらに「まことに、わが国の官僚機構は、強靭な粘着力の所有者」だと感嘆せずにはいられないが、本書が読者に提起する究極の問題は、いつまで私たちがこの国の法制・外務官僚および彼らと結託した自民党、民主党などの既存の議会政党によって無期限状態にされてきた安保条約と米軍駐留の存続を容認し続けるのか、ということである。

本書が各章で行う分析には、誤りがあるかもしれない。また、本書の結論に同意できない読者も多いかもしれない。仮にそうだとしても、安保条約と米軍駐留の無期限状態が続いている現実は何も変わらず、それを放置してよいという理由はどこにも見当たらない。本書の目的は、日米同盟が欺瞞であるか否か、日米安保が虚構であるか否かを問うことではなく、日米同盟論のどこに欺瞞が潜在／顕在しているのか、日米安保の何が虚構なのかを突き止め、何をどうすれば安保と米軍駐留の無期限状態に終止符が打てるかを考えることにある。本書に異論を持つ読者も、この国を代表してきた者たちの生の言葉を自ら分析し、これらをともに考えていただきたい。そして、議論が深まることを願う。欺瞞は暴かれ、虚構は破壊されるのが物事の道理だと思うからである。

日米同盟という欺瞞、日米安保という虚構◆目次

【凡例】

1　引用文中の［　］、傍点および太字は中野のもの。

2　本書に掲載されている国会議事録は「国会議事録検索システム」（http://kokkai.ndl.go.jp/）からの引用である。旧かな使いのものは現代かな使いに、また誤字・脱字などについては修正を施した。

3　本文中の参照ウェブサイトのURLは、すべてhttp://を省略した。

4　自由民主党、日本社会党、日本共産党、民主社会党、社会民主党の各党について、本書ではそれぞれ自民党、社会党、共産党、民社党、社民党とした。

日米同盟という欺瞞、
日米安保という虚構

こんなはずじゃ　なかっただろ？
歴史が僕を　問い詰める
まぶしいほど　青い空の真下で

（C）The Blue Hearts
「青空」より
詩＝真島昌利

◆新安保条約全文

日本国とアメリカ合衆国との間の相互協力及び安全保障条約

（安保条約。一九六〇年一月一九日署名。同年六月二三日発効）

日本国及びアメリカ合衆国は、
両国の間に伝統的に存在する平和及び友好の関係を強化し、並びに民主主義の諸原則、個人の自由及び法の支配を擁護することを希望し、
また、両国の間の一層緊密な経済的協力を促進し、並びにそれぞれの国における経済的な安定及び福祉の条件を助長することを希望し、
国際連合憲章の目的及び原則に対する信念並びにすべての国民及びすべての政府とともに平和のうちに生きようとする願望を再確認し、
両国が国際連合憲章に定める個別的または集団的自衛の固有の権利を有していることを確認し、
両国が極東における国際の平和及び安全の維持に共通の関心を有することを考慮し、
相互協力及び安全保障条約を締結することを決意し、
よって、次のとおり協定する。

第一条

1　締約国は、国際連合憲章に定めるところに従い、それぞれが関係することのある国際紛争を平和的手段によつて国際の平和及び安全並びに正義を危うくしないように解決し、並びにそれぞれの国

際関係において、武力による威嚇又は武器の行使を、いかなる国の領土保全又は政治的独立に対するものも、また、国際連合の目的と両立しない他のいかなる方法によるものも慎むことを約束する。

2　締約国は、他の平和愛好国と共同して、国際の平和及び安全を維持する国際連合の任務が一層効果的に遂行されるように国際連合を強化することに努力する。

第二条

締約国は、その自由な諸制度を強化することにより、これらの制度の基礎をなす原則の理解を促進することにより、並びに安定及び福祉の条件を助長することによつて、平和的かつ友好的な国際関係の一層の発展に貢献する。締約国は、その国際経済政策におけるくい違いを除くことに努め、また、両国の間の経済的協力を促進する。

第三条

締約国は、個別的に及び相互に協力して、持続的かつ効果的な自助及び相互援助により、武力攻撃に抵抗するそれぞれの能力を、憲法上の規定に従うことを条件として、維持し発展させる。

第四条

締約国は、この条約の実施に関して随時協議し、また、日本国の安全又は極東における国際の平和及び安全に対する脅威が生じたときはいつでも、いずれか一方の締約国の要請により協議する。

第五条

1　各締約国は、日本国の施政の下にある領域における、いずれか一方に対する武力攻撃が、自国の平和及び安全を危うくするものであることを認め、自国の憲法上の規定及び手続に従つて共通の危険に対処するように行動することを宣言する。

2　前記の武力攻撃及びその結果として執った全ての措置は、国際連合憲章第五一条の規定に従つて直ちに国際連合安全保障理事会に報告しなければならない。その措置は、安全保障理事会が国際の平和及び安全を回復し維持するために必要な措置を執つたときは、終止しなければならない。

第六条

1　日本国の安全に寄与し、並びに極東における国際の平和及び安全の維持の寄与するため、アメリカ合衆国は、その陸軍、空軍及び海軍が日本国において施設及び区域を使用することを許される。

2　前記の施設及び区域の使用並びに日本国における合衆国軍隊の地位は、一九五二年二月二八日に東京で署名された日本国とアメリカ合衆国との間の安全保障条約第三条に基づく行政協定（改正を含む）に代わる別個の協定及び合意される他の取極により規律される。

第七条

この条約は、国際連合憲章に基づく締約国の権利及び義務又は国際の平和及び安全を維持する国際連合の責任に対しては、どのような影響を及ぼすものではなく、また、及ぼすものとして解釈してはならない。

第八条

この条約は、日本国及びアメリカ合衆国により各自の憲法上の手続に従つて批准されなければならない。この条約は、両国が東京で批准書を交換した日に効力を生ずる。

第九条

一九五一年九月八日にサン・フランシスコ市で署名された日本国とアメリカ合衆国との間の安全保障条約は、この条約の効力発生のときに効力を失う。

第一〇条

1　この条約は、日本区域における国際の平和及び安全の維持のため十分な定めをする国際連合の措置が効力を生じたと日本国政府及びアメリカ合衆国政府が認めるときまで効力を有する。

2　もつとも、この条約が一〇年間効力を存続した後は、いずれの締約国も、他方の締約国に対しこの条約を終了させる意志を通告することができ、その場合には、この条約は、そのような通告が行われた後一年で終了する。

◆旧安保条約全文

日本国とアメリカ合衆国との間の安全保障条約

（旧安保条約。一九五一年九月八日署名。一九五二年四月二八日発効）

日本国は、本日連合国との平和条約に署名した。日本国は、武装を解除されているので、平和条約の効力発生の時において固有の自衛権を行使する有効な手段をもたない。無責任な軍国主義がまだ世界から駆逐されていないので、前記の状態にある日本国には危険がある。よつて、日本国は、平和条約が日本国とアメリカ合衆国との間に効力を生ずるのと同時に効力を生ずべきアメリカ合衆国との安全保障条約を希望する。平和条約は、日本国が主権国として集団的安全保障取極を締結する権利を有することを承認し、さらに、国際連合憲章は、すべての国が個別的および集団的自衛の固有の権利を有することを承認している。

これらの権利の行使として、日本国は、その防衛のための暫定措置として、日本国に対する武力攻撃を阻止するため日本国内及びその附近にアメリカ合衆国がその軍隊を維持することを希望する。

アメリカ合衆国は、平和と安全のために、現在、若干の自国軍隊を日本国内及びその附近に維持する意思がある。但し、アメリカ合衆国は、日本国が、攻撃的な脅威となり又は国際連合憲章の目的及び原則に従つて平和と安全を増進すること以外に用いられうべき軍備をもつことを常に避けつつ、直接及び間接の侵略に対する自国の防衛のため漸増的に自ら責任を負うことを期待する。

よつて、両国は、次のとおり協定した。

第一条

平和条約及びこの条約の効力発生と同時に、アメリカ合衆国の陸軍、空軍及び海軍を日本国内及びその附近に配備する権利を、日本国は、許与し、アメリカ合衆国は、これを受諾する。この軍隊は、極東における国際の平和と安全の維持に寄与し、並びに、一又は二以上の外部の国による教唆又は干渉によって引き起こされた日本国における大規模の内乱及び騒じょうを鎮圧するため日本国政府の明示の要請に応じて与えられる援助を含めて、外部からの武力攻撃に対する日本国の安全に寄与するために使用することができる。

第二条

第一条に掲げる権利が行使される間は、日本国は、アメリカ合衆国の事前の同意なくして、基地、基地における若しくは基地に関する権利、権力若しくは権能、駐兵若しくは演習の権利又は陸軍、空軍若しくは海軍の通過の権利を第三国に許与しない。

第三条

アメリカ合衆国の軍隊の日本国内及びその附近における配備を規律する条件は、両政府間の行政協定で決定する。

第四条

この条約は、国際連合又はその他による日本区域における国際の平和と安全の維持のため充分な定めをする国際連合の措置又はこれに代る個別的若しくは集団的の安全保障措置が効力を生じたと日本国及びアメリカ合衆国の政府が認めた時はいつでも効力を失うものとする。

第五条

この条約は、日本国及びアメリカ合衆国によって批准されなければならない。この条約は、批准書が両国によつてワシントンで交換された時に効力を生ずる。

第一章　日米同盟という欺瞞

(1) 12版△ 朝日新聞 昭和35年(1960年)6月19日 日曜日 第26730号 (日刊)

朝日新聞

安保新条約、ついに自然承認

社党、不承認を宣言

官房長官談話 "反対は一部分子"

デモ、徹夜で国会を包む

一般市民参加、目立つ

三十三万を動員 国民会議の発表

国会正門前の道路をぎっしり埋めるデモのすわり込み

十三万人の参加

新条約は違憲

院内外の闘争強化 社会党宣言

"批准前に岸退陣"

民主派 中間派によびかけ 自民党

長老会議で収拾を推進

大幹部は議員総辞職中止

民社は臨時国会を要求

米、国会承認を喜ぶ

国務省声明

与党議員、院外へ退去

一時、自衛隊出動も検討

安保新条約 発効月末か

天声人語

1960年 6 月19日の『朝日新聞』

日本と米国は「同盟国」とされている。ブッシュ共和党政権からオバマ民主党政権に変わった米国政府も、自公政権から政権交代を経て民主連立政権となった日本政府も、ともに日米同盟が「アジア・太平洋地域の平和と安定の礎」と宣言してきた。政治的にグローバルであるという意味でそれは普遍的であり、政権交代を超越するという意味で不変である、とされてきたのである。

しかし、そもそも日米同盟とはいったい何なのか。日本と米国はいつ、どのようにして「同盟国」になったのか。普遍的で不変だとさんざん宣伝されてきたものが、なぜいとも簡単に「漂流」「迷走」したり、「亀裂」が走り「危機」に陥ったりするのか。それより何より、なぜ日米首脳は政権が変わるたびに日米同盟を「再確認」し、「宣言」しあわねばならないのか?

考えはじめると、日米同盟をめぐる疑問は尽きることがない。まずはその定義と歴史を探る手はじめに、二〇一〇年六月、国会「承認」から丸半世紀を迎えた安保条約と日米同盟の関係を考えてみることにしよう。

1　安保条約は軍事同盟ではない

もしも日本と米国が同盟国であるなら、安保条約は軍事同盟を定めた条約、ということになるのだろうか。条約締結の日本側最高責任者、岸信介元首相は、「そうではない」と半世紀前に断言している。

　今度の新しい安保条約が、一部において軍事同盟であるというふうな議論がございますが、これは経済協力の規定があるといなとにかかわらず、そういう性格のものではないのであります。あくまでもこれは国連憲章にいうところの、不当な武力攻撃に対処してこれを排除するという純防衛的なものでございまして、かくのごときものを軍事同盟というような表現をすることは、これは実体を誤るものであると考えております。……本質的にこの条約は軍事同盟ではない。（一九六〇年二月二日、参院本会議）

安保条約は、本質的に軍事同盟ではない。であるなら、この条約に基づく米国と日本、米軍と自衛隊の関係も本質的に軍事同盟ではないことになる。なぜなら、岸が言うように安保条約における日本と自衛隊の役割とは、日本が武力攻撃を受けた場合にかぎり、それに「対処」し、攻撃を「排除」するという「純防衛的」なものであり、相手が誰であれ自衛隊の側から攻撃を加えたり、日本の防衛以外の目的で自衛隊が米軍とともに「実力」行使することはありえないからである。

一般に、条約の一方の締約国が自国の防衛にしか責任を負わない二国間の関係を軍事同盟とは言わない。もちろん、それをも含めて軍事同盟と言うのは自由だし、学者の世界ではいろんな定義があるだろう。しかし、少なくともかつて日本を代表する内閣総理大臣を務めた人物が「そうではない」と言っている。だとしたら、日米関係も本質的に「同盟」とは言えないのではないか？　軍事同盟と定義できない二国間の関係を、軍事以外の分野で同盟規定することは、どう考えても無理があるように思えるからだ。

「駐兵条約」としての安保条約

安保条約の前身、旧安保条約（「日本国とアメリカ合衆国との間の安全保障条約」一九五一年九月八日署名、翌五二年四月二八日発効）に日本の全権大使として署名した本人、吉田茂元首相も、実は岸とまったく同じことを語っていた。条約締結から二年余り、自衛隊がまもなく創設されようとしていたときの吉田の発言である。

再軍備はいたさない、憲法に禁止されておるごとき戦力を持つ軍隊は持たないということは、しばしば申した通りであります。従って、これを持つ計画はございません。軍事同盟云々のお話がありましたが、従って、い、い、い、い、いかなる国に対しても軍事同盟をいたす考えはありません。（一九五四年一月二六日、衆院本会議）

自衛隊は「戦力を持つ軍隊」ではない。だから日本は米国のみならず、いかなる国とも軍事同盟を結びようがない。また、政府として結ぶつもりもない。であるから、自衛隊がこの世に存在しないときに結ばれた旧安保条約が軍事同盟であるはずもなく、自衛隊創設と同時に条約が改定されたわけでもないので、その事実が変わるはずもない。

では、旧安保条約とは何のための、どのような性格の条約だったのか。条約の国会承認をめぐる審議の中で、吉田は次のように答えている。

日本は独立はできたが防備はない、［旧安保条約は］その空間を満たすための暫定条約であって将来国力が充実するか、あるいは国連その他の国際的機構が充実される場合には別に考えるべきで、独立を得たその瞬間における独立安全をどうしてはかるか、そのさしあたりの必要に応ずるためにこの条約はできたのであります。ゆえに暫定であります。（一九五一年一〇月一九日、衆院「平和条約と日米安全保障条約特別委員会」）

つまり、こういうことだ。旧安保条約と同じ日に締結されたサンフランシスコ平和条約（以下、対日「平和」条約）によって「独立」と「主権」を回復した日本は、憲法九条の規定により戦力＝軍隊を持たない国になった。その結果、連合国軍総司令部（ＧＨＱ）が撤退してしまえば、国家の「独立安全」を守るための「力の空隙」ができてしまう。だから、「外部からの武力攻撃」に備え、当面の暫定措置として日本が米国に対して米軍の駐留継続をお願いし、それを米国が「日本がそこまで望むのであれば」と承諾した。こうして結ばれたのが旧安保条約であり、本質的にそれは米軍という他国の軍隊の、あくまでも暫定的な「駐兵条約」（吉田茂）だったのである。

たしかに、旧安保条約の前文には吉田が言う通りのことが書かれている。

無責任な軍国主義がまだ世界から駆逐されていないので、［武装解除された］前記の状態にある日本国には危険がある。

よつて、日本国は、［サンフランシスコ］平和条約が日本国とアメリカ合衆国の間に効力を生ずるのと同時に効力を生ずべきアメリカ合衆国との安全保障条約を希望する。平和条約は、日本国が主権国として集団的安全保障取極を締結する権利を有することを承認し、さらに、国際連合憲章は、すべての国が個別的及び集団的自衛の固有の権利を有することを承認している。

これらの権利の行使として、日本国は、その防衛のための暫定措置として、日本国に対する武力攻撃を阻止するため日本国内及びその附近にアメリカ合衆国がその軍隊を維持することを希望する。

もともと安保条約とは、対日「平和」条約によって「集団的安全保障取極を締結する権利」を与えられた日本が、その「権利の行使として」米国に対して米軍の駐留を「希望」し、それを米国が「承認」するという形式をとって結ばれた条約だった。だから、安保条約は決して米国に「押し付けられた」ものではないし、これによって日本が米国の「従属国」になったわけでもない。あくまでも米国と「対等」かつ「平等」な「独立主権国家」となった日本が、国の「平和と安全」を守るために主体的に選択した条約なのだ、と聞いている者の耳にタコができるくらい吉田は何度も説明している。当時の外務省条約局長、西村熊雄も「日米安全保障条約は、対等な、平等な立場において、しかも日本の将来に対して経済的発展、文化的発展、民主的発展というものを祈念しながら米国と日本とが結ぼうといたしておる問題であります」と、当選三年目の新人議員、若き中曽根康弘元首相の質問に対して答えている（一

九五一年一〇月二三日、衆院「平和条約と日米安全保障条約特別委員会」)。

これに対し、岸は「違う」と言った。たしかに日本政府としてはそういう考えであったが条約上はそうはなっていない、米軍駐留に関する日本側の義務ばかりが規定され、米国の対日防衛義務が明文化されていないと。そしてそのことが「国民の不安」の原因になっており、条約改定によって新条約の中ではっきりとそれを明文化し、真に「対等」かつ「平等」な条約にしなければならない、と主張したのである(八六頁参照)。

安保条約が一九六〇年の改定によって米軍の「駐兵条約」から脱皮を遂げたか否かについては次章で検証することになる。ここで確認しておきたいことは、岸信介と吉田茂、新旧の安保条約を結んだ日本の最高責任者たるこの二人が、ともに安保条約が軍事同盟(条約)ではなく、憲法九条と平和的に共存できると主張していた点である。

無論、吉田にしても岸にしても安保条約に軍事的要素がない、と言ったのではない。吉田に関して言えば、当初は安保条約を結んでも軍事基地は作らないとまで明言していたほどだ。しかし結局、米軍が日本に基地を持ち駐留することを日本が「希望」したのだから、それだけで十分に軍事的な条約であることは二人とも認めていた。ただし、それはあくまでも「日本の平和と安全」を保障するためであって、仮に日本の主権領域外で何かが起ころうと——たとえば、新旧安保条約の中にある「極東における平和と安全」が脅かされるような「事態」であるとか——、日本が米国とともに「実力」行使することは憲法上も条約上もありえない、と二人ともキッパリと言明したのである。

もっと一般的に言えば、安保条約は「攻守同盟」を否定しており、いわゆる「集団的自衛権の行使」

のための条約ではない、だから「軍事同盟ではない」と二人の内閣総理大臣経験者は何度も何度も国会で断言したのである。吉田について言えば、安保条約が侵略予防・抑止のみを目的とした「平和のための条約」とまで言い切っている。

駐兵によって戦争をするという、駐兵の戦力によって国を守るというのではなくて、進撃をあらかじめ予防する。即ち平和を維持するがためにこの駐兵も許し、安全保障条約も同意することになったのでありまして、戦力によって、米兵の戦力によって国を守るというような考えは毛頭ないのであります。（一九五一年一一月一七日、衆院「平和条約と日米安全保障条約特別委員会」）

国連憲章と安保条約

吉田が打ち上げ、岸が軌道に乗せた「安保条約は軍事同盟ではない」とする認識は、今日に至るまで日本政府の公式見解として引き継がれてきた。それに伴い、日米関係は今でも軍事同盟ではないとされている。日米間の「安全保障」に関する条約が安保条約以外に存在せず、この半世紀、条約は一度も改定されていない。また、憲法九条もそのままなのであるから、政府見解を変えようにも変える根拠がなかった、と言うこともできるかもしれない。理由が何であれ、日本政府によれば日米関係は軍事同盟ではない。しかし、日米「同盟」なのだと。何かがどこかで間違っている、とは思わないだろうか？

日米関係が「同盟」であるか否かが国会審議の中で初めて争点になったのは、安保条約の締結から一三年を経た一九七三年のことだ。ときのニクソン米大統領が発表した「一般教書」の中で、「日米同盟」という表現がたびたび登場したことが問題になったのである。

しかし、日本政府はこの時点においては日米関係を同盟規定することに対し、明確な立場表明をすることを避けた。そうすることによって、米国側の同盟規定に対する消極的な姿勢を示そうとしたのである。

答弁に立ったのは、内閣総理大臣でも外務大臣でもない。外務官僚の大河原良雄である。大河原は、一九四二年に外務省入省後、米国局参事官（一九六七年）、在米特命全権公使（一九七一年）、米国局長（一九七二年）、駐米大使（一九八〇～八五年）などを歴任し、佐藤政権（一九六三～七二年）から中曽根政権（一九八二～八七年）時代にわたる対米外交と安保政策決定に深く関与した人物の一人である。

> 同盟というのが古い意味の軍事同盟的な意味合いを持たないか、こういう御指摘がございましたけれども、日本がアメリカと結んでおります安保条約は**国連憲章に則る集団安全保障体制の一つの形式**でございまして、その意味では、国連憲章に認められた相互集団安全の形であって、古い意味の軍事同盟的なものではない、こういうことが言える性質のものだと考えます。むしろ、アメリカの非常に強いきずなを持った友好国、友邦という趣旨に使われているものと考えたいと思います。（一九七三年五月九日、衆院外務委員会）

ここで大河原は、岸政権以来の自民党政府の伝統的な安保解釈を踏襲しながら、安保条約の国際法上の解釈を述べている。安保条約とは日米同盟の「一つの形式」ではない。「国連憲章に則る集団安全保

サンフランシスコ平和条約　第三章（安全保障）第五条

（a）日本国は、国際連合憲章第二条に掲げる義務、特に次の義務を受諾する。

（i）その国際紛争を、平和的手段によって国際の平和及び安全並びに正義を危うくしないように解決すること。

（ii）その国際関係において、武力による威嚇又は武力の行使は、いかなる国の領土保全又は政治的独立に対するものも、また、国際連合の目的と両立しない他のいかなる方法によるものも慎むこと。

（iii）国際連合が憲章に従ってとるいかなる行動についても国際連合にあらゆる援助を与え、且つ、国際連合が防止行動または強制行動をとるいかなる国に対しても援助の供与を慎むこと。

（b）連合国は、日本国との関係において国際連合憲章第二条の原則を指針とすべきことを確認する。

（c）連合国としては、日本国が主権国として国際連合憲章第五十一条に掲げる個別的又は集団的自衛の固有の権利を有すること及び日本国が集団的安全保障取極を自発的に締結することができることを承認する。

障体制の一つの形式」なのだと。

この大河原の定義には二つの意味が含まれていた。一つは、先述したように旧安保条約が対日「平和」条約と同時に締結されたことに関係している。

対日「平和」条約は、「安全保障」と題された第三章第五条（c）項において、当時まだ国連に加盟していなかった日本に、日本国憲法にその規定がない「個別的自衛権」と「集団的自衛権」を国連憲章とリンクさせながら与えている。そしてこの対日「平和」条約に「国連憲章に則る集団安全保障体制の一つの形式」＝安保条約を結合させることによって日本は、日本国憲法が否定は﹅﹅﹅していない﹅﹅﹅﹅が肯定もしていない﹅﹅﹅﹅、つまりは「固有の権利」と言えるかどうか実は定かではない「個別的自衛権」と「集団的自衛権」をセットで保有する国際法上の根拠を得たのである。

要するに、日本は旧安保条約を結ぶ直前に、米軍という他国の軍隊＝戦力の「暫定」ではあっても無期限の駐留と後の自衛隊の創設、この二つの合法性を担保する法解釈上の枠組を「自然法」と国連憲章によって確保したわけである。「安保条約、米軍の継続駐留、自衛隊は憲法九条に違反しない。なぜなら、それは平和国家日本が国家であるかぎり当然持つ自衛の権利と、国連憲章によって与えられた権利であるから」と、後に自民党政府と官僚が何度も国会で答弁することになる台本が、旧安保条約に署名する段階で米国によってあらかじめ準備されていたのである。

もちろん、「憲法と条約、どちらが優先するか？」といった憲法解釈学および法理論上の議論はいくらでもできる。しかし少なくとも日本政府は、自衛隊発足以降、この台本通りに日本の主権領域内において、他国の軍隊である米軍が、①自らを守るために個別的自衛権を行使すること、②日本を「守る」ために集団的自衛権を行使すること、そして③自衛隊が「自衛権」の名においてその米軍と「共同作戦」を展開することを憲法九条に違反しないと解釈し、国会での答弁をくり返してきたのである。

大河原が言う「国連憲章に則る」のもう一つの意味とは、安保条約が国連憲章第二条に銘記された武力行使原則禁止をはじめとする「国連の平和主義」の制約下にあることを強調することによって、たとえ米軍が日本に無期限に駐留しようとも、それが周辺諸国に対する「脅威」にはならないこと、つまりは日米安保の非攻撃性と非侵略性を内外にアピールすることにあった。

日本政府の公式見解としては、安保条約の本来の目的は吉田茂が言ったように「外部からの武力攻撃」に「対処」することそれ自体ではなく、むしろそれを起こさせないようにすること（＝抑止と予防）にある。また岸信介が言ったように、「いざ」というときに日米はそれぞれ自国の「憲法上の規定及び手続に従って」「対処するように行動する」（安保条約第五条1項）が、その「対処」はあくまでも「純防衛的」なものであり、しかも国連憲章に則りながら行われる「一時的」なもの、ということになっている。だから、日本政府に言わせれば、安保条約が時と場合によっては侵略的性格も帯びうる「日米軍事同盟条約」などというのは、世界平和をめざす国連憲章や日本国憲法の何たるかを知らない無知の極み、政府転覆をもくろむ共産主義者かアナキスト、今ならさしずめテロリストの陰謀以外の何ものでもないことになる。安保条約は戦前の日独伊三国軍事同盟のような「古い意味の軍事同盟」ではない。

国連憲章　第五一条（自衛権）

　この憲章のいかなる規定も、国際連合加盟国に対して武力攻撃が発生した場合には、安全保障理事会が国際の平和及び安全の維持に必要な措置をとるまでの間、個別的又は集団的自衛の固有の権利を害するものではない。この自衛権の行使に当って加盟国がとった措置は、直ちに安全保障理事会に報告しなければならない。また、この措置は、安全保障理事会が国際の平和及び安全の維持又は回復のために必要と認める行動をいつでもとるこの憲章に基く権能及び責任に対しては、いかなる影響も及ぼすものではない。

「国際の平和と安全」をめざす国連憲章の精神を体現する、れっきとした「集団安全保障体制」の「一つの形式」なのだと。

　もっとも、「国連憲章に則る」ことそれ自体は、何ら米国の武力行使と日本の「実力」行使の否定を意味しない。なぜなら、国連憲章はすでにみたようにその第五一条で「個別的自衛権」と「集団的自衛権」の武力（実力）による「行使」

を例外的に認めており、現実政治においても国連は国連加盟国、とりわけ安保理常任理事国（P5）の自衛権の名による武力行使を阻むパワーを持っていない。しかし、そうだとしても、国連憲章の「平和主義」を錦の御旗にしながら日本国憲法の「平和主義」に安保条約を関連づけることは、安保＝日米軍事同盟→憲法九条違反→安保反対に対抗する日本政府の反論の法理上の土台をなしてきた。「平和のための安保」論は国連憲章と日本国憲法の「平和主義」を同一のレベルで解釈し、合体させるという、非常にユニークな日本政府固有の「自衛権」解釈によって初めて可能になったのである。

ところで、大河原は日米同盟を肯定も否定もしなかった。それがいかにも官僚らしいのは、米国が言う日米同盟をあくまでも「友好国」「友邦」といった安保条約前文に記された日米関係の一般的規定の範囲内で解釈し直しているところにある。法の番人として、安保条約に規定されていないことを国会で答弁するわけにはゆかない。たとえ「友好国」が「非常に強いきずな」を持とうが「友好国」は「友好国」、「同盟国」と呼ぶ必然性はない。しかも、「安保条約は本質的に軍事同盟ではない」と歴代の首相が宣言した以上、新たな日米同盟宣言は政府として条約締結の正当化の論理とみなしてきたその大前提を崩しかねないおそれもある。そうなると野党からの追求も避けられない。だから、大河原は日米同盟を肯定しなかった。しかし、否定もしなかったのである。

大河原その人は、日米外交の最前線を渡り歩き、一九八〇年から八五年まで駐米大使を務めた外務官僚として、この答弁から六年後の日米同盟論の登場（一九七九年）と一九八〇年代の日米安保体制の再編過程に、小さからぬ役割を果たすことになる。大河原を含む外務官僚は、日米同盟を肯定も否定もしないという曖昧な態度を転換し、日米同盟論を積極的に打ち出すことによって「第二の冷戦」時代に対応した日米安保の再編＝日米「役割分担」論を正当化しようとしたのである。

2　日米同盟論の登場――軍事同盟ではないが、同盟？

日本の内閣総理大臣が、史上初めて日米同盟を公言したのは、安保改定から一九年を経た、一九七九年五月のことだ。日米首脳会談のために訪米した大平正芳元首相が、ホワイトハウスでのレセプションで行ったスピーチの中で、「同盟国である米国との緊密で実り豊かなパートナーシップ」という表現を使ったのである。

日本政府の公的発言としての日米同盟の歴史は、たかだか三〇年程度のものでしかない。「日米安保五〇年」キャンペーンが吹き荒れた二〇一〇年、何かにつけて日米安保の歴史が日米同盟の歴史であるかのように描き出そうとする言説が流布されたが、思いのほかその歴史は浅く、両者の間には二〇年近いギャップがある。一九七九年五月まで日米安保≠日米同盟であり、ゆえに日米関係≠日米同盟だったことをしっかり記憶に留めておこう。

実体なき、政治宣言としての日米同盟

大平が言う「同盟国」の意味とは何だったのか。一年後に国会で追及され、大平はこう答えている。「日本と米国との特別な緊密な関係を意味したもの」であり、「世界の平和と国際経済の発展のために貢献していく責任を持ち合っておるということ」（一九八〇年五月一四日、参院本会議）。この発言に先立ち、

大平はこうも言っている。「日米友好を基軸」とし「国際社会の緊張と不安定要因の除去のため主体的に対応し、わが国の国際的責任と役割を果たしてまいりたい」（一九八〇年一月二〇日、参院本会議）。

しかし、これではなぜ大平政権（一九七八〜八〇年）になって突如として米国が日本の「同盟国」になったのか、その理由も「同盟国」の定義もわからない。「全方位外交」を打ち出した福田政権（一九七六〜七八年）も、日米関係を外交の「基軸」とはしたが日米同盟は宣言しなかったのである。

大平が言う日米の「特別な緊密な関係」とは、日本が世界で唯一米国という国とのみ「相互協力及び安全保障」条約を結んでいることをさしている。だが、安保条約は軍事同盟条約ではない。条文の中に「同盟」の「ど」の字も出てこない。安保条約に基づいて日本が米国と集団的自衛権を行使することもない。条約前文にある日米間の「緊密な」関係とは、「経済的協力を促進」し、それぞれの「経済的安定及び福祉の条件を助長」するためのものであって「安全保障」や軍事面におけるそれではない。だからこそ大平も「日米友好を基軸に」という言い方をした。であるなら、大河原が大平発言の六年前に言ったように、「同盟国」と言おうが「友好国」と言おうが同じことになる。つまり、日米同盟という表現には、それによって何か特別な日米関係を定義するような実質的中身は何もないのである。

大平は日米同盟の説明にあたり、世界平和や国際経済の発展のために日米が「責任」をシェアしているだの、日本が「国際社会の緊張と不安定要因の除去のため主体的に対応」するだのと、安保条約には書かれていない表現を駆使している。しかし、日米が相互にどういう「責任」を負うか、その内容を規定しているものがまさしく安保条約であり、日本が「主体的」にどういう「責任」をどこまで果たせるか、それを規制しているのが日本国憲法である。

たとえば、吉田茂や岸信介が言ったように、安保条約と日本国憲法の規定に従うかぎり、どこまで行っても日本＝自衛隊は日本の防衛以外の目的で米国＝米軍とともに武力行使をすることはできない。それを行うためには安保条約と憲法九条を改定する以外にない。であるなら、大平がいくら「同盟国」という表現を使おうが、実際には日米関係を「同盟国」と定義する根拠はどこにもないことになる。ただ「友好国」と呼べばすむところを恣意的に「同盟国」と呼んでいるにすぎないことになる。要するに、大平が「戦後」初めて宣言した日米同盟とは、安保条約上の根拠がない単なる政治宣言にすぎなかったということだ。

大平政権以降この三〇年余り、日米両政府は政権が変わるたびに「日米同盟なるもの」を「宣言」し続け、その「再確認」をくり返してきた。安保条約や憲法の規定を越えること、それを「日米同盟なるもの」を強調することによって実行しようとしたのである。裏返して言えば、安保条約や憲法の規定に従うかぎり、やれないこと／やってはならないことが、日米同盟を確認し合った政権間では、やれる／やっても許されるかのような幻想を振りまいてきたのである。その意味では、日米同盟は一種の政治的トリックとしての機能と役割を果たしてきたとも言えるだろう。

日米同盟が実体なき政治宣言、政治的トリックであることは、一九八〇年の大平の急死を受けて組閣し、米国大統領との共同声明において初めて日米同盟宣言を発した鈴木善幸元首相の次のような釈明にはっきりと示されている。日米同盟に関する日本の内閣総理大臣の歴史的な釈明として、鈴木の発言にしっかり目を通しておきたい。

日米関係を同盟関係と表現したからといって、それが現在の日米関係の枠組みを変えるような新たな軍事的意味を持つものではありません。共同声明の日米両国の同盟関係は、友好関係に比し基本的な相違があるわけではなく、友好親善関係をさらに強調し、世界の平和、繁栄という共通の目的のもとに緊密に連帯協調しているという意味合いを含む密接な関係を特に示した表現でございます。

共同声明で述べている「日米防衛」役割分担の考え方は、従来に比し新しいことを述べたものではございません。わが国が集団的自衛権を行使し得ないことは憲法上明らかであり、極東の平和と安定のための日本の役割は、日米安保条約の円滑な運営のほか、政治、経済、社会、文化の各分野における積極的な平和外交の展開に重点が置かれることとなります。（一九八一年五月一五日、参院本会議）

旧社会党から自民党に鞍替えし、首相にまで昇りつめた党内「ハト派」の重鎮の一人として、鈴木はこのように日米同盟を釈明した。しかしそれでも戦後初めて日米首脳の共同声明に明記された日米同盟は、それが「軍事的意味」を持つか否かをめぐり侃々諤々の議論を引き起こし、政局の混乱を招くことになる。

日米同盟宣言が引き金となった混乱は、一度は日米安保も日米同盟と同様に軍事同盟ではない、と公言した鈴木の発言を外相が否定し、その結果、外相と外務政務次官が引責辞任するという事態にまで発展する。日米同盟の何たるかをめぐってここまでの政治的混乱が起きることなど今では想像もつかないことだが、それは「日米同盟なるもの」を野党もマスメディアもまったく問題にしなくなったという政治状況とジャーナリズムの変質のゆえであって、日米同盟がもともとはらんでいる問題が解決したからではない。ともあれ、鈴木は右の答弁で「軍事的意味を持たない」の前に「新たな」という修飾語を付け、それを強調することによって事態の収拾をはかろうとしたが、旧ソ連を「悪魔の帝国」とまで呼んだレーガン政権にはとてもついて行けないと思ったのか、翌一九八二年一〇月に早々と退陣してしまう。

もしも鈴木が言ったように、「日米関係の枠組みを変えるような新たな軍事的意味」を持たず、従来の日米関係、友好関係と「基本的な相違」がないのであれば、なぜあえて共同声明という公式な形式を装ってまで日米同盟を宣言しなければならなかったのか？　日本政府はこの疑問に対して、これまで一度も合理的な説明をしていない。大平政権に始まり鈴木政権で政局に混乱を招きながらも、今や日本政府の公式見解となった日米同盟論は、この根本的疑念を残したまま、やがて中曽根政権の時代に入り日米「運命共同体」論へとさらなる変質を遂げてゆくことになる。

総合安保戦略と日米同盟

大平政権から中曽根政権までの三代にわたる自民党政権をまたいで日本政府が研究を深めていたテーマに、総合安保戦略がある。中曽根の「運命共同体」論を検討する前に、総合安保戦略と日米同盟との関係を簡単に押さえておきたい。

総合安保戦略とは、軍事と経済の二つを柱にしながら、その他のさまざまな分野（外交、エネルギー、食糧、治安・危機管理等々）をも取り込みつつ、日本の「安全保障」政策を「総合」的に策定しようとするものである。一九七〇年代初期の第一次石油ショック前後から言われはじめ、七八年に大平政権が八〇年代の「来るべき危機」に備える日本の基本構想として打ち出したことで脚光を浴びた。続く鈴木政権も組閣直後、それまでの「国民会議」とは別に「総合安保関係閣僚会議」まで設置し（一九八〇年一二月二日）、大平構想を具体化する準備に着手しようとしたが、先にみた日米同盟宣言をめぐる混乱を自ら招き、志なかばで挫折する。

総合安保戦略においては、国内経済と世界経済の「安定と成長」をはかることが日本の安保戦略のカナメとされ（経済安全保障）、「平和外交」も平和それ自体の追求という「理想主義」を排した「現実主義」路線が唱導される。当然、エネルギー・食糧の安定確保（国内自給の拡大ではなく輸入によるそれであることに注意）は国家安保の一大懸案事項となり（エネルギー安全保障、食糧安全保障）、二度と「六〇年安保」や「七〇年安保・沖縄」のような「騒擾《そうじょう》」がくり返されぬように、「社会秩序の安定化」に向けた治安体制の整備・強化を通じた〈危機管理体制〉の構築がめざされた。

こうして総合安保戦略は内政・外政を貫く国家の基軸的政策のすべてに「安全保障」というネーミングをし、すべてを国家安全保障体系の中に「総合」する。その意味でこの総合安保戦略は人によってどうとでも解釈できる、日米同盟と同じくらい捉えどころのない概念であるが、逆にそうであるからこそ、政府と官僚機構にとっては何でもかんでもこの中に位置づけ、「行政縦割り」で予算を計上し、省益を確保できるという都合の良さを兼ね備えた概念でもあった。

米国との二国間の「経済協力」を越えて、日本が「世界の平和と国際経済秩序の安定」のために「貢献」する。そこで言う「世界の平和」への「貢献」の中身とは、日本が「国際社会の緊張と不安定要因の除去のため主体的に対応し、わが国の国際的責任と役割」（大平正芳）を果たすこと。大平政権に始まる総合安保戦略は、実はこの日米同盟論の登場と一体となり、日本が日米関係を基軸にしながら安保条約の規定を超えた経済分野と安全保障分野の「国際貢献」に「主体的に」乗り出すために打ち出された「戦略」だったのである。言葉を換えるなら、日米同盟論とはこの総合安保戦略体系の中に日米安保体制を「日米経済協力体制」と並ぶ二大柱の一つとして統合するための概念として、総合安保戦略の定立と一体となって登場した概念だったのである。

「日米同盟なるもの」がめざす政策実態とは、外政領域における総合安保戦略の内容そのものであり、大平と鈴木の日米同盟の釈明が内容的には総合安保戦略の外政上の理念の説明に横滑りしてゆくのもそのせいである。日米同盟の定義と根拠が知りたいのに、その日米同盟を与件とする総合安保戦略の説明をいくら聞かされても、内容は論理循環をきたすだけで、靴の上から痒いところを掻くように核心的なことが「何もわからない」、となるのは当然のことだったのである。

ここに、一九七九年四月に大平の委嘱を受け、発足した「総合安全保障研究グループ」（議長は防衛大学校校長を務めた政治学者の猪木正道）がまとめた「報告書」がある（一九八〇年七月公表）。猪木の弟子とも言える、同じく政治学者の高坂正堯が中心となり、「報告書」はまとめられた。

「報告書」は日米関係に触れた項目の中で、「日本は、防衛努力の強化を含む軍事的協力についてはより具体的な、全体としてはより総合的な、日米同盟関係を構築していく必要がある」と、日米同盟があたかも既定の事実であるかのように論じている。

「総合的な、日米同盟関係」？　日本の政治史の中で初めて登場する概念である。その内実とは何か。

日本はこれまで、アメリカの行動をほとんどいつも、しかし微温的に、支持してきた。それは、一方では対米追随の批判を招くとともに、他方ではアメリカに対し、頼りがいのない同盟国という印象を与えるものであった。日本としては、この姿勢を改め、主張すべき利益は主張し、批判すべきことは批判するが、アメリカを支持すべきときは、積極的かつ強力に支持するようにしなくてはならない。

最後に、日本の防衛努力の強化もまた必要である。日本がほとんどすべての点でアメリカにその安全を依存し続けることは、他者依存的・無責任的というイメージを与えることで、マイナスが大きい。それに、アメリカは前述のように、ソ連の軍事力増強に対し、同盟国との共同の努力によって対処しようとしているので、それを怠ることへの非難は一層強いものとなるであろう。（「報告書」の全文は、東京大学東洋文化研究所・田中明彦研究室のデータベース「世界と日本」のウェブサイトでアクセスできる。www.ioc.u-tokyo.ac.jp/~worldjpn/documents/indices/JPSC/index.html）

ここに読みとれるのは、一見、「アメリカの行動をほとんどいつも、しかし微温的に、支持してきた」それまでの対米外交と安保政策を改め、「対等」かつ「主体的」な日米関係の再構築を主張しているようでいて、その実、外交においては米国の世界戦略を「積極的かつ強力に支持」し、安保政策においてほとんどいつも、全面的な対米軍事協力を推進しようとする総合安保戦略＝「総合的な、日米同盟」の実像である。

たしかに、一般理論としての総合安保戦略は、軍事偏重の安全保障戦略から軍事を相対化し、経済・外交などの非軍事領域に政策の重点を置くことを主張する点において、核軍縮に道を拓く「平和志向」の安全保障論にもなりうる可能性を秘めていた。少なくとも、解釈の仕方によってはそう理解できなくもなかった。

しかし、現実政治においては、それは「第二の冷戦」時代において「日米同盟なるもの」を基軸とした国家安保戦略を謳い、その下で日米安保の強化と「基盤的防衛力の整備」を超える自衛隊の軍備増強および本体任務の拡大、すなわち「国際平和貢献」への踏み込みを正当化する理論として登場し、実際にそのために活用されたのである（「基盤的防衛力構想」については二〇七頁を参照）。

大平・鈴木両政権期に総合安保戦略が登場し、日米同盟が公的に宣言されるようになった要因は二つある。

一つは、「ニクソン・ショック」（一九七一年）以降の米国の対日政策の転換である。ベトナム戦争の泥沼化から敗北を経て、総体的な国力低下に直面した米国が、対ソ・冷戦戦略の見直しをはかる中で、軍事・非軍事両面にわたる、より能動的、積極的な日本の対米協力へのコミット（約束）を執拗に引き出そうとしたのである。具体的には、日本は自国の「平和と安全」を超えて、「極東」や「アジア太平洋地域」の「平和と安全／安定の維持」に「貢献」せよ、そのために米国と「役割を分担せよ」という論理としてそれは現れた。要するに、「日本は米国に対してカネをもっと出し、ヒト（自衛隊）も出せるように検討を始めよ」という「安保タダ乗り」論に基づく対日要求の攻勢である。しかし、安保条約を根拠に、そのような日本の「役割分担」を実行することはできない。条約の内容を逸脱してしまうからである。米国の対日要求に沿った対米協力や外交政策に日本が乗り出すためには、「友好国」や「友邦」からさらに一歩踏み込んだ日米関係の再定義が不可欠になったのである。

もう一つは、一九七〇年六月に安保条約が自動延長体制に入る中で、安保条約が日米どちらかの意思次第で、いつでも解消できる状況になったことである。

安保条約を一九八〇年代以降においても存続させるためには、「在日米軍＋自衛隊＝安保体制」を日本の国家戦略全体の中に新たに位置づけ直すことができるような、それまでにはない何か新しい概念が必要だった。それがなければ在日米軍の駐留継続と自衛隊の「本土防衛」を超えた活動展開および装備の拡充を正当化することはできないし、まかり間違えば安保条約と米軍駐留の無期限状態が新たな政治問題として再浮上し、在日米軍もろとも自衛隊の存在理由までもが問われかねない事態に政府は直面することになる。実体なき日米同盟論を組み込んだ総合安保戦略は、事態がそうした方向に発展する可能性を未然に封じ込め、安保条約を恒久条約化し、米軍駐留を永続化するために登場した概念だったのである。それはまさに、安保条約の改定なき「八〇年安保体制」の別称だったと言ってよい。

日米「運命共同体」？——「狭義の同盟」と「広義の同盟」論

日米間はまず第一に、民主主義と自由主義、こういう重大な信条をともにする関係にあります。第二番目に、経済、文化の膨大な交流関係を持っておりまして、お互いの関係は実に相互依存の関係にあるわけであります。第三番目には、日米安全保障条約を通じまして、日本の安全及び極東の平和及び安定維持という関係で結んでおる重大な関係にあります。この三つの重大な連帯関係、これを示しまして運命共同体、こう言ったのでございます。（一九八三年一月二七日、衆院本会議における中曽根康弘元首相の答弁）

日米同盟が概念的実体を持たないトリックであるなら、中曽根版日米「運命共同体」論は、その日米同盟以上に内容と実体がない政治的プロパガンダだった。

「運命共同体とは何か？」と問われ、それに答えた右の中曽根の答弁を読むと、①「民主主義と自由主義」という「信条」の共有、②経済・文化の「交流」、そして③安保条約、これら三つの「連帯関係」が日米「運命共同体」の中身ということになる。しかし、その大袈裟な言い回しを別にすれば、中曽根が言っていることは大平・鈴木両政権時の日米同盟論と同様に、安保条約の内容をただくり返しているだけである。①と②の内容は、まさしく安保条約前文の内容を中曽根流に言い換えただけであるし、その内容に③の安保条約を加えたとしても安保条約以上の内容は何も出てこない。あたりまえのことだ。これでは当初たった一〇年の期限付きで米国と結び、一九七〇年六月以降、いつでも日本側の意思次第で終了させることができるようになった条約が、永遠に日本の外交・安全保障政策を縛り、日本の「運命」を決めてしまう条約になってしまう。

中曽根は、安保条約によって日米関係を「同盟」規定することはできないことを知っていた。そこで安保条約にある「緊密な」日米の「相互協力」を「運命共同体」という、いかにも民族主義者らしい日本語によって言い換えた。と同時に、「同盟」の定義には「広義」と「狭義」の二つの概念があると言い出し、鈴木政権の時代に紛糾をもたらした日米同盟論の定着化をはかろうとしたのである。中曽根の演説を注意深く聞いてみよう。

日米関係は、集団的自衛権を両方が持って相互防衛をやるという意味における軍事同盟関係はありません。しかし、日米安全保障条約という防衛上の協力関係を持っておる一**種の広義の同盟関係**にあると私は考えております……。

日本の防衛は憲法の下に個別的自衛権の範囲内に行うのでありまして、集団的自衛権の行使は否定されております。従いまして、米国の世界的な防衛態勢の中に組み込まれているというようなことはございません。八四年度の米国の国防報告も仔細に読んでみますと、たとえば米韓関係におきましては、あれは集団的自衛権下における相互防衛同盟条約、軍事同盟という関係で書かれておりますが、日本と米国の関係は、日米安全保障体制に基づく個別的自衛権を日本が行使して行うという趣旨のもとに注意深く書かれているということをこの際申し上げたいのであります……。

私は前から、日本の防衛は三つの項目のもとに行う、まず第一はみずから自分の国を守るという国民の決意と気概が重要である、第二番目は日米安全保障条約を有効に機能させるということ、第三番目は外交やあるいは物資の備蓄や、いわゆる総合安全保障政策をとって軍縮についても力を入れてまいりたい、外交的努力も大いに力を入れたい、そういうことを申しておるのであります。（一九八三年三月一八日、衆院本会議）

中曽根は、二国が相互に集団的自衛権を行使し、防衛／攻撃し合う関係を「狭義の同盟」とし、安保条約に基づく日米関係はその意味で韓米関係のような「狭義の同盟」ではないが、「防衛上の協力関係」は持つから「広義の同盟」なのだと言う。しかし、「個別的自衛権」を日本が行使するだけで、なぜ「広義の同盟」と言えるのか。「防衛上の協力関係」が日本の防衛に限定され、日本が米国の防衛に軍事的に協力しない＝集団的自衛権を行使しないのであれば、そのような日米関係は中曽根の定義に従ったとしても「広義の同盟」とは規定できないではないか。

中曽根の狙いは、「同盟」そのものの定義を行わずに、「広義」「狭義」という言葉の操作によって安保条約上は同盟と定義できない日米関係を、あたかも同盟であること自体は間違いないかのような錯覚を聞く者に与えることにある。それは狭義の詭弁である。なぜなら、日米関係が「狭義の軍事同盟」でないことを認めながら、「広義の軍事同盟」であるかのように定義しているからだ。

憲法九条がそのままで、安保条約も改定されていない、つまりは岸が置かれていた法的環境とまったく同じ状況にありながら、中曽根が「運命共同体」や「広義の同盟」論を主張できたのは、大平・鈴木両政権の四年間を通じ、総合安保戦略と日米同盟論が日本政府の公式ドクトリンとして既成事実化されていたからである。その意味では、中曽根政権は「日米同盟という詭弁」に「運命共同体という詭弁」を上塗りしたことになる。

中曽根流国防論は、①自主防衛、②日米安保、③総合安保を三つの柱としていた。しかし自主防衛路線が日米安保と両立しうるという論理そのものが詭弁であり、また総合安保が日米安保から独立して成立するかのように論じることもまた詭弁であった。

そもそも自主防衛路線は、日本が「戦力」としての軍隊を改憲によって保有するというものであり、それは安保条約をいずれは廃棄し、在日米軍を撤退させることを前提としていた主張だった。しかし、まさに安保条約が自動延長された一九七〇年、中曽根自身がかつて批判していた「吉田ドクトリン」（改憲をせず、「軽武装」によって「経済成長」をめざそうとする路線）を継承する佐藤内閣に入閣し、防衛庁長官として「専守防衛」路線を自ら承認した時点で「自主防衛」路線は政治的に敗北したのである。改憲をせず、米国の「核抑止力」と「攻撃力」に依存し、日本は「本土防衛」に専念するという「専守防衛」路線をとるかぎり、日米安保と在日米軍は不滅であり、自衛隊が「自衛軍」になることはないからだ。そして、自主防衛路線の敗北とともに、たとえ軍隊の規模は小さくとも日本を「普通の国家」にすることを夢見た中曽根の「中流国家」論もまた敗北したのである。

以上のことを踏まえると、「戦後政治の総決算」「列島不沈空母」「日米運命共同体」などを掲げた中曽根政権は中曽根政権の登場に「今度こそは」と改憲を夢見た者たちからも、「いよいよか」と改憲をあやぶんだ者たちからも、誤って評価されていたことがわかる。その「評価」は中曽根が「民族主義的右派」としての過去の経歴を持ち、一貫して改憲を主張していたことを根拠にするが、政権の座に就いたときにはすでに中曽根はそれまで追求していた政治路線から離脱していたのであり、いずれの勢力も中曽根の敗北に気づいていなかったのである。

なぜ、中曽根は持論の改憲を組閣と同時にテーブルの上に載せなかったのか？　その必要がなかったからだ。総合安保戦略は、改憲をせずにそれまでの自民党政権の外交・安保路線を大きく踏み出そうとするものであったから、「護憲・保守」と「改憲・保守」の両方のアジェンダを取り込むことができたのである。「国防」の任務を超える自衛隊の海外展開を、米軍への後方支援と国際平和貢献の両輪でめざす、しかも憲法九条を「守り」、安保条約も改定せず、専守防衛と非核三原則を「堅持」しながらやる。だから、自民党内の「護憲・保守」と「改憲・保守」両派に鬱積するような不満は残りつつも、両派は自民党による政権維持という大義の下で妥協し、大同団結することができた。中曽根政権が戦後屈指の長期安定政権となった要因はそこにあったのである。

一方、この「護憲・保守」と「改憲・保守」の政治的スペクトラムから左右にはみ出した勢力の期待と杞憂をも中曽根は裏切ることになる。とりわけ中曽根政権を今にも改憲に踏み切るかのような「改憲前夜」「日本型ファシズム」政権と捉え、政権の基本路線を「軍事大国化」にあると分析した「左派」に関して言えば、右に述べたように実体なき日米同盟論を組み込んだ総合安保戦略の本質を見誤ったことで、中曽根政権に対する誤った評価を下すことになったのである（これについては安保＝日米軍事同盟論の問題点を検討する第三章においてより詳しく検討する）。

3　「世界の中の日米同盟」？

さて、時代は一気に飛んで今世紀に入る。もちろん、中曽根政権以後の一九八〇年代末期から九〇年代にかけても日米安保の再編はめまぐるしく進展した。しかし、日米同盟論そのものに関して言えば、中曽根の「運命共同体」や「広義の同盟・狭義の同盟」論以上に注目すべき内容は、今世紀に入るまで出てはこなかった。新たな日米同盟論の登場は、「新たな戦争」の勃発を待たねばならなかったのである。ブッシュ政権による対テロ戦争の勃発と、小泉（自公連立）政権（二〇〇一～二〇〇六年）時代に宣言された「世界の中の日米同盟」論がそれである。

二〇〇九年度版『防衛白書』は、「世界の中の日米同盟」の日米同盟を次のように定義している。

一般的には、日米安保体制を基盤として、日米両国がその基本的価値および利益をともにする国として、安全保障面をはじめ、政治および経済の各分野で緊密に協調・協力していくような関係を表現する。

誰にとって右の定義が「一般的」なのかは定かでないが、安保条約の条文や大平‐中曽根政権時代の日米同盟論と対照すると、この定義がはらむ二つの特徴が浮かびあがってくる。それは、①安保条約に基づく安保体制と日米同盟を概念的に切り離し、②安保体制を日米同盟の「基盤」と明確に位置づけ、安保体制を包摂する上位概念として日米同盟を定義していることである。安保条約を包摂する日米間の国際条約など存在しないにもかかわらず、「日米同盟なるもの」を安保条約から自立した概念であるかのように偽装し、さらに安保体制を包摂できるかのように二重の偽装を施しているのである。

『防衛白書』のこの定義は、三〇年前に初めて日米同盟論を打ち出した大平政権の定義と比べると、かなり洗練された表現にはなっている。しかし、内容としては何も変わっていない。二重偽装の仕掛けも、とても単純である。安保条約では経済協力に関して使われている「緊密」という言葉を、この定義では安全保障を第一に置きながら政治と経済にも拡張して使っている。「日米関係が「安全保障」領域を中心に全領域にわたって「緊密」化している」と聞かされれば、誰だって日米関係は全世界を対象にした磐石の「同盟」なのだと思い込んでしまうだろう。

ところが現実には、政府が日米関係の「基盤」という安保体制は、ただ安保条約が無期限に延長され続けているから存在するのであって、政府にその意思さえあるならいつでも「廃棄」できる「体制」である。つまり、日米関係の「基盤」はいつでも崩壊しうる可能性を秘めた「基盤」なのだ。『防衛白書』の二重偽装のトリックは、そうした日米関係の本質的な脆弱性を隠蔽し、「日米同盟なるもの」がまるで永遠不滅のものであるかのような錯覚を「国民」に植えつけようとしているのである。

二〇〇一年の「九・一一」以降、日本政府は米国の「テロとの戦い」に対する「後方支援」や、イラクやアフガニスタンにおける「人道復興支援」への積極的関与にあたり、このバージョンアップされた日米同盟論を担ぎ出した。「イラク特措法」をめぐる小泉純一郎元首相の答弁。

世界の平和と安定の中に日本の安定も発展もあるという考えに立ち、やっぱり日米同盟というのは日本の安全を確保するためにも大変重要な問題だと思っております。イラクの復興支援につきましても、国際社会がこれから協力して取り組もうとしていると。日米同盟の重要性、国際協調の重要性、これを重視して日本としても取り組む必要があると思いまして、世界の中の日米同盟という観点は今後ますます日米両国にとっても重要であるし、あるいは世界の発展のためにも大変意義の大きいものだと思っております。（二〇〇三年一〇月六日、参院「国際テロリズムの防止及び我が国の協力支援活動等に関する特別委員会」）

小泉政権が「日米同盟の重要性」によって「イラク復興支援」を位置づけたのと同じ論理で、民主党（連立）政権はインド洋における海上自衛隊の給油活動に代わる「アフガン復興支援」を決定した。もちろん、イラクの場合には自衛隊が部隊として「派遣」され、アフガニスタンの場合にはそれが（まだ）なされていない。しかし、小泉政権の「世界の中の日米同盟」を、鳩山から菅内閣に変わった民主党政権は（まだ）正式に追認こそしてはいないが、否定もしていない。つまり、「世界の中の日米同盟」は現在も日米両政府の共通認識として生きているのである（にもかかわらず、普天間問題で日米同盟は「漂流」し、「危機」に陥っている？）。

小泉政権以降、日本政府は対テロ戦争における「日米同盟の重要性」と「国際協調の重要性」を並列的に強調するか、あるいは両者を巧みに使い分けながら対米協力をめぐる論点を曖昧化させてきた。今となって考えてみれば、小泉が語った「国際協調」なるものは、米軍を中心に組織された有志連合軍による「復興支援」への参画とその後方支援、また有志連合軍の武力行使との一体化であったのだから、両者は同じことを別の言葉で表現したにすぎなかったことがわかる。しかし右に引用した小泉発言をよく読み込んでみると、小泉は始めからそうした意味での「国際協調の重要性」を「日米同盟の重要性」によって正当化しようとしていたことが確認できるだろう。

かくして日本政府は、「世界の中の日米同盟」論によって、安保条約の規定を超えたグローバルな対米支援を、あたかもそれが安保条約と日本国憲法に適合した政策であるかのように偽装することに成功した。日米同盟は日米安保を「基盤」にするから、日米安保を超越することができるのだと。なるほど巧妙な論理だが、そう感心してもいられない。『防衛白書』の定義によって日米同盟の何たるかがわかったような気になっても、実際には何も理解することができないからである。

とりわけ問題なのは、この定義が日本政府・官僚による恣意的な定義であって決して「一般的」なものではないことだ。事実、小泉政権下の内閣法制局も江田憲司（現みんなの党）からの「同盟」の定義に関する質問に次のように答え、そのことを認めている。

「「同盟」という言葉は、一般には、共通の目的のために互いに行動を共にするというような関係を意味するものとして用いられているが、国際法上の用語としては必ずしもその定義が確立しているわけではない」（二〇〇三年三月三日）。

要するに、日米同盟とは何かをいくら考えてみても「国際法上の確立された定義」など存在しない。つまり、日米同盟とはこの三〇年余り、日米両政府が国際条約上の根拠を示すことなく、勝手にそう宣言してきただけ、ということになる。

なぜ、そんなことがこれまで通用してきたのか？　まともな政権交代がこれまで一度も行われたことがなかったからである。政権が次から次に移行しても、日米同盟論のデタラメ性の「レビュー」さえ行われなかった、ただそれだけのことだったのである。

二〇〇九年九月の政権交代。「これで少しは何かが変わるかもしれない」という期待を抱いた人もいたかもしれない。しかし、日米同盟論に関して言えば、期待は見事なまでに裏切られ、現在に至っている。

4　日米同盟の法的根拠

権力を握った民主党の今の姿を正確に映し出すためには、野党時代の民主党が何を語っていたかを記せばよい。たとえば、菅内閣の官房長官仙谷由人が小泉 - ブッシュ政権の「世界の中の日米同盟」宣言を痛烈に批判した次の発言は傾聴に値する。
二〇〇四年一月二二日の憲法調査会全体会。自衛隊のイラク「派遣」の法的根拠となった「イラク特措法」に言及し、仙谷は次のように語った。少し長くなるが、勝ち誇ったように捲くし立てる仙谷節を堪能してみよう。

思い起こしてみますと、日米同盟の法律形式というのは何でしょうか。日米安保条約ということになるはずであります。しかし、同条約の適用される地理的な範囲は、日本の施政下にある領域ないしは極東に限られることは明かであります。つまり、ファーイーストはミドルイーストとは全く違うということを法律上は覆せないわけであります。したがいまして、この派遣は安保条約にすら反していると言って過言ではないと私は考えております。

もう一点でありますが、したがいまして、日本国憲法を幾ら拡大解釈しても、国連憲章に基づいて国連の枠組みで活動する場合を除いては専守防衛に限定されるべき自衛隊が、日本の施政下にない地域でその軍事的な力を持って行動し、プレゼンスをとるということは、憲法の予定する範囲を大きく超えているというふうに私は考えます。

小泉内閣や自民党の方々が、しかしながら**憲法違反であり**、**国際法違反であり**、**安保条約にすら反しているこのイラク派遣**が必要である、政策的に、政治的にこの派遣はどうしても必要だ、やむを得ないと言うのであっても、必要であるとおっしゃるのであっても、これだけ法律を踏みにじってイラク派遣を行うということは、私は、法の支配という観点からあってはならない。つまり、これを認めるとすれば、必要性の名のもとであれば法律を無視することができる、力で何をやってもいいということになってしまうんではないでしょうか。

我々は、法の支配、つまり法治主義や法治国家というものを否定するということになりますと、みずからのよって立つ基盤をすべてみずからの手で否定してしまうことになるんじゃないでしょうか。どうしてもイラク派遣が必要だとおっしゃるのであれば、**国連憲章を変える、日米安保条約の中身を変更する、日本国憲法を改定する、**すべてのこういう法的な手続を行ってからやっていただかなければ法の支配を貫徹することにならないんではないか……。（全文は仙谷由人の公式ウェブサイト［y-sengoku.com］に掲載されている「国会発言集」を参照）

仙谷が指摘したのは自衛隊のイラク「派遣」の違憲性の問題もさることながら、「世界の中の日米同盟」宣言そのものの違法性だった。日米同盟の地理的範囲は安保条約が規定する「極東」の範囲内でなければならず、それを超えた対米軍事協力（後方支援）は、憲法違反はもとより安保条約違反にもなることを仙谷は突いたのである。

小泉政権は「世界の中の日米同盟」を宣言することによって「違法行為」を正当化し、対テロ特措法やイラク特措法といった個別の時限立法の制定によってその違法行為の合法性を偽装した。これは私の解釈ではない。日本政府首脳の一人、法律家仙谷由人がそう断言したのである。

民主党による政権交代が実現した今、小泉政権時代の自衛隊のイラク「派遣」を「法治国家というものを否定する」行為だと断罪した仙谷発言の重大性は計り知れない。なぜなら、その違法な「世界の中の日米同盟」路線を公的に撤回しないまま、民主党政権もまたその違法行為を継続し、偽装し続けているからである。過去の政府批判はそのまま政府与党としての現在の民主党、そして政府首脳の一人となった仙谷自らの下に切り返ってくるだろう。たとえばこんな風に。

「「世界の中の日米同盟」なるものが国際法的にも国内法的にも「法的形式」を持たないただの政治宣言にすぎないのであれば、なぜ民主党はそれを撤回しないのか、民主党は違憲行為を「日米同盟の重要性」によって正当化するというのか、それでは自民党と同じではないか、それより何より民主党が言う日米同盟とはいったい何なのか?……」。

事の核心は、仙谷が言うように安保条約が日米同盟の「法的形式」と言えるかどうかにある。ところが、仙谷本人は日米同盟の定義にも、日米同盟と安保条約との法解釈上の関連性にも立ち入らず、日米同盟を容認しながらそのグローバル化(=「世界の中の日米同盟」)に対してのみ反対する。だから、私たちが仙谷から学びうるのはここまでだ。仙谷は、安保条約が日米同盟の法的形式たりえるかどうかを自らに問おうとせず、むしろ「世界の中の日米同盟」をただの政治宣言にしないためにこそ、「国連憲章を変える、日米安保条約の中身を変更する、日本国憲法を改定する、すべてのこういう法的な手続を行ってからやっていただかなければ法の支配を貫徹することにならないんではないか」と、「責任ある野党」の立場として小泉政権に提案した。仙谷と民主党にとってこの問題は、あくまで「法的な手続」と「法の支配」の問題であり、日米同盟そのものではなかったのである。

「世界の中の日米同盟」がただの政治宣言にすぎないのであれば、日米同盟そのものも当然そう定義できるはずだ。後者も前者と同様にその「法的根拠」となる新たな条約が結ばれたわけでも、安保条約がそのために改定されたわけでもないからである。なのになぜ、前者のみを違法だと仙谷は言うのか。「嘘も百回言えば真実となる」とは、嘘でも百回も聞けば本当だと思ってしまう人間の習性を言い当てた名言であるが、ただの政治宣言にすぎないものでも、政府が百回宣言すれば条約と同じになる、とでも言うのだろうか。

日米首脳会談で勝手に宣言されたものが、あたかも既定の事実であるかのようにメディアが報じ、それに続いて評論家や専門家たちがその宣言を前提に日米関係や国際政治を論じるようになる。そうした類の情報操作にさらされ続けてきた「国政の主権者」たる私たちは、言葉だけが一人歩きする「世界の中の日米同盟」もろとも、日米同盟という欺瞞、本当のような嘘の物語を信じ込むようになる——。

もちろん、日米首脳の共同宣言が署名入りの公的文書であれば準条約的性格を持つことや、それが国家予算の執行を前提する場合には国際公約としての拘束力を持つ（場合によっては賠償請求の対象になる）ことを私たちが知らないわけではない。実際、われらが内閣総理大臣の中には、参議院選挙に大敗し、インド洋での給油活動をめぐるブッシュ政権との「国際公約」が果たせなくなったことで精神の失調をきたし、入院した挙句に、突如辞任までした人もいたほどだ。しかし、そうした日米首脳の「安全保障」に関する共同宣言なり国際公約の内容も、あくまで既存の国際条約、この場合では安保条約の規定に準拠したものでなければならないはずである。仙谷が言ったように条約を逸脱した内容は当然、条約違反になり、それでもあえて実行しようというのであれば、条約そのものを改定してから行うのが「法治国家」としての基本である。であるなら、条約の改定さえ行わず、条約の規定から逸脱した安保体制を構築してきた日本政府は一九七〇年六月の安保の自動延長の瞬間から違法行為を行い、その偽装工作を重ねてきたことになる。私がそう言っているのではない。日本政府首脳の一人、法律家である政治家の先の発言が正しいとしたら、論理の必然としてそうなる、ということだ。その違法行為、その偽装工作を隠蔽するための装置、それが日米同盟なるものの本質なのである。

安保条約は日米同盟の「基盤」たりえない

安保条約の前文には日米同盟論と非常に似かよった表現がある。

一、日米両国は「平和及び友好の関係を強化し、並びに民主主義の諸原則、個人の自由及び法の支配を擁護」し、

二、「両国の間の一層緊密な経済的協力を促進」し、

三、安全保障面では「両国が極東における国際の平和及び安全の維持に共通の関心を有する」

といったくだりである。

けれども内容をよく吟味すると、安保条約と日米同盟論はまったく異質のものであることがわかる。それは仙谷が指摘した、日米同盟のグローバル化が安保条約の「極東条項」の範囲を超えるといった地理的問題だけではない。

最も重要な点は、安保条約は先の『防衛白書』が言う「日米同盟」の定義のように、「安全保障面をはじめ、政治および経済の各分野」（＝全分野）で日米が「緊密に協調・協力」することを定めた条約ではないことだ。とりわけ日米同盟論の問題点は、日米関係の基軸に「安全保障」を据え、政治と経済をそれに従属させながら、日米間の「緊密」な「協調・協力」を宣言しているところにある。これでは

米国の国益と世界戦略全般に日本が「緊密に協調・協力」する国になってしまい、自衛隊のイラク「派遣」がそうであったように、米国や米軍が世界のどこで何をしようが日本は何も言わず「理解」を示し、その世界戦略に「緊密に協調・協力」する国になってしまう。

つまり、日米同盟論は米国の世界戦略に対して日本が個別政策レベルで是々非々の立場をとることを、日本の側から主体的に放棄してしまうのである。日米同盟論の致命的な問題点がここに潜んでいる。

たしかに、安保条約は「経済」と「安全保障」分野における日米の「相互協力」を謳ってはいるが、日本が米国の世界戦略に同一化するようなことは一言も宣言していない。あたりまえのことだ。条約の前文を精読すれば明らかなように、安保条約の理念上の基本目的は、日本が米国と「平和及び友好」関係を築くために「相互協力」することであって、戦略的な一体化をはかることではない。日本の領域内における基地と関連施設の継続使用、それにあたり日本に財政上の負担を負わせ続けるという米国側の狙い、またそれを丸のみした当時の岸政権の思惑については次章以降で検討することになるが、少なくとも条約上の日米関係は、あくまで「対等」かつ「平等」な「主権国家」間の関係として、それぞれがそれぞれなりの道を歩みながら「協力」しあう関係なのであって、米国の安保戦略を基軸にしたグローバルな「同盟」関係を構築することにあったのではない。

日米同盟論はこのように、安保条約が日米の二国間関係のあり方に課している制約を踏み越え、あたかも自らが国際法的に安保条約よりも優位に立ち、日米安保体制をも自身の内に包摂できるかのように主張する。しかし、くり返しになることを怖れずに言えば、安保条約よりも優位に立ち、これを包摂する「日米同盟条約」など存在しない。日米同盟とは日米安保族によって捏造された**虚構の政治宣言**にすぎないのである。

もっとも、虚構であれ日米の権力者が宣言すれば、強大かつ恐るべき政治力を行使する。嘘は真実になり、デマゴギーは政策に転換され、私たちの税金を貪るようになる。問題の本質は、安保条約がはたして日本政府が言うように「共通の目的のために互いに行動を共にする」関係を規定しているかどうかにある。安保条約とはいかなる日米関係の「法的形式」なのか？　それを検討するのが次の課題である。

民主連立政権と日米同盟

本章の最後に、安保条約が「国連憲章に則る集団安全保障体制の一つの形式」と言った外務官僚、大河原良雄の言葉をもう一度取りあげておきたい。今ではすっかり忘れ去られた観のある、しかし日米同盟論の登場以前においては安保解釈のイロハであった大河原の答弁を取りあげることは、日米両政府が濫用し、日本の政治、マスメディア、アカデミズムの世界に氾濫する日米同盟という神話、そのデタラメさを喝破するために、とても重要であるからだ。

日米同盟論の最大の欺瞞性は、かつて日本政府が「国連憲章に則る集団安全保障体制の一つの形式」とした安保条約に基づく安保体制を「日米首脳共同声明に則る日米同盟の一つの形式」であるかのように偽装しているところにある。「法治国家」「立憲主義」を重んじるという民主党がこの日米同盟論の欺瞞性と合法性の偽装に対し、今後どのように対処するかについては連立政権および民主党自体の行方と同じくらい不透明である。しかし、確実に言えるのは、民主党が自民党と同じように日米同盟の定義、その根拠を何も明確にしないまま「はじめに日米同盟ありき」から議論を立ててしまったことが、普天間問題に端を発した民主党自体の危機・漂流・迷走の根本要因になっているということである。

そもそも民主党は、政権交代以前から「日米同盟のレビュー」を米軍再編に伴う基地移転問題の「見直し」とともに行うことを宣言していた。ところが、政権交代直後、鳩山政権（二〇〇九〜二〇一〇年）は自ら行うとしたその「レビュー」の結果をまとめる前に、早々と「日米同盟が日本外交の基軸」と宣言してしまう。本来であればその宣言以前に本章が急ぎ足でスケッチしてきたような日米同盟の定義をめぐる本質論的かつ歴史的な「レビュー」を鳩山政権は行うべきだったのである。それをしないで同盟宣言を先行させてしまったがゆえに、鳩山、菅と続いた民主党政権は自らが発した宣言に自縄自縛状態に陥り、とりうる政策選択の幅を自ら狭めてしまったのである。

しかも民主党は、安保条約が「国連憲章に則る集団安全保障体制の一つの形式」であるという過去の日本政府の公式見解を議論の埒外に置き、「日米同盟なるもの」を「深化」させるために日米安保を「強化」するという、大平政権以降の歴代政権と同様のまったく倒錯した論法をとり、世論を混乱させてきた。挙句の果てに、米軍再編問題では沖縄の人々を引き回し、国際問題では野党時代の自民党批判の決まり文句だった「対米追随」路線を今度は自らが演じる羽目に陥ったのである。アフガニスタンとパキスタンを股にかけた、オバマ政権の「テロとの戦い」を側面支援する「アフガン復興支援」然り、そしてオバマ政権からの直接的働きかけを受けて参加を決定した国連スーダンＰＫＯへの自衛隊の部隊「派遣」の問題然りである。

民主党が政権交代以前に着手すべきだったのは、大河原が日米同盟を肯定も否定もせずにかわしてみせたような欺瞞に食い込むこと、つまり、まずはたった三〇年の歴史しか持たない日米同盟論を「友好国」「友邦」という一般的表現によって解体的に再定義し、それによってブッシュからオバマに継承された米国の対テロ世界戦略に対して正面から向き合う決意を打ち固めることにあった。なぜなら、「世界の中の日米同盟」路線は、大平政権に始まり、本格的な政権交代なきまま積み上げられてきた「日米同盟なるもの」に基づく、この三〇年間に及ぶ安保体制の再編の必然的帰結と言えるからである。

検討を進めよう。

第二章　日米安保という虚構（Ⅰ）

——日米「共同防衛」の幻影

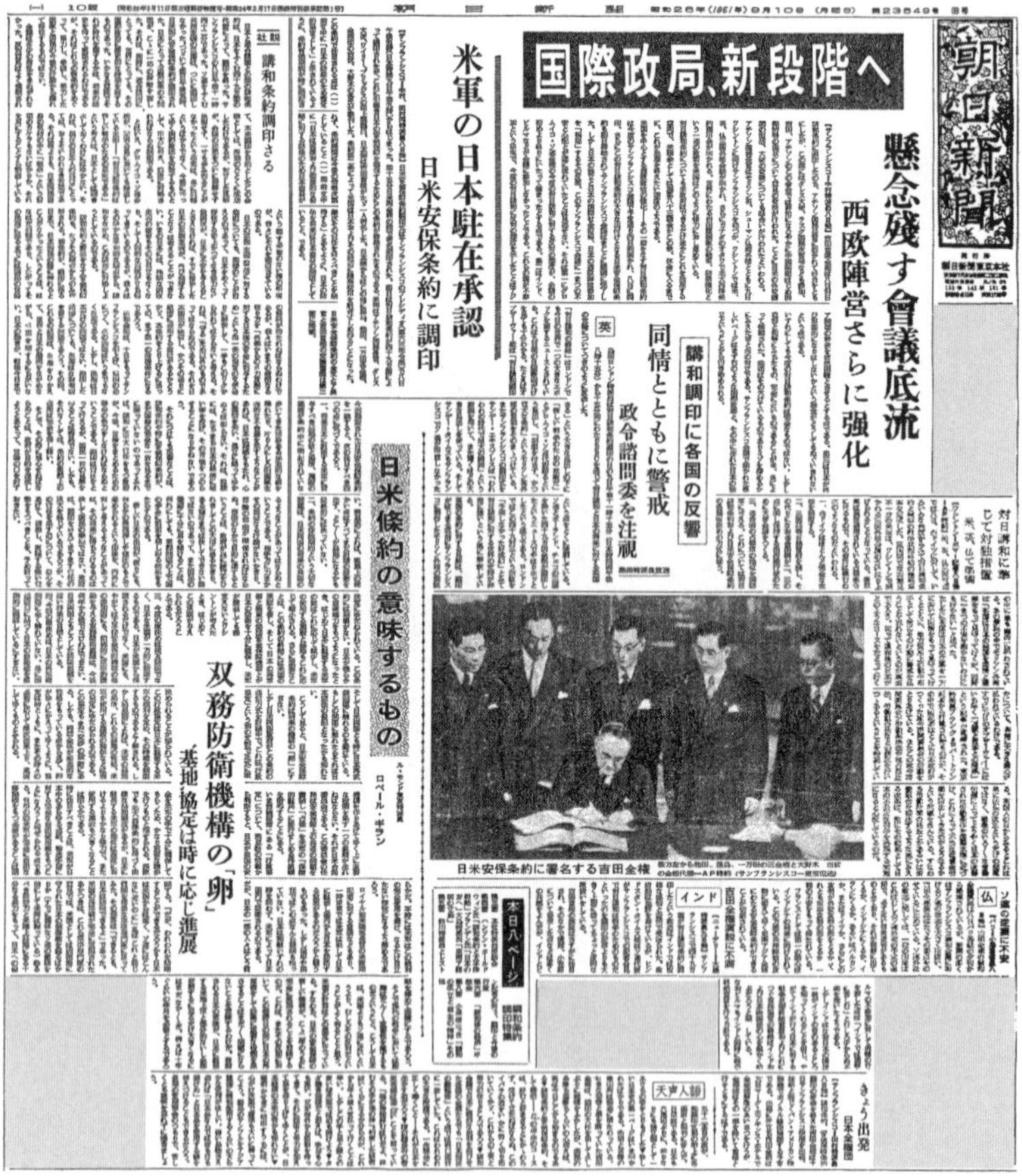
朝日新聞
昭和26年(1951年)9月10日(月曜日)
国際政局、新段階へ
懸念残す會議底流
西欧陣営さらに強化
講和調印に各国の反響
同情とともに警戒
政令諮問委を注視
英
米軍の日本駐在承認
日米安保条約に調印
社説
講和条約調印さる
日米條約の意味するもの
ロベール・ギラン
双務防衛機構の「卵」
基地協定は時に応じ進展
日米安保条約に署名する吉田全権
対日講和に準じて対独措置
仏
ソ連の言動に不安
インド
本日八ページ
天声人語
きょう出発
日本全権団

1951年９月10日の『朝日新聞』

条約は文字によって解釈するよりしかたがないと思います。
吉田茂

一般に、安保条約は「日本が米国に基地を提供する代わりに、日本を米国に守ってもらうための条約」と理解されているが、旧安保条約と比較しながら、改定された現在の安保条約がどのような日米関係の「法的形式」であるかを解明するのがここでの目的である。

旧安保条約は米国に基地を提供するだけで、米国の対日防衛義務を明記したものでなかった、だから旧条約は日本の基地提供の義務だけを定めた「片務条約」であった、そこで米国の対日防衛義務を条約改定によって明記し、これによって現在の安保条約は「双務条約」になった——。これが安保条約に関する日本政府の説明である。

ところが、旧条約に署名した吉田茂は、条約の承認をめぐる国会審議において、何度も「米国が日本の防衛の義務を負うのは当然のこと」だと答弁していた。もしも、右にみた日本政府の説明が正しいとしたら、逆に吉田や吉田内閣の閣僚・官僚たちは国会で嘘の発言をしていたことになる。条約は文字によって解釈すべきだと言いながら、実際には条約に書かれていないことを、あたかも条約に書かれていたかのように偽証していたことになる。

実は、一九六〇年の「安保国会」においても、条約の改定によってほんとうに米国の対日防衛義務が明確になったと解釈できるかどうかが審議された記録がある。岸信介や岸内閣の閣僚・官僚たちは、日米が「共通の危険に対処するように行動する」と書かれた安保条約第五条1項によって「明瞭になった」と何度も国会で答弁したが、社会党をはじめとした野党議員からは「そうは解釈できないのではないか」という疑義が表明されたのである。

ある条約が国会で承認され、政府として条約を批准したからといって、その条約に関する政府の解釈が正しいと言えるわけではない。承認や批准は条約が効力を発するための単なる手続きであって、条約の内容とは無関係であるからだ。政権交代を実現した民主党がまず「レビュー」しなければならなかったのは、半世紀前に侃々諤々の論争と自民党の強行採決によって「承認」され、「批准」された安保条約そのものだったのではないか。「安保改定五〇年」を祝い、安保条約に「感謝する」（鳩山由紀夫元首相）前に、新旧安保条約をめぐる国会審議の全記録を「国民的に」検証し、いったいこの条約が何のために結ばれた条約だったのかをはじめから議論し直すべきだったのだ。吉田が言ったように、条約は文字によって解釈するよりしかたがないのだから。

1　安保条約の片務性

旧安保条約は、占領統治後の米軍の継続駐留を日本政府が「希望」し、米国がそれを「承諾」して結ばれたものだ。条約によれば、在日米軍は次の三点の役割を負うとされていた。

一、「極東における国際の平和と安全の維持」、
二、「日本国における大規模の内乱及び騒じょう」の「鎮圧」、そして
三、「外部からの武力攻撃に対する日本国の安全」への「寄与」。

この内、二のいわゆる「内乱鎮圧条項」は一九六〇年の安保改定によって削除された。しかし、一はそのまま、三は「外部からの」という文言は削除されつつも、現在の安保条約第五条1項にその要素が残されることになる。

吉田茂は、旧安保条約を「駐兵条約」と呼んだ。しかし、日本に「駐兵」する米軍は条約によって「対日防衛義務」を負ったのではなかった。米軍は日本の安全に「寄与」はするが、防衛はしない。これが旧安保条約の基本的な法的性格であることを、しっかり確認しておこう。

たしかに、旧条約は前文において米国が「日本国に対する武力攻撃を阻止する」とは書いている。問題は、米国がそのために何をするのか、「武力攻撃」をいかにして「阻止」するかである。条約に明記されている米国が具体的にとる行動は二つしかない。一つは、日本の「希望」に応えて、「日本国内及びその附近」に「軍隊を維持」すること（前文）、もう一つは、日本が米国に「許与」した、米軍を「配備する権利」を「受諾」すること（第一条）。この二つだけだ。米軍を日本に「配備」する目的が日本に対する「武力攻撃を阻止する」ことにあるというのに、そのためにとる具体的な行動が「米軍の配備を維持すること」になっているのである。

しかも、米軍の配備は、米国の「義務」ではなく「権利」である。いつ、どこに、どれだけ、どのよ

うに米軍を配備するもしないも、すべては米国に決定権がある。吉田が言ったように、旧安保条約とは文字通りの米軍「駐兵条約」だったわけである。

旧安保条約の論理とは、「日本国内及びその附近」に配備された米軍の存在それ自体が日本の「安全」に「寄与」し、「武力攻撃を阻止する」というものだ。在日米軍＝日本の「安全保障」という考え方である。これが「在日米軍＝抑止力」論のすべてであるが、しかし日本に軍隊を駐留させる「権利」を持つその米国は、「いざ」というときに日本を守る「義務」はない。だからこの条約は「本当の安全保障条約ではない」と、東大新人会出身の黒田寿男（労働者農民党から後に社会党に移籍）が吉田を追及した。

そこで安全保障条約でないとすれば一体何かということを私は考えてみた。自助の力もなく、相互援助の力もない状態で、しかもそれは軍事条約であるというようなものを締結するときに、その条約の性格は一体どんなものになるか、これを私は考えてみた。

これは言うまでもなく、当方としては義務があっても権利はない。先方様は権利があっても義務がない。こういう根本的な性格を持つ条約に落ちて行くよりほかには行きかたがないものであるが、事実私は日米安全保障条約の内容を見て、米国とわが国との権利義務の関係は、まさにこの通りになっているると考えるのであります。これについて政府はどういうふうにお考えになりましょうか。

これに対し、吉田は次のように答えた。

いろいろ御議論もありますが、私はそう考えません。もし日本の平和が脅かされたとか、あるいは日本の治安が第三国の進出あるいは威嚇等によって脅かされた場合には、日本としては当然米国軍を要求する権利がある。これに応ずべき義務が米国にはある。これは相互的な権利義務があるからこそ、ここに条約ができておると考えるべきであると思います。（一九五一年一〇月一九日、衆院「平和条約と日米安全保障条約特別委員会」）

さらに、同年一一月一六日、参議院で同じ趣旨のことを訊かれ、吉田はこうも答えている。

条約の前文においても、又すべての全条約に通じた精神において、つまり世界の平和、日本の平和、極東の平和、この平和を守ることが米国の義務なりと考えて日本にも駐屯をさせるというので、平和を守るということの精神から出たのでありますから、もし米国が平和が危険な場合において日本の独立を保護しないという場合には、我々は進んでその保護なり出兵なり、あるいはその他のあらゆる手段を要求する権利があるということに解します。

内閣総理大臣に「そう考えるべき」だといくら言われても、条約の文字からはそう考えることはできない。外務省条約局長も参院特別委員会において、「この条約によって、アメリカは日本に兵を置きまして、外部から来る武力攻撃に対して日本を守ってやるという重大な義務を負う」と断言したが（同年一〇月三〇日）、実際には条約のどこを読んでも、日本に「米国軍を要求する権利」があり、米国に「これに応ずべき義務」「相互的な権利義務」があるとは書いていないし、そう理解することもできない。契約社会に生きるごく普通の人間として、また安保条約と米軍駐留への賛否を離れてこの条約を客観的に読み、判断するなら、吉田や外務官僚の答弁がまったく主観的で恣意的な条約解釈であったことは明白ではないだろうか。吉田政権・外務省は、条約の文字から解釈できないことを条約の趣旨であると偽証を重ね、国会質疑を押し切り、数の力によって条約を国会で「承認」させたのである。

ここで注目したいのは、旧安保条約が「本来の安全保障条約ではない」と言った黒田の言葉である。この条約が日米の「相互防衛条約」ではなく、日本だけが米軍駐兵の義務を一方的に負う片務条約であること、つまりは日本の安全を保障しない不平等条約であることを黒田はそう表現したのである。

豊下楢彦の『安保条約の成立——吉田外交と天皇外交』（岩波新書、一九九六）によれば、旧安保条約が片務条約であったことは、条約締結に際し、米国政府自身が認めていたことだった。この書の中で豊下は、一九五〇年に米国務長官特別顧問として対日講和問題を担当し、その後アイゼンハウアー政権期に国務長官を務めたダレスが、『フォーリン・アフェアーズ』誌（一九五二年一月号）に寄稿した「太平洋の安全保障」の中にある次のくだりを引用している。

> 米国は日本とその周辺に陸海空軍を維持し、あるいは日本の安全と独立を保障する、いかなる条約上の義務も負っていない。

条約を読むかぎり、吉田が言うことよりもダレスが書いていることの方が、はるかに信憑性がある。

もちろん、万が一にも在日米軍が攻撃を受けるという、非現実的な事態が起こった場合には、米国は個別的自衛権を発動し、武力行使を含めたあらゆる必要な「措置」をとるだろう。同様に、日本が「外部」から武力攻撃を受けるという、これも非現実的な事態が実際に起こった場合には、米国が「何もしない」と断言することはできない。米国は「何か」はするだろう。米軍が動くかもしれないし、動かないかもしれない。しかし、いつ、どこで、どれだけ、どのように米軍が動く／動かないも、すべての決定権は米国にある。そしてその米国は「日本の安全と独立を保障する、いかなる条約上の義務も負っていない」。このダレスの証言は決定的だ。

かくして豊下は、一九六〇年代の後半に外務省条約法規課がとりまとめた『平和条約の締結に関する調書』およびその『付録』という膨大な資料を精査した結論として、旧安保条約を「ダレスの最大の獲得目標であった「望むだけの軍隊を望む場所に望む期間だけ駐留させる権利」を、文字通り米側に〝保障〟した条約」だと定義した。何とも気が滅入ってくるが、これが日本の「平和と安全」を保障しない旧日米安全保障条約のすべてだったのである。

もう一つの片務条約論

安保＝片務条約論には、もう一つの「理論」がある。中曽根康弘が一九五一年当時、野党の立場から旧安保条約を批判した次の発言をその典型とする。

日本の場合は、いわゆる憲法の障害や自衛力がないということから、現在のような一方的に庇護される片務協定的なものがここへ出てきております。全米相互援助条約とか、あるいは北大西洋条約から見ますと、非常に濃度の薄いものになっている。こういう結果が出て来たことを私たちは日本の伝統や、日本民族の名誉心から非常に悲しく思う。

そこでこういう状態を現出させない方法はなかったかということを考える。そこで思い至るのは吉田・ダレス会談であります。あの吉田・ダレス会談において、私たちが聞いた範囲では、米国側は日本の陸軍の創設やその他を期待し、要望しておった。しかし吉田さんは経済的な事由や、あるいは国民の心理状態からしてそれを避けて、特に白洲［次郎］氏の意見をいれて、現在のような一方的に庇護される方法を要請した。政府の声明に書いてあるから嘘じゃない、要請した。そこでこういう取極めができたのです。

もしあのときに吉田さんが、日本が将来独立後はただちに憲法改正その他の措置をとって自衛措置を講ずるとか、多少なりといえ相互援助ができるような形にしてスタートするという意思を持ってダレス氏と話合いをしていれば、必ずやこれと違った方向へ軌道が敷かれたはずだとわれわれは想像している。（一九五一年一〇月二三日、衆院「平和条約と日米安全保障条約特別委員会」）

ここで中曽根が言っているのは、「日本は憲法九条によって軍隊を持つことができないから米国に「一方的に庇護される」だけで、米国を防衛することができない。だから、旧安保条約は日米の「対等」かつ「平等」な「相互防衛」条約になっていない」という意味での片務性である。吉田が独立後ただちに「憲法改正その他の措置」をとり、安保条約を「相互援助」条約にすべきであったのにそうしなかった、だから「日本の伝統や、日本民族の名誉心から非常に悲しく思う」屈辱的な片務条約になった、今からでも遅くないからその措置を早急にとれという、条約批判の衣をまとった「自主憲法制定」論を中曽根は展開しているのである。

ただし、日本が憲法上軍隊を持てないから安保条約が、たとえば北大西洋条約のように加盟国による集団的自衛権の行使を前提にした相互防衛条約にはならない、という意味では中曽根は間違ったことを主張したのではない。なぜなら、北大西洋条約においては、米国を含む全加盟国が、

一、「一又は二以上の締約国に対する武力攻撃を全締約国に対する攻撃とみなすことに同意」し、

二、「個別的又は集団的自衛権を行使し」、

三、「必要と認める［武力の行使を含む］行動を個別的に及び他の締約国と共同して直ちにとることにより、その攻撃を受けた締約国を支援することに同意」しているからである。

北大西洋条約　第五条

締約国は、ヨーロッパ又は北アメリカにおける一又は二以上の締約国に対する武力攻撃を全締約国に対する攻撃とみなすことに同意する。従って、締約国はそのような武力攻撃が行われたときには、国際連合憲章第五十一条の規定によって認められた個別的又は集団的自衛権を行使し、北大西洋地域の安全を回復し及び維持するために、兵力の使用を含む、必要と認める行動を個別的に及び他の締約国と共同して直ちにとることにより、その攻撃を受けた締約国を支援することに同意する。

前記の武力攻撃及びその結果とったすべての措置は、直ちに安全保障理事会に報告しなければならない。その措置は、安全保障理事会が国際の平和及び安全を回復し及び維持するために必要な措置をとったときは、終止しなければならない。

つまり、条約の条文の中に、①日本（米軍基地でない）に対する武力攻撃を米国に対する攻撃と

みなすことに米国が同意し、②米国が集団的自衛権を行使し、③「必要と認める、兵力の使用を含む行動を」「直ちにとることにより」、米国が日本を「支援することに同意」していると解釈できる文言が入ってはじめて、その条約は米国が日本を「支援」（防衛ではないことに注意せよ）することを法的に約束した条約だと言えるのである。しかし、旧安保条約にはそれがない。このことが日本以外の国々と米国が結んでいる「相互防衛」条約と旧安保条約との決定的違いだった。吉田がどれだけ偽証を重ねようと、旧安保条約は「日米安全無保障条約」としか定義できない代物だったということになる。

もっとも、ここで誤解を招かないように指摘しておかねばならないのは、北大西洋条約第五条でさえ、米国が集団的自衛権を行使することを規定したものと言えるかどうか、疑問の余地が残ることである。条文を読むかぎり、ヨーロッパで武力攻撃が発生したとしても米国が直ちに軍事的措置をとるよう義務づけられているとは言えない。「必要と認める行動 action as it deems necessary」という曖昧な表現は、米国の国益と国家戦略の文脈から離れて、ヨーロッパ大陸における紛争事態に対する自動的な参戦義務を負うことへの米国側の留保を示すものだったのである。

北大西洋条約機構（ＮＡＴＯ）の創設交渉の中で最も紛糾したのが、この第五条である。米国以外の加盟国は、第二次世界大戦直後という状況もあり、米国の軍事的支援をできるかぎり引き出し、それを条約の中に明文化しようとした。しかし、米国は他国の戦争への自動的参戦義務を厭う議会と国内世論（当然のことだ）への配慮から、武力行使義務が明瞭になるような表現は避けたいという思惑があり、言わば両者の妥協の産物として、この「必要と認める行動」という曖昧な表現になったのである。このことは本章後半で触れる一九六〇年の「安保国会」における官僚の偽証とも関係するので、ここでしっかり確認しておこう。

「日本は米国から「一方的な庇護」を受けている。だからこの関係を「対等」「平等」にすべく改憲し、日本も軍隊を持ち、集団的自衛権を行使できる国家にしなければならない」というかつての中曽根流の論理は、公明、共産、社民を除くすべての政党内部で未だに燻り続けている。しかし、六〇年前に定式化され、「安保タダ乗り論」の論拠にもなってきたこの「安保＝片務条約→改憲論」は、よくよく考えてみると、条約上、明文化されていない米国の「庇護」を日本の側からわざわざ認めてしまうという点で、逆の意味で「屈辱的」な議論である。しかもこの「理論」は、安保を「双務化」するという観点から条約を批判していたという点において二重の意味で「屈辱的」である。というのも、一九五〇年代に改憲し、日本が「自衛軍」を保有し、安保を双務条約化していたら、たとえば韓米相互防衛条約下で、韓国兵士たちがベトナム戦争に狩り出され、戦い、死んでいったように、「自衛軍」が米国の世界戦略の駒となり、前線では米軍の作戦展開の捨石になっていたであろうことは、その後の歴史の流れをみれば容易に想像がつくからである。

吉田政権は、米軍の継続駐留がどんなに憲法九条と矛盾したものに見えようと、少なくとも改憲をせずに日本国憲法下でそれを合法化すること、言葉を換えるなら、安保条約の双務化を拒否しつつ、いかにして日本の防衛に対する米国側のコミットを引き出すかという「戦略」の下で、再三にわたる対米交渉をくり返していた。この点については「憲法九条の死文化」を論じる第四章において再度触れることになるが、旧安保条約の条文はそうした吉田（と外務・法制官僚）の、政権の座にある者の「苦肉の策」の結晶だったとみなすこともできる。

しかし、中曽根に代表される改憲論者はそのことを理解しようとしなかった。その意味では、「日本国憲法は占領憲法であり、だから主権回復・独立のために改憲し、天皇元首化と再軍備を実現し、「普通の国家」になるべきだ」といった論理から旧安保条約を批判した中曽根の議論が、あくまでも「護憲」の立場から安保擁護論を展開した吉田の答弁と嚙み合わず、平行線を辿ったのは当然のことだったのである。

ただし、ここからが重要なのだが、旧安保条約締結以後においては、そうした改憲論がそれなりの法理上の合理性を持つようになったことについては確認しておく必要がある。旧安保条約の「片務性」を是正するという観点から具体的な対処策を考えた場合には、①改憲によって新たな双務条約を結ぶか、②改憲せずに条約を改定することによって修正するか、それとも③安保条約に反対する政党が政権を取り、条約そのものを破棄するか、いずれかの方法を選択する以外になかったからである。

周知のようにその後の展開は、一九五五年の「保守合同」によって成立した自民党政権の下で、岸政権が①を主張した勢力を巻き込みながら②の方針をとり一九五七年からの条約改定交渉に臨む一方で、③については対日「平和」条約と旧安保条約に対する立場の違いから社会党が分裂したことによってその展望を喪失する。その社会党が旧安保条約の締結から半世紀余り後に自民党と連立政権を組み、安保と自衛隊を容認し、日米同盟を宣言するようになることを、いったい誰が予想しえただろう。

バンデンバーグ決議と安保条約

戦力を持てない日本が世界最大の核軍事大国米国と結んだ旧安保条約。これが片務的な「不平等」条約になるのは必然的なことだった。そのことは、米国の上院が一九四八年にバンデンバーク決議を採決した時点ですでに確定していたのである。

この決議は、米ソ冷戦体制の始まりの中で、米国が「国連の有効的活用」を通じて「国際の平和と安全」をめざす（＝国連を利用して世界を制覇する）ことを再確認しつつ、大統領府に対し、次の六項目にわたる方針を提案したものである。

一、国際紛争やそれに類する事態の解決、および〔国連〕新加盟国の加入に関しては、〔国連安保理〕常任理事国の自発的合意により拒否権を行使しないようにする。

二、国連憲章の目的、原則、条項に則った、個別的および集団的自衛のための地域的その他の集団的安全保障の取極を漸進的に発展させる。

三、憲法の手続きに従った、地域的および集団的安全保障の取極への米国の参加は、継続的かつ効果的な自助と相互援助に基づくと同時に、国家安全保障に資するものでなければならない。

四、国家安全保障に影響を与えうる武力攻撃が起こった場合には、国連憲章第五一条に基づく個別的および集団的自衛権の行使を明確にしつつ、平和維持に貢献する。

五、国連軍の配置と、普遍的な軍備の規制および縮小に向けた合意を得るために最大限の努力をする。

六、国連強化に向けた適切な努力を重ねた後に、必要であれば、国連憲章第一〇九条の規定あるいは国連総会の呼びかけにより全体会合を開き、国連憲章の再検討を行う。

この決議に基づき米国が締結した「地域的集団安全保障」のモデルが先にみた北大西洋条約である。とりわけ決議の三と四に注目してほしい。

先にみたように、旧安保条約では四に規定された米国の集団的自衛権の行使が「明確」でないばかりでなく、三にあるように日本が「継続的かつ効果的な自助」、すなわち「自衛」に向けた努力を行うことや米国との「相互（防衛）援助」を行うことは明文化されていない。ただ単に、前文の末尾に米国が日本に対して「直接及び間接の侵略に対する自国の防衛のため漸増的に自ら責任を負うことを期待する」と記されているだけだ。後の自衛隊の創設（一九五四年）や「日本とアメリカ合衆国との間の相互防衛援助協定」（MSA協定。一九五四年）の締結がまだ何も明確になっていない状況において、米国が日本の「平和と安全」「独立」を保障すると考えること自体がどうかしていたのである。

ただ、吉田が米国からの要求を受け入れ、三と四の条件を将来的に満たそうとする意思を持っていたことだけは確かである。そのことを裏づけるのが、若き中曽根が老獪な吉田を批判した先の発言の中に出てくる「吉田・ダレス会談」の内容である。後にダレスは、吉田との会談内容を次のように述懐している。

私が吉田総理との会談の際に指摘したように、バンデンバーグ決議による米国の政策のもとにおいては、いかなる国といえども、いわゆる効果的、継続的な自衛と軍事協力を行うことなしに、漠然と安全保障の上にただ乗りすることは許されない。従って日本人は、われわれの措置が、日本が軍事協力と自衛をなし得るに至るまでの暫定的な協定として行われると考えるべきである。

　吉田総理は会談の際、この方針を認め、かつ日本人が自衛のための義務をつくすべきこと、日本が自由世界の自由な一環たる地位に復帰すると同時に日本政府はその領土を防衛するために日本の負うべき役割について討議すべきことを言明した。


　これは「ワールド・レポート」（一九五一年四月二九日付）に掲載されたダレスの談話を、芦田均元首相が国会質疑（同年一〇月一八日）の中で引用したものを孫引きしたものだが、ここで注意したいのはダレスが吉田に対し、日本が「効果的、継続的な自衛」と対米「軍事協力」を行っていると米国が認めるまでは、日本は「漠然」と米国の「安全保障の上にただ乗りすることは許されない」と言明していたことである。

　吉田は米ソ冷戦体制の始まりを目撃し、米国を軸とした「集団安全保障」という名のバスに乗り遅れまいとした。その「バス」に乗るためにバンデンバーグ決議が課した条件、それが「効果的、継続的な自衛と軍事協力」だったのである。しかし、憲法九条があるので、吉田はこれを米国に確約できなかった。だから、今はできないが、条約締結直後からそのための「討議」を開始するとダレスに「言明」したのである。「言明したのだから、バスに乗せろ」と言う日本と、「いや乗せない」と言う米国。その日米のせめぎ合い、旧安保条約をめぐる日米交渉の過程を丹念にスケッチしたのが先に引用した豊下の『安保条約の成立』だったのである。

しかし結局、日本は「バス」に乗れなかった。吉田は、次には必ず「バス」に乗れるようにと――しかし憲法問題を相変わらず棚上げにしたまま――、MSA協定を結び、その翌日に保安隊を自衛隊に改組し、安保条約をバンデンバーグ決議に沿った米国との「個別的」な「集団安全保障」条約にする軌道だけは敷いて、権力の座から退くことになる。はたして、日本は安保改定によって無事「バス」に乗ることができたのか？　条約を文字によって解釈し、それを見極めるのが次の課題である。

2　「改定駐兵条約」としての安保条約

岸信介は、「安保条約を対等な立場で修正改定」することを政権の最大の政治課題とした（一九六〇年二月二六日における国会答弁）。そして条約改定の「成果」の一つを、日米が「共通の危険に対処するよう行動することを宣言する」と規定した第五条1項に求めた。これにより日本は、新たな対米義務を何も負うことなく、吉田茂が果たせなかった対日防衛義務を米国に負わせることに成功し、「武力攻撃」事態に対する日米の「共同防衛」体制を確立したと、安保改定の意義を誇らしげにアピールした。

現行の安保条約では、米国の駐留する軍隊が、日本に対して武力攻撃が他から加えられた場合において、必ず日本の領土、日本の国を防衛しなければならないという義務は明らかになっておりません。今回の五条においてその点が**明瞭にされた**ということは、そういう意味において、日本の安全が他から武力攻撃を受け、侵略をされるという場合における、そういうことのないようにする一つの大きな力が加わったということは言えましょう。

しかしながら同時に、反面において、それでは何か日本のそういう防衛の義務が従来よりも加わったかというと、この五条にはっきりと施政下にある領域が武力攻撃された場合において日本がこれに対して行動をとるということでありますから、本来の自衛権の本質から申しまして、ちっとも現在と変わっておらないのでありま［す］。（一九六〇年四月一一日、衆院「日米安全保障条約等特別委員会」）

安保条約第五条1項は「共同防衛」を保障するか

岸の自画自賛とは裏腹に、安保条約の条文はきわめて不明瞭である。

まず、条約改定によって何が変わったのかを確認しておこう。細かい条文の文字の変化はともかく、内容的には次の三点に整理できる。

一、日米間の「経済的協力」の「促進」（第二条）、

二、日本が「武力攻撃に抵抗する［……］能力」を米国との相互協力によって「維持」「発展」させること（第三条）、そして、

三、「共通の危険に対処するように行動すること」（第五条1項）。

これら以外にも、条約締結に伴う米国との交換公文に明記された、在日米軍の行動に関する「事前協議」制の導入がある。

「安保条約第六条の実施に関する交換公文」は、「合衆国軍隊の日本国への配置における重要な変更、同軍隊の装備における重要な変更並びに日本国から行なわれる戦闘作戦行動（前記の条約第五条の規定に基づいて行なわれるものを除く）のための基地としての日本国内の施設及び区域の使用は、日本国政府との事前の協議の主題とする」としている。しかし、この半世紀、「事前協議」など一度も行われたためしはない。また、民主党政権下でそれが変わる兆しも確認できないので、ここでは含めないことにする。

核の持ち込みを含む事前協議制の導入は、安保条約の合憲性を担保する最大の武器として活用された。核武装した米軍が自由に日本に出入りし、日本を拠点に世界のどこにでも出撃できるのであれば、そんなことを許した安保条約が憲法違反になることは明々白々になるからだ。だからこそ事前協議制を導入したのだと岸は大見得を切ったが、そのすべてがデタラメであったことを日本政府が認める／認めさせるまでに半世紀かかったことになる。また、旧条約では「外部からの武力攻撃」となっていたのが新条約では「外部からの」が削除されているが、これは「内乱条項」の削除と相まって、日本における武装蜂起→革命の現実性が一九六〇年までの「大衆消費社会」の登場によって消滅した、という日米両政府の情勢分析を反映したものと捉えることができるだろう。

では、変化がなかったのは何か。日本の基地提供、および在日米軍の継続駐留である。新安保条約は「駐兵条約」（吉田茂）としての旧条約の基本性格をそっくりそのまま引き継いでいるのである。

新安保条約にざっと目を通すと、第五条1項が米国の対日防衛を義務づけたものであるかのように読め、これが安保改定の決定打ではないかと錯覚しがちになる。しかし、他の「安全保障」条約と仔細に比較すると、旧条約がそうであったように新安保条約もまた日本の安全を保障しない「改定駐兵条約」でしかなかった／ないことが明らかになる。

第五条1項は、日米**それぞれが**、①「いずれか一方に対する武力攻撃が、自国の平和及び安全を危うくするものであることを認め」、②「自国の憲法の規定及び手続に従つて共通の危険に対処するように行動することを宣言する」と謳う。これを先にみた北大西洋条約と比較してみる。そうすると、両者の間には米国がとる行動に次の四点にわたる違いがあることが浮き彫りになる。

一、安保条約では、米国は日本に対する武力攻撃を、米国に対する武力攻撃でもあるとみなすことに（北大西洋条約のようには）「同意」せず、それを米国の「平和と安全」を「危うくするもの would be dangerous」（危うくするかもしれないもの）と「認め recognizes る」（認識する）にとどまっている。

二、しかも、米国は日本と共同して武力行使を含む行動を（北大西洋条約のように）「直ちにとる」ことにも同意していない。米国はただ「危険 danger」に「対処するように行動する would act to meet」ことを「宣言する declares」だけである。

三、さらに安保条約では（北大西洋条約のように）国連憲章によって認められたはずの集団的自衛権を行使することも明文化していない。

四、北大西洋条約では、曖昧な表現になっているとは言え、米国は武力行使を含めたあらゆる必要な措置をとり、武力攻撃を受けた国を「支援する will assist」という国家意思を表明しているが、安保条約における米国の行動はあくまで二と三にあるように「認め recognizes」「宣言する declares」にとどまっている。

総じて言えることは、新安保条約では米国が国家として具体的にどのような行動をとるのか、何も「明瞭」になっていないということだ。かたや「支援」し、かたや「認め」、「宣言」する……。これでは米国（米軍）が日本（自衛隊）の行動を「支援」するかどうかばかりでなく、両者の行動が「共同」したものと言えるかどうかもはっきりしない。それでも岸は、この第五条1項によって右のいずれもが「明瞭」になったと言い張った。

第五条の場合は、日本の領土が直接に侵略されたという場合でありまして、その場合の行動は日本は自衛権の発動としてやり、またこの安保条約の趣旨からいって、米軍が直ちにそれの侵略を排除することに行動することは条約上の主たる義務になっております。

日本の領土内に外国の軍隊を駐留せしめる基地を提供する。基地の目的は、日本の安全を守るということと、極東の国際的平和と安全に寄与するという、二つあるわけであります……。日本としてはそれを提供する義務を負うておるのに対して、米国側がそれではどういう義務を負うかと言えば、今度の五条において明確に日本を防衛する義務を負うということを明定して、いわゆるわれわれが不満としておった片務性を双務性にした、こういうことでございます。（前者は一九六〇年二月六日、後者は

同年四月二〇日の衆院「日米安全保障条約等特別委員会」）

個別的集団安全保障と安保条約

日本の「自衛権の発動」としての武力行使と、米国の集団的自衛権の発動としての武力行使が一体化し、日米共同の防衛体制が確立する。そしてそのために日本は、米国に基地を提供する義務を負い（安保条約第六条）、米国は日本を防衛する「義務」を負う。これをさして岸は「安保の双務化」と呼んだ。

しかし、日本が基地を提供し、米国が日本を守るというだけなら吉田が言ったこととまったく同じである。問題は、条約上、米国の「義務」が明文化されたか否かにあるが、第五条1項を文字によって解釈しようとすればするほど、そこに岸の言う「米軍が直ちにそれの侵略を排除することに行動することは条約上の主たる義務」と解釈しうる内容が「明定」されたとは言えなくなってしまう。

もちろん、バンデンバーグ決議の縛りがあるので、安保条約の条文が北大西洋条約と同じにはなりえないことを私たちは知っている。だから岸や官僚たちは、北大西洋条約ではなく、フィリピンやオーストラリア・ニュージーランドと米国が結んだ、個別的・地域的集団安全保障条約と第五条1項の文言が「似ている」ことを根拠に、米国の対日防衛義務が「自明」になったと言い出すようになる。

外務省条約局長、高橋通敏の答弁。

アメリカが結びましたこの種の条約におきましては、すべてこの［第五条1項の］ような表現方法をとっておりますし、これ［安保条約］におきましても必ず行動するということをここ［第五条1項］

で宣言して、大きな強い決意を表現しておる。従いまして、これはしなければならないとか、する義務があるというよりも、もっと強い決意の表明を両国がやっておるのだと考えております。また、どの条約におきましても、それで必ず自動的にどれだけの兵力をもって相手を撃破しますというふうなことを具体的に書いた条約は、ちょっと見当たらない。やはり武力攻撃に対しまして、一切の最善を尽くして、やられた方を援助するのだという表現になっていると考えます。従いまして、武力行使云々ということは当然含まれている。含まれていますが、必ず自動的にこれこれの具体的な兵力をもってやるというようなことは、条約の性質上そういうことを書くのは適当ではないと考えております。また、第五条の前段が、そのような武力行使を中心としたものであるということは当然でございます。

（一九六〇年五月六日、同右）


この高橋の答弁はまったくのデタラメである。

たしかに、米国がオーストラリア・ニュージーランドとの間に結んだ太平洋安全保障条約（ANZUS（一九五一年九月一日調印））の第五条は、安保条約第五条と非常に似通った条項になっている。しかし、高橋が意図的に説明を回避したのは、この条約の前文には次の四点の内容が明記されていることだ。すなわち、①オーストラリアとニュージーランドが「太平洋地域内外の平和と安全に軍事的義務」負い、②三国が公的にも法的にも安全保障（軍事戦略）上の「団結感（一体感）sense of unity」を持ち、③「集団的自衛のために各国の努力を調整する」ことが明記され、最後に、④「有事」の際には三軍を統帥・指揮する統合司令部にあたる「評議会 Council」を組織することまでもが言明されている。明らかにＡＮＺＵＳは、加盟国すべての集団的自衛権の行使を大前提に締結された「安全保障」条約だったである（ＡＮＺＵＳは、一九八四年にニュージーランドに労働党政権が誕生し、米国の核搭載艦の寄港を拒否したため、米国がニュージーランドに対する防衛義務を停止し、以降、実態としては「米豪安保条約」となっている）。

これに対し、安保条約は違う。日本はただ「個別的自衛権」しか行使せず、自国の主権領域外の「平和と安全」に「軍事的義務」を負うこともない。また、日本は「集団的自衛のために」米国との間で「努力を調整する」こともなければ、日本の防衛を超えて米国と軍事上の「団結感」を共有することもない。さらに、「日本有事」の際には、米国（米軍）と日本（自衛隊）は、**それぞれがそれぞれの作戦計画と指揮系列によって**「対処するように行動する」（安保条約第五条一項）だけだ。安保条約が日本と米国との集団安全保障条約であるなら、右の④にあるように、両国（両軍）の作戦計画と指揮系列を統括する「統合司令部」的なものが組織されなければならないが、日本政府はそれを頑強に否定し、あくまでも自衛隊の指揮は日本が担うと言い張ったのである。

岸がいみじくも言明したように、これでは安保条約は「本質的に軍事同盟ではない」。しかも、皮肉なことにそれは岸の答弁とは裏腹に、米国の対日防衛義務と日米共同防衛を否定する意味においてそうなのである。

岸が、日本の米国への基地提供の義務と、条約上何の根拠もない米国の対日防衛義務なるものを等値し、それをもって「安保の双務化」というのは自由である。しかしそんな論理が通用するのであれば、旧条約においてすでに「安保の双務化」は実現していたことになるし、実際、吉田もそう主張したのである。しかし、中曽根をはじめとする自民党内外の「自主憲法制定」派が望んだ「安保の双務化」とは、日本自身が集団的自衛権を行使できるようになることであったが、それは改憲派としての岸自身が一番知り抜いていたことだったのである。

だとしたら、安保改定とはいったい何だったのか、改定する必要がほんとうにあったのかという疑問が改めて湧きあがってくる。はたして改定安保条約には「改定駐兵条約」という以上の、何か特別な定義を与えることができたのかどうか、また、日米間の「緊密な」経済協力以上の、米軍＝日本の「安全保障」という旧安保条約の基本性格を変える何か決定的なものを盛り込むことに成功したのかどうか、と。それを考えるためにも、ここでもう一度第一章で触れた、安保条約を「国連憲章に則る集団安全保障体制の一つの形式」と定義した外務官僚、大河原良雄の言葉を思い返しておきたい。実はこの定義は、一九五三年六月三〇日、ＭＳＡ協定をめぐる参議院での審議の中で、岡崎勝男元外相が次のように語ったことをそのまま踏襲したものだったのである。

日米安全保障条約は、形は普通の集団的安全保障条約ではないけれども、併し一種の変態的ではあるけれども集団安全保障の一つの形式だと思っております。従って日米安全保障条約にいうような、つまり直接の侵略に対しては米国軍が当る、国内の防衛については日本の保安隊等が当る、この集団安全〔保障〕の形は当然日本としても引受けておることであり、又これをもっとよく運用するように努力することは当り前だと思います。

「変態的」どころか、旧安保条約においては「[日本への]直接の侵略に対しては米国軍が当る」などとは一言も明記されていないし、米国はその義務を負わないのだから「集団安全保障体制の一つの形式」とは言えるはずもない。そのことはすでに述べた通りである。しかし、日本政府はどうしてもそれを認めることができなかった。だからこそと言うべきか、自衛隊の前身たる保安隊創設（一九五二年）以降、安保改定までの一九五〇年代において、日本政府は旧安保条約が米国との集団安全保障（共同防衛）条約だと言い張ったのである。

このとき日本政府がその根拠にあげたのが、旧条約の実施要綱たる日米行政協定第二四条である（この協定の内容は、旧安保条約をめぐる国会審議の過程においてはいっさい明らかにされなかった）。

日本区域において敵対行為又は敵対行為の急迫した脅威が生じた場合には、日本国政府および米国政府は、日本区域防衛のため必要な共同措置を執り、かつ安全保障条約第一条の目的を遂行するため、直ちに協議しなければならない。（日本行政協定第二四条）

ここで言う「共同措置」とは、武力攻撃に対する日米の軍事的共同作戦ではなく、朝鮮戦争の勃発（一九五〇年）によって米軍が朝鮮半島に展開している間、その空隙期間に想定される日本国内の「内乱・騒じょう」を「鎮圧」するためのものだが、実は岸自身、米国と安保改定交渉に入るまで、右の「共同措置」の規定をもって日米「共同防衛」は保障されている、と公言して憚らなかった。それでも条約上は明文化されていないから条約を改定しなければならない、これが岸の論理だったのである。

岡崎元外相の発言をよく読むと、日本政府は旧安保条約の時代からすでに、安保体制を「変態的な」集団安全保障体制から、より一般的なそれへ向けて「もっとよく運用するように努力」すべきと考えていたことがわかる。MSA協定の締結と同時に保安隊を自衛隊へと改組し、バンデンバーグ決議に定められた「自助と相互援助」を積み重ねてゆけば、定義はともかく実態としては日米安保を米国との集団安全保障体制と呼ぶにふさわしいものへと発展させることができる、と楽観的に考えていたようだ。

しかし、現実はそうはならなかった。岸は、自らと同じ改憲論者であった鳩山一郎の「遺志」を引継ぎ、あわよくば条約改定前の改憲をめざしながら、結局はそれを果たすことができなかった。そして吉田と同様に後継者に己の「夢」を託しながら、条約改定に踏み切ってしまったのである。

「憲法上の規定に従って」……?

安保条約を文字によって解釈するにあたり、最も難解な表現が「憲法上の規定に従って」という文言である。

安保条約第五条1項によれば、日米は「憲法上の規定及び手続き constitutional provisions and processes」に従い、「共通の危険に対処するように行動する」ということになっている。北大西洋条約やANZUSなどでは、「憲法上の手続き constitutional processes」だけであるのに、なぜ安保条約には「憲法上の規定 constitutional provisions」が加わっているのか?

告白をすれば、後述する「安保国会」における政府の説明を何回読んでも、私はその理由を理解することができなかった。それでも理解できた範囲内で説明を試みるなら、それは次のような理由によるらしい。

日本国憲法には、国家の自衛権の発動としての武力行使に関する「憲法上の規定」がない。憲法九条がその第一項において「国権の発動たる戦争と、武力による威嚇又は武力の行使は、国際紛争を解決する手段としては、永久にこれを放棄する」とし、第二項において「国の交戦権は、これを認めない」としているからである。「戦力」保持と「交戦権」を否認し、「武力行使」を「放棄」した日本国憲法に「個別的自衛権」の名による武力行使を前提した安保条約第五条1項に関連する「規定」がないのは、あたりまえのことである。

ちなみに、日本国憲法に「安全保障」という概念が存在しないのもそのためである。国家にとって「安全保障」とは私たちの「生命の財産」の安心を保障することではなく、国家主権と統治の安全/安定を自らに「保障」することであり、近代国家においてそれは外敵/内敵に対する正規軍の暴力の発動によって最終的に「保障」される。だから、日本国憲法には「安全保障」という概念が存在しない。むしろ日本国憲法は、「国政の主権者」たる「国民 people」、行政、立法、司法に関わるあらゆる機関、それらに携わる「国民の奉仕者 servant」としての政治家や官僚に対して、「国権の発動たる戦争と、武力による威嚇又は武力の行使」を排除した憲法の規範原理に準拠して、「国民」の「生命と財産」の安心を「保障」するための手段を創造することを「命令」しているわけである。

だから本来、他国の戦力に依存した「安全保障」条約なるものを結ぶことは、憲法違反かどうかというよりも(結局それは servant の思想・信条によって左右されるものであるから)、日本国憲法の規範原理とはまったく異質の政治的かつ行政的行為なのである。そこが、国家として交戦権を持ち、「国権の発動たる戦争と、武力による威嚇又は武力の行使」を自国の「国益」が関わる「国際紛争を解決する手段」として常用する米国の「国のかたち」と日本のそれとの決定的な違いである。憲法を変えないかぎり、日本は米国のような国と「同盟」も「安全保障」条約も結べないのである。

そこで、「憲法上の規定」という怪しい表現を官僚が編み出した。たしかに、憲法には武力行使の「手続き」はないが、憲法に準じる国内法には自衛隊法がある。その第六章「自衛隊の行動」の中の「防衛出動」を「規定」した第七六条1項は、内閣総理大臣の職務を次のように「規定」している。

> 我が国に対する外部からの武力攻撃（以下「武力攻撃」という）が発生した事態又は武力攻撃が発生する明白な危険が切迫していると認められるに至った事態に際して、我が国を防衛するため必要があると認める場合には、自衛隊の全部又は一部の出動を命ずることができる。この場合においては、武力攻撃事態等における我が国の平和と独立並びに国及び国民の安全の確保に関する法律（二〇〇三年法律第七九号）第九条の定めるところにより、国会の承認を得なければならない。

法制局と外務官僚は、「これで第五条1項がクリアできる」と考えた。なぜなら、「憲法上の規定」という表現を使うなら、日本国憲法の「規定」に従って制定された自衛隊法を「排除しているものではない」という怪しい論理も成り立たないわけではないからだ。「排除していないなら含んでもよいではないか、何が問題なのだ」という開き直りにも似た詭弁論法である。「安保国会」において内閣総理大臣、岸信介は言う。

［安保条約以外の］条約の例を見まするど、各国が憲法の手続に従いというようなことを申しておるのが、普通のようであります。日本の場合においては憲法に［武力攻撃事態等に関する］手続がございませんので、憲法の規定及び憲法上の手続に従いと、こういう条文にしたわけであります。そうした場合において憲法以外の国内法というものを、それでは排除しているのかどうかという問題につきましては排除しているものではない。従って［?］、日本として憲法上、九条のあの条件［どの条件?］が満たされておるときでなければ、自衛隊の出動はできません。さらに、自衛隊の出動を認めるについては憲法九条を受けて自衛隊法というものがございますから［?］、自衛隊法の手続に従わなければならないということは当然である、そのように解釈いたしておるのであります。（一九六〇年四月一一日、衆院「日米安全保障条約等特別委員会」）

そのように「解釈」することはできないのではないか、と「安保七人衆」の一人に数えられた社会党の戸叶里子が反論する。

それじゃ、［日米間の］協議事項とか了解事項とか合意された議事録とか、どこかにこの五条における「自国の憲法上の規定」は、日本の場合においては自衛隊法を含むものであるとか、自衛隊法を排除するものではないとかなんとか、そこに規定してなければ、これを自衛隊法も含むのだというふうにお読ませになることは、少し無理だと思うのですけれども、いかがでございますか。（同右）

長い論戦が、別の「七人衆」、岡田春男（社会党）の関連質問を挟みながら続いた後に、法制局長、林修三が割って入る。

「憲法上の規定」という言葉は、直接には、日本の場合においては憲法第九条をさしていると私は思います。憲法第九条の認める、あるいは否認しておらない範囲内［？］において、日本が行動をとるということだと思います。この場合において、わが国の自衛隊が行動をとるについては、憲法の趣旨に合うように規定された自衛隊法の規定、これを特にこの条約によって排除するという趣旨はどこにも出ておらないわけでございます。すなわち、自衛隊法の規定にかかわらず、つまり国会の承認を得ないでも、日本の自衛隊は出るのだという趣旨は、この条約の規定のどこからも出ておりません。日本の自衛隊は、憲法の規定の範囲内、及びその憲法の規定によって制定された自衛隊法の規定によってやるということは、この条約の趣旨から当然に出てくる［？］、かように私は考えております。（同右）

同じく、林修三。

武力攻撃というものは明らかな観念で、実際問題としても法律的にも、そう認定に狂いが生ずるものではないと私は思いますけれども、しかし、その場合に国会が武力行動をすべきじゃないという御判断があれば、この条約からはすでにはずれているわけでございます。共通の危険と認められないからこそ、国会はそういうことを御決議になったと思います。そういう場合に、共通の危険でない、あ

るいは武力攻撃でないという場合に日本が行動しないことは、何らこの条約に違反するものではない、かように考えます。（同右）

なぜ、「自衛隊法の規定によってやる」ことが「この条約の趣旨から当然に出てくる」のか、林の「考え」を聞いて理解できる人は、日本の官僚になる資質がある人である。ただ、一つだけ理解できたことは、もしも仮に米軍が安保条約によって対日防衛義務を負い、集団的自衛権を行使するのだとしても、自衛隊の「防衛出動」が国会で否決された場合には、日米の「共同防衛」体制がとれなくなることだ。

つまり、もしも第五条1項が「日本有事」に限定した日米共同作戦を含意しているのだとしても、実際それが行われるかどうかは、ただ単に内閣総理大臣だけでなく、国会を含め、「国政の主権者」総体が、「いずれか一方に対する武力攻撃」が「自国の平和と安全を危うくするものである」と「認め」るかどうか、さらには政府が「共通の危険に対処するように行動することを宣言する」ことを承認するかどうかによって規定される、ということである。

この林の答弁が正しいのであれば、安保条約を日米両国の「共同防衛」を規定した「個別的集団安全保障体制の一つの形式」として定義するためには、第五条1項がバンデンバーグ決議の条件を満たしていると明瞭に解釈できることのみならず、日本の政治権力が一党独裁的な専制政治、あるいは米国の大統領制のように、政府首脳の武力行使、最初の一撃の意思がそのまま国家の意思にもなるような政治システムと同様のものでなければならない。でなければ、そう定義することはできないし、してもならないことになる。「議院内閣制」は米国の「大統領制」とは違うし、与党による「一党独裁」「専制」政治を許してもいないからである。

おそらく、「共同防衛」に関するこれまでの日本政府の見解の中で最も重要なものは、外務省条約局長、高橋通敏が迂闊にも戸叶里子の質問に答えた次の答弁になるだろう。

> 条約の解釈の問題になりますが、ここで、いずれか一方に対する武力攻撃が自国の平和及び安全を危うくするものであるということを、事実、お互いにそういうものであることを認めるわけでございます。そうして、この共通の危険に対処するために、対処する行動を宣言する、このようになっております。これが共同防衛云々という問題になりますと、この字句は、そういうふうな事実を認めて共通の危険に対処しようということでございまして、これからいわゆる共同防衛云々という問題が直ちに出てくるというふうな筋合いの問題ではないと思います。（同右）

日本が「武力攻撃」を受けた際に、米国（在日米軍）が日本を守る、そのことを安保条約が規定しているか否かという問題は、安保条約第五条1項が日米の「共同防衛」を規定した条項であるか否かという「筋合いの問題」である。米国が集団的自衛権を行使し、在日米軍が自衛隊と「共同」して日本を「防衛」することが義務づけられていないのであれば、安保条約は「安全保障」条約とは言えないからだ。だからこそ岸は、第五条1項が「共同防衛」を規定した条項だと何度も国会で断言し、安保改定の意義をアピールしたのである。

しかし、高橋はその岸の答弁を否定し、第五条1項が日米「共同防衛」（＝日米共同作戦）を規定した条項ではない、と答弁してしまう。「共同防衛云々という問題が直ちに出てくるというふうな筋合いの問題ではない」と高橋は言うが、しかし第五条1項から「共同防衛」（＝米国の集団的自衛権の行使）が「直ちに」出てこないのであれば、在日米軍が日本を守る「保障」は安保条約のどこからも出てきようがない。高橋はそれに気づかない。

もっとも、高橋の答弁にもそれなりの理由があった。第五条1項を日米「共同防衛」を規定した条項と言明してしまえば、次に必ず日本（自衛隊）の集団的自衛権の行使が問題になるからだ。「日本は集団的自衛の権利は保有するが行使しない」、また「安保条約において日本が行使するのは個別的自衛権であって集団的自衛権ではない」ことを強調し、安保条約の合憲性を正当化した法の番人としては、第五条1項→「共同防衛」→集団的自衛権の行使という解釈の連鎖を断ち切る必要があったのである。

高橋の答弁を再読すれば明らかなように、高橋は第五条1項が在日米軍のどのような軍事上の義務を規定した条項であるのか、それを説明することができない。高橋はただ、条文の文字をそのまままくり返しているだけである。しかし、条文の文字から解釈できることは、本章がこれまで分析してきたように、日本と米国、それぞれがそれぞれなりに「共通の危険」なるものに「対処するように行動する」、これだけである。

はたしてこれで、安保条約を「改定駐兵条約」という以上の何ものか、たとえば「国連憲章に則る集団安全保障体制の一つの形式」という、いかにももっともらしい「形式」として定義することができるのかどうか。もはや結論は、明瞭すぎるほど明瞭である。

第三章　日米安保という虚構（Ⅱ）

——安保＝日米軍事同盟論をめぐって

(1) 12版 朝日新聞 昭和45年(1970年)6月23日 火曜日 30353号

安保・防衛・日中で本社全国調査

「段階解消」42%に増加

安保、「選択の年代」入り

防衛、現状肯定の線

米軍発進、「断れ」が過半

日中64%国交望む

台湾と断絶 反対が多い

日米繊維交渉

瀬戸ぎわの折衝始る

最大のヤマ、「暫定」期間

軍用道路に四万人

沖縄の反安保デモ 輸送、全面ストップ

秦野警視総監 きょう辞意表明

ニュース抄録

「安保」の22日、各地で

天声人語

1970年６月23日の『朝日新聞』

安保条約をめぐる議論は、匿名の何者かによる日本への武力攻撃が起こりうるという前提と、これに対して在日米軍が「平時」においては「核抑止力」として機能しつつ、「有事」においては自衛隊と「共同」で武力攻撃を撃破するという、二つの極限的な異常事態が起こりうることを前提にして展開されてきた。武力攻撃、核攻撃、侵略、有事、撃退……。安保はそれを議論する者ばかりでなく、その議論を聞く者までをもこうした仮想の極限状況に自らを置くことを強い、パラノイアにしてしまう。

けれども、一九五一年九月の旧安保条約の調印以降、日本に対する武力攻撃など一度もなかったし、自衛隊と在日米軍が日本を守るために武力行使をしたことも一度としてなかった。しかしその一方で、米軍は日本に武力攻撃をしたのではない国や政治勢力に対して何度も武力行使してきたし、自衛隊もいつの間にかそんな米軍を「後方支援」するようになってしまった。

日本に武力攻撃がなかったことを、日本政府は安保条約を結んでいるからだと言い、政府を批判する者は憲法九条があるからだと言ってきた。けれども決して問われることがなかったのは、それを論じる者のすべてをパラノイアにしてしまう安保をめぐる議論を、私たちがいったいいつまでくり返さねばならないのか、という問いである。

日本に武力攻撃がなかったのは、安保によって米軍が日本に駐留していたからだろうか。それとも憲法九条があったからだろうか。私はどちらでもないと思う。もともと日本に対する武力攻撃など、起こるはずもなかったからだと考えている。しかし、この仮説は実証することができない。なぜなら、これまでがそうであったように、これからも「日本区域」に対する武力攻撃など起こらないから。

今では、日本を取り囲むすべての国は国連加盟国であり、しかもその内三カ国が安保理常任理事国（P5）である。在日米軍と自衛隊が中国（中華人民共和国）、ロシア、朝鮮民主主義人民共和国（北朝鮮）に対して武力攻撃を仕掛けないかぎり、日本がこれらの国々から武力攻撃を受けることはありえない。それが国際法としての国連憲章の精神であり、安保理常任理事国たる米・中・ロが自らその精神に背くことはありえない。そんなことをすれば国連そのものが崩壊しかねないからだ。何かにつけ日本の「平和と安全」の最大の「脅威」と取り沙汰される北朝鮮にしても、国連加盟国として十分そのことを承知している。北朝鮮の国境内への武力攻撃や武力侵攻がないかぎり、あるいはそのような事態がきわめて現実的かつ切迫したものとして想定されるのでなければ、北朝鮮の側から「日本区域」に核攻撃や武力攻撃を仕掛け、日本を侵略することなどありえない。そんなことをすれば国が消滅してしまうことは、北朝鮮自身が一番よく知っているのである。

だから、日米安保を無条件に肯定する論理は日本への武力攻撃のある／なしとは、まったく別の次元で働いてきたし、これからもそうだろう。「日本区域」や「極東における国際の平和と安全」を脅かす匿名の何者かが存在するから安保が必要なのではなく、安保を存続させ、在日米軍を継続駐留させるためにのみ、姿かたちを変えた匿名の何者かの「脅威」が捏造され、キャンペーンされるのである。

その意味において、安保条約の核は「日本有事」の際の日米「共同防衛」を規定した（と日本政府が解釈してきた）安保条約第五条1項ではなく、日本が米国に「施設及び区域を使用することを許」した同第六条にある。安保条約は「日米同盟なるもの」の「法的形式」ではなく、米国への無期限の基地提供と米軍駐留のための「法的形式」なのだ。しかもそれは、日本の「平和と安全」を「保障」しない。日米両政府がどれだけ「米軍は日本に「核の傘」を提供し、日本を守るために駐留している」と言ったところで、安保条約はそのようなことをどこにも規定してはいないのである。

　このような安保条約の理解に対しては、安保肯定派の人々からさまざまな批判が向けられるだろう。私はどのような批判に対しても向き合う用意はあるが、しかし、安保条約の解釈の正しさをめぐって論争することが本書の目的ではない。目的は、日本がいつまで安保条約を「自動延長」し続け、米国に「施設及び区域を使用することを許」すのか、を問うことにある。さしあたり（これから一〇年、あるいは二〇年？）在日米軍の駐留が必要だと主張する人々にしても、今後五〇年、一〇〇年にわたって必要だとは思わないだろう。だとしたら、いつ安保条約を解消し、米軍に撤退を要求するのか、という日本側の展望が必要になる。安保を肯定する人々はその「展望」をこそ提示し、ともに議論を深めるべきだと思うのだがどうだろう。

　安保条約が自然消滅することも、米軍が自発的に撤退することもありえない以上、日本の側から第六条を削除すべく新たな条約改定交渉を提案するか、安保条約そのものをいつか解消するための日米交渉をいつか始めないかぎり、安保も在日米軍も永遠の存在になってしまう。それとも私たちは永遠にありえない「日本有事」のために、安保と在日米軍を自ら永遠の存在にしてしまうのだろうか。「さしあたり」米軍基地が必要だと言う人々も、この問いに真剣に向き合うべきではないだろうか。

　以下、安保＝日米軍事同盟論の誤りを検証することになるが、その前に以上述べたことを「安保廃棄」論者の人々にも問題提起しておきたい。なぜならここでの目的は、安保＝日米軍事同盟論の批判それ自体にあるのでもないからである。つまり、本章の趣旨は、安保条約の本質が旧条約から引き継いだ「駐兵・基地提供」のみにあることの理解を深め、「いつかは条約を改定するか、終了しなければ、在日米軍は永遠に日本に駐留する」という認識を共有し、そうならないために具体的に何をすべきか、という一歩先の議論への架橋の役割を果たすことにある。当面の安保に対する立場と思想・信条の違いを超えて、今でなくともいつかはそうした議論を始めないかぎり、永遠ではありえない安保と在日米軍がほんとうに永遠の存在になってしまう。それは私たち自身の未来にとっても、子どもたちの未来にとっても、決して幸福なことではないだろう。

1　軍事同盟と軍事同盟化

安保を軍事同盟だと考えてきた人は多い。実は、私もその中の一人である。正確に言えば、安保条約締結以降に、安保体制が「軍事同盟化」してきた過程の総体をさして日米関係を軍事同盟と捉えてきたのである。

けれども、安保条約を軍事同盟として定義することと、いわゆる「安保条約の円滑かつ効果的運用」の名の下で行われてきた条約締結以降の諸施策や、それらの積み上げの総体をさして「日米関係が軍事同盟化している」とみなすこととは、まったく別のことである。まず、この両者を厳格に切り離して議論することが重要である。

軍事同盟と軍事同盟化を混同した議論の一例として、今から三〇年ほど前までは安保条約を軍事同盟と捉え、その解消を訴えていた公明党の元国会議員による次のような分析をあげることができる。一九七〇年代半ばの三木政権（一九七四〜七六年）時代の発言である。

「三木・フォード」共同声明に見られるいわゆる新韓国条項は、六九年の佐藤・ニクソン共同声明と何ら本質的に変わるものではなく、むしろ、朝鮮半島の平和維持を口実に、現行の安全保障上の諸取り決めが持つ重要性に留意し、かつ、米韓防衛、日米安保条約を重視したことは、**日米韓の軍事同盟体制一体化の強化**であることは明らかであります。もし、総理が本心から朝鮮の平和を念願するなら、その具体策をここに明らかにすべきであります。

　また、今国連総会の朝鮮問題討議に臨む政府の所信をそれぞれ明らかにしていただきたいのであります。もし、朝鮮民主主義人民共和国との関係正常化を図らないとするなら、その理由は何かもあわせて伺いたいのであります……。総理は、北朝鮮からの脅威が存在すると考えているのかどうか。もしそうであるならば、その理由と根拠を示していただきたいのであります。さらに、こうした**軍事同盟体制の強化**が朝鮮半島の平和に寄与するものと考えているのかどうかも明らかにしていただきたいのであります。（一九七五年九月一九日、衆院本会議における公明党浅井美幸の質疑）

この発言は、一九七〇年六月の安保条約の自動延長以降、第一次「漂流」を開始した日米安保体制が、後の日米同盟宣言によってその対象領域を「日本区域」外へと拡大しようとしていたその間の政治過程を知るうえで、非常に重要な視点を提供している。

ここで浅井が指摘しているポイントの一つは、安保条約がもしも「極東の平和と安全」のために存在するのであれば、米ソ冷戦体制の下で南北分断状況に置かれた「朝鮮半島の平和」に向けて、まず日本が「朝鮮民主主義人民共和国との関係正常化」をはかるべきではないか、そうすれば**安保条約を解消する条件**の一つがクリアできるではないか、という点である。にもかかわらず、佐藤、田中、三木政権と続いた一九七〇年代前半期の自民党政府は、朝鮮半島の緊張緩和に向けた主体的な平和外交を積極的に展開するどころか、米国の「極東有事」の扇動に同調し、朝鮮半島の緊張悪化にむしろ加担してきたではないか。これが浅井の二つ目のポイントである。

一九七五年の「三木・フォード共同声明」は、「米国の核抑止力は、日本の安全に対し重要な寄与を行うものであることを認識し」、米国が「核兵力であれ通常兵力であれ、日本への武力攻撃があった場合、米国は日本を防衛するという相互協力及び安全保障条約に基づく誓約を引続き守る」と宣言した。しかしそんな「誓約」が安保条約に存在しないことは、すでにみた通りである。

また、「声明」にある米国の「核抑止力」に関して言えば、この年の八月、米国の退役海軍少将ラロックが来日し、「ソ連の核攻撃に対しては米国も無力であり、攻撃されればソ連を核攻撃できるということで抑止力が成り立っているにすぎない。したがって米国民は東京を守るため核を使ってワシントンを廃虚にしようなどとは考えていない。**核のカサは神話である**」という趣旨の発言を行い、これが国会で物議をかもした記録がある。

一九七五年八月二〇日の衆院内閣委員会の冒頭、加藤陽三（自民党）は、同年八月九日付の毎日新聞

に掲載された右のラロックの発言を引用し、これに対する三木政権の見解を質している。答弁に立った丸山昂（防衛庁防衛局長）は、「日本にいかなる攻撃が行われる場合においても、必ずアメリカは防衛するということをたびたび明言をしております」と述べたうえで、ラロックの発言を次のように否定した。

日本に対してもし核攻撃を考えるような国があったとするならば、その場合にはアメリカがそれに対して報復をするというリスクを冒しながら日本に対して攻撃をしなければならないということになるわけでございまして、そういう意味で核の抑止力というものは十分日本に対して働いておる。したがって、アメリカの核抑止力の信頼性というものは十分考えてよろしいというふうに私ども［は］判断をいたしておるわけでございます。

しかし、これではラロックの「核のカサは神話」論を批判したことにはならない。なぜなら、ラロックは日本がいくら米国の「核抑止力」を信仰したところで、米国は自国を核攻撃の危険にさらしてまでも日本を守ることはない、と言っているからだ。もちろん、米軍の永久基地を日本に確保し、日本列島を米国の戦略拠点にし続けるためなら、安保条約に規定がないことであろうと、米国はいくらでも「明言」するだろう。ここではこれ以上立ち入らないが、安保条約の条文を読むかぎり、丸山の言うことよりもラロック証言の方が、はるかに「信頼性」がある。

要するに、日米同盟が神話であれば、米国が日本を守るというのも神話、「核の傘」も神話である。「世界の中の日米同盟」がこの三つの神話によって成り立ち、国際テロリズムと「北朝鮮からの核拡散」という二つの「脅威」、二一世紀のパラノイアを徒らに放射しながら、日本と「朝鮮民主主義人民共和国との関係正常化」を遠い彼方に追いやっている現実をふり返るとき、三五年前の右の浅井の発言とラロック証言が現在に投げかけているその意味も、おのずと理解できるのではないだろうか。

しかし、理論的にみた場合には、当時の公明党をはじめ、社共両党が主張していた安保＝日米軍事同盟論は、日本政府の日米「共同防衛」論と同様に第五条1項にその根拠を求めていた点において、重大な問題をはらんでいた。それが分析上の混乱となって表出したものが、右の浅井の発言だったのである。

浅井の発言の最大の問題点は、「日米韓軍事同盟」という言葉に集約的に表現されている。つまり、当時の社共公三党は、日米安保と韓米相互防衛援助条約に基づく韓米安保を、あたかもＮＡＴＯやＡＮＺＵＳのような地域的集団安全保障体制＝軍事同盟の如きものとして捉えていたのである。一九六五年の「日韓基本条約」に基づく韓国の朴軍事独裁政権に対する日本の経済的テコ入れの強化（一九七五年の米国のベトナム戦争敗北を機に、在韓米軍の規模縮小を含めた対韓軍事経済支援の軽減を検討しはじめた米国の役割を日本が「分担」するようになったことをさす）や、「極東有事」をにらんだ在日米軍の作戦展開に対する日本の「後方支援」をめぐる戦略研究の開始などをもって三党は、日米安保と韓米安保が「一体化」し、「日米韓軍事同盟」が「強化」されると分析したのである。

しかし、このような分析は政治的プロパガンダとしてはともかく、一九七〇年代後半期の安保の分析としては明らかに誤っている。日本がこの半世紀にわたり、対米追随的な対朝鮮半島政策に終始し、南北分断固定化の継続に重要な役割を演じてきたことは事実だとしても、今日に至るまで日韓両国、日米韓三国の間で署名された「安全保障」条約など存在しない。三国は二〇一〇年九月段階においても軍事同盟化に向って進んでいるとは言えても軍事同盟ではないのであって、一九七〇年半ばに「日米韓軍事同盟」が「強化」されたなどというのは暴論もはなはだしい。

ではなぜ、「反戦・平和」をめざし、安保に反対し、その廃棄なり解消をめざしていた勢力が、このような安保分析における誤りを犯してしまったのか。軍事同盟と軍事同盟化を峻別しながら考えてみよう。

安保の軍事同盟化

もしも、日本が米国に基地その他の施設と便宜を供与し、米軍の常駐を許すことを軍事同盟と呼ぶのであれば、安保条約は旧条約の時代から軍事同盟である。また、もしも集団的自衛権の行使を、米国が軍事作戦を展開している第三国に対し、日本が「援助」政策を通じて政治的・経済的に支援することや、米国の軍事作戦の一翼を担う（たとえば兵器生産などを担うこと）によって「後方」から「支援」することをも含めた概念として定義するのであれば、日本は朝鮮戦争の時代から集団的自衛権を行使していたことになるし、一九五〇年代末期に岸政権が「戦後賠償」の一環として南ベトナム政府に対して「経済協力」協定を結びはじめた頃には、いっそうそれを露骨に拡大させた、と言うこともできるだろう。

しかし、日本政府はそのようなものとして軍事同盟や集団的自衛権の行使を定義していない。「広義」に定義した場合に、外交や経済援助などの「非軍事的措置」が含まれることは認めているが、自衛隊による武力行使を排除して成立する概念とは捉えていない。実戦における米軍に対する「後方支援」

さえ、米国はそう認識しているというのに、日本は集団的自衛権の行使には該当しない、という「解釈」を貫き通しているのである。

たとえば、日本は米国がベトナム、イラク、アフガニスタンなどの第三国に対して武力行使をした際に、①その出撃拠点として在日米軍基地が利用されることを黙認し、②米軍に対して「武力行使」を伴わない（と政府が解釈する）「後方支援」を行い、しかも③これらの国々に対する二国間援助や政府開発援助（ＯＤＡ）等を通じた「戦略的援助」を行い、米軍の軍事作戦を支援してきた事実がある。それでも歴代の日本政府はこれらの活動を集団的自衛権の行使には当たらず、「憲法上許される」としてきた。日本は主体的に「国際の平和と安全」のために、地域や当該国家の安定のために「貢献」しているとする、安保とは別の「国際貢献」論によって事実上の対米軍事協力を正当化してきたのである。

もちろん、このような政府の論理に対し、「これらはまさに米国の戦争政策と一体化した日本の戦争協力、戦争への積極的加担を示す具体例にほかならないではないか。軍事と非軍事を形式的に分けること自体がナンセンスなのだ」と批判することはできるだろう。そうした主張を私はあえて否定するつもりはないが、ここでの論点は、右に列挙した①から③が行われてきた歴史的プロセスそのものが日米安保の軍事同盟化のプロセスを示しているのであって、もととも安保条約が軍事同盟＝攻守同盟であったから起きた現象ではない、というところにある。まずこの事実を、安保＝日米軍事同盟論の立場に立つ人々と共有したい。

前政権の安保・外交政策を抜本的に見直すことができるような、本来の意味での政権交代が今日まで一度として行われたことがない、非常に特異な戦後日本の政治史を考慮に入れるなら、「安保堅持」を

「国是」とする連綿とした日本政府の下で「軍事同盟もどき」の安保が軍事同盟へと変質することは必然的な事態である。しかし、安保が軍事同盟の体裁を帯びはじめるようなるには、条約の締結から三七年（！）も経た一九九七年の新日米安保ガイドラインの策定までの道のりが必要だった。これによって「日本区域」を越える「アジア太平洋地域」の米軍の作戦展開に対する自衛隊の「後方支援」活動が実戦段階に移行したからである。しかし、それが現実の実戦において試せるようになるためには、さらに二〇〇一年の「九・一一」事態後のアフガニスタン、イラクと続いた対テロ戦争の勃発を待たねばならなかったのである。

このように現在の安保の到達段階から一九七〇年半ばをふり返ってみると、「日米韓軍事同盟の強化」という分析がいかに現実とかけ離れたものであったかがはっきりするだろう。たとえば、第一章でみた「総合安全保障研究グループ報告書」は、一九八〇年までの日米安保体制を総括し、次のように当時の安保の到達段階を概説している。

日米安保体制の堅持、拒否力の保持、基盤力の整備のいずれについても、「［防衛計画の］大綱」に定められたことは実行されていない。それが問題なのである。

まず第一に、日米安保体制の堅持については、アメリカの軍事力を日本の防衛のために有効に利用するための計画も、準備も、皆無に近い。ようやく、一九七五年に日米共同の防衛協力委員会が発足し、一九七八年に日米防衛協力［のための］指針（ガイドライン）が作られただけである。**日米間の合同演習はほとんどなく、一九六〇年代末から一九七八年までの一〇年間、航空自衛隊の米側との合**

同演習は皆無であった。もっとも、この面では最近ようやく改善の跡が見られる。

更に、米軍の来援のために必要な海上交通路の安全確保のための方途がほとんど考えられていない。この状況が改善されないならば、空輸による以外の来援は容易には得られないであろう。来援部隊への後方支援の方法も定められておらず、また、その法的地位もはっきりしないという問題もある。

この分析を社共公連合による分析と対照すれば、両者の現状分析のあまりのギャップに誰もが驚くに違いない。「報告書」は、日米安保体制の強化と自衛隊の軍備増強の必要性を提言する観点からまとめられたものではあるが、事実を事実として述べているだけにこちらの方が、はるかに説得力がある。一九七〇年代の安保体制は「漂流」どころか、実態としては機能停止状態に近く、ほとんど「座礁」しかかっていたのである。

では、野党三党は「座礁」しかかっていた同じ日米安保体制をさして、なぜ「日米韓軍事同盟体制の強化」とまったく正反対の分析をしたのか。それは、安保条約を日米軍事同盟と定義してしまったがゆえに、条約締結以降の日米両政府のあらゆる軍事的動向を、すべてその「強化」と表現せざるをえなくなってしまったからである。

たとえば、野党三党は、右の「報告書」にある一九七八年の旧日米安保ガイドラインの策定を「日米共同作戦体制の強化」と捉えていた。しかし、この分析はそもそも安保条約の締結から丸一八年間、「日米共同作戦体制」など存在しなったという客観的な事実を無視してしまう。旧ガイドラインはこの事実を踏まえ、早急に日米共同作戦が展開できるようになることを「期待」し、そのための作戦計画をまとめた「指針」でしかなかった。先述したように、それがより現実味を帯びた現在の指針（新日米安保ガイドライン）へとアップグレードされるためには、さらに一九年の歳月を経なければならなかったのである。

軍事同盟ではない安保が、条約の期限を経てもそっくりそのまま温存され続けるのであれば、軍事同盟化に向けて動き出すのは自然のなりゆきだ。それは軍事同盟が「強化」されるのでない。軍事同盟でなかったものが、軍事同盟化することである。

安保条約の本質を見誤り、軍事同盟でないものを軍事同盟と言い、軍事同盟化のプロセスを軍事同盟の強化と分析するこうした誤った傾向から生み出されるのは、言わば、安保分析における「万年危機論」である。一九六〇年六月以降の日米安保協議や米軍と自衛隊の動向の分析を通じて、その時代における軍事同盟化の到達段階をある基準設定の下に客観的かつ実証的に分析するのではなく、今にも「有事」が起こり、朝鮮半島や海外に自衛隊が出兵し、米軍と共同して武力行使するかのように、ありもしない「危機」の扇動をくり返す以外に「運動」を持続させることができなくなってしまうのである。そうすることによって五五年体制下の野党各党は、安保条約の本質を見誤ったばかりでなく、戦後の反戦・平和運動にも深い、負の遺産を残すことになる。

次に、安保＝日米軍事同盟論の草分け的存在である社会党の分析を、それに続いて共産党の対米従属論を取りあげ、それぞれの理論的問題点を検証することにしたい。

社会党の安保分析は現在の社民党（および新社会党）のそれに「総括」を経て継承されている。また共産党のそれは既成政党の中で唯一、ある種の理論的体系を伴った安保廃棄論と日米軍事同盟論を展開しており、生きた日米軍事同盟論としては最も広範な政治的影響力を有していると言ってよい。

社公共三党の内、残る一党を取りあげない理由は、公明党は一九八〇年代に入るや否やいち早く日米安保容認路線へと転換し、軍事同盟規定をしなくなり、やがて小泉自民党と連立政権を組み「世界の中の日米同盟」派へと変節を遂げてしまったからである（なお、日本の新左翼の日米軍事同盟論は社共両党のそれを踏襲するか、違うものであっても安保条約第五条1項を根拠にしているという点で両党の分析と共通している。社共両党を「左」から「革命的」に批判し、乗り越えるとした日本の新左翼運動は、安保分析においては何も「新しい」内容を後世に残すことができなかった、と総括できるだろう）。

2　社会党の崩壊と日米安保

安保改定当時、社会党は軍事同盟を次のように定義していた。

戦時、つまり新条約の第五条がうたっている非常な事態が生じましたときには、相互に防衛同盟の義務を負い合っている。そして、お互いに他の安全のために国策としてこの防衛行動を行なう。これが第一。

第二の要件は、平時におきましても一定の政策遂行が行なわれておる。この同盟機構、つまりこの条約機構が平素の政策遂行に利用されている……。たとえば、今度の条約で言うならば、第三条による兵力増強の打ち合わせをする、あるいはまた第四条における脅威が生じたときに対処するための第五条の戦闘行為になる前の政策遂行に利用する、あるいはまた平時の兵力増強だけではなくて、指揮、訓練等に対しても今度の安保委員会を通ずるわけですね。さらには、その国の国際情勢の判断にこれを利用する……。

今度の新安保条約におきましては、先ほど私が指摘いたしました日米安保協議委員会を通じて、第五条の戦時だけではなくて、平時における政策遂行のためにお互いに利用されるわけですね。これが第二の特徴、要件である。

第三点は、仮想敵国を持つこと。これは国連憲章五二条にいう地域的取りきめとの性格の重大なる区別の特徴、メルクマールになるわけでありますが、仮想敵国を持っておるということ。（一九六〇年四月八日、衆院「日米安全保障条約等特別委員会」における穂積七郎の質疑より）

有事における相互防衛、有事と平時を貫く政策協議とその遂行、そして仮想敵国の想定。改定当時、安保条約に基づく日米関係は、このような軍事同盟の三つの「要件」を満たしていたと言えるだろうか。順を追って検討しよう。

戦争を戦えない国家

安保条約第五条1項が、条約上において「相互防衛」を規定した条項になりえないことはすでに述べた。ここでは安保条約締結当時、日本が有事の際に個別的自衛権を武力によって行使できる国家であったかどうかを考えてみたい。

岸政権や社会党が言ったように、安保条約第五条1項を有事における「相互防衛」条項と規定するためには、その前提として条約改定当時の自衛隊が、米軍と文字通り「共同」して軍事作戦が展開できる〈体制〉が整備されている、もしくは近い将来にそれが整備される計画ぐらいは明らかになっていなければならない。そうでなければ岸政権も社会党も何の物証もなく、ただ思い込みによって「共同防衛」「相互防衛」と言っていたにすぎないことになる。

バンデンバーグ決議をみるかぎり、米国はいずれ日本にその〈体制〉を整備する義務を負わせる意図があったとみることはできる。また、日本もその米国の意思に、いずれは従う、あるいは従わざるをえないと考えてはいただろう。しかし、当時の日本はとても「戦争を戦える国家」ではなかった。戦争を戦えない国家は、個別的自衛権を武力によって行使することはできないし、米軍と「相互防衛」することもできない。また、米国の戦争に巻き込まれようにも、巻き込まれようがない。いわゆる「安保論争」なるものは、戦争と軍事のリアリズムに立脚しない、何とも空想的な「論争」だったのである。

何にも増して、日本が軍事的に「戦争を戦える国家」ではなかったことが決定的である。肝心要の自衛隊は、たとえ「自衛戦争」であれ、およそ近代戦争を戦える軍隊組織の呈をなしていなかった。創設六年目を迎えていた自衛隊は、陸・海・空の「三軍」がバラバラで、自衛隊全体としての作戦展開を統合する「システム」すらなかった。一九八〇年段階の自衛隊の実態を暴露した「総合安全保障研究グループ報告書」をここでもう一度引くなら、一九六〇年の自衛隊がどういう状態であったかが容易に想像できるだろう。

自衛隊が有事に際して有効に作動するために必要な、いわばソフト・ウェアの面でも、多くの欠落がある。最近まで、有事を想定し、それに対処するための研究もなされてこなかった。危機に有効に対処するには、情報を早く、正確に入手することが必要であるが、その能力は未開発のままである。特に、政治・軍事情報の収集能力が乏しい。更に、危機が現実に起こった場合の意思決定のシステムが具体的に定められていないほか、多くの点で法制の整備がなされていない。いわゆる「有事立法」の必要は、その一つを指摘したものであるが、それ以外にも未整備のものが多い。例えば、防衛出動命令が出されるまでの中間的措置として、陣地構築のための土地の収用や軍需用の物資の調達を行うとか、予備自衛官の召集を行うとかの警戒態勢を整え、自衛隊の即応性を高めることができないという問題がある……。

最後に、自衛隊は三軍を総合的に指揮・統制するシステムを持っていない。兵力が少なければ少ないほど、その統合的な運用が必要であるのに、自衛隊の三軍には機構上の統一性がなく、今の統合幕僚会議にはほとんどその機能を期待することができない。また、中央指揮所さえない。

こうした欠陥から、日本の自衛隊が兵力、装備等の図表によって形式的に保有しているとされる防衛力は、有事に発揮し得る実力としては半減してしまうと言っても過言ではない。

このような「惨憺」たる状態にあった自衛隊に、米軍との「相互防衛」（日米共同作戦）が担えるはずもない。しかも、事は自衛隊のみの問題ではなかった。自衛隊が米軍と共同作戦を展開するにも、その共同作戦を指揮する統合司令部がなかった。前章で触れたように、NATOやANZUSのような地域的安全保障条約とは異なり、安保条約にはその規定がない。日米統合司令部らしきものが設置されたのは、安保条約の調印から実に四〇年後の二〇〇〇年九月のことだったのである。新日米安保ガイドラインの中で設置が打ち出された「日米共同調整所」がそれである。

「調整所」は、自衛隊統合幕僚会議、陸・海・空各幕僚監部と在日米軍司令部の代表で構成され、「緊急事態」における自衛隊と米軍の作戦展開を「平時」から「調整」するための機関だとされているが、さらにそれから六年後の二〇〇六年二月、いわゆる「在日米軍再編合意」（二〇〇五年一〇月）に基づき、共同統合作戦調整センター（ＢＪＯＣＣ）が米軍横田基地に創設された。日米合同のスタッフにより二四時間体制で運営されているこのＢＪＯＣＣにおいて、すでに日米共同統合実動演習も行われており、実態的にはここが有事（いったいどこの？）の際の日米統合司令部になるだろう。安保改定から四六年目にして、ようやく日米共同の有事即応作戦を指揮する司令部体制らしきものが確立した、ということになる。

防衛省によれば、「我が国防衛のための日米共同対処及び周辺事態等各種の事態に際しての自衛隊の対応と日米協力について検証・演練し、共同統合運用能力の維持・向上を図る」ための「日米共同統合演習」（指揮所演習）は、一九八五年に第一回目が実施されて以降、二〇一〇年一月までに計一八回行われている。逆に言えば、一九八〇年どころか旧日米安保ガイドライン策定から七年後の一九八五年に至るまで、日米共同作戦は図上演習さえ行われていなかったのである。自衛隊と米軍が「有事」に際してどのように「対処するように行動する」のか、そのための作戦計画、統合司令部が存在せず、「演習」も行わずして「日米共同作戦」もクソもない。

安保と有事法制

近代国家が戦争をするために最初にすることは、そのための法を作ることである。法なくして戦争は戦えない。仮に自衛隊が「戦争を戦える軍隊」であったとしても、その自衛隊と米軍の共同作戦を国家としてバックアップする法（有事法制）がなければ自衛隊も米軍も動きようがないからだ。動くことができても、動けないのである。

一九六五年、「三矢研究」と命名された自衛隊統合幕僚会議を中心にした、総計八四名の防衛庁と自衛隊幹部による有事研究の存在が明らかになった。「昭和三八年度総合防衛図上研究」がそれである。これを国会で最初に暴露した社会党の岡田春男の説明によれば、三矢研究とは、「日本の政治、経済、産業、外交全般にわたる国家総動員体制の計画」であるが、それは「有事」を次のように想定したものだった。

> 七月の一九日、北朝鮮、中国の両国軍隊が三八度線を突破して南朝鮮を侵略した。七月の二一日、東京において日米安保協議委員会が開かれ、政府は臨時閣議を開いて、総理大臣はテレビ放送で、日本は共産側の直接侵略の危機のもとにあるが、国民は決起せよと放送した。そうして戦時国内体制の整備に着手した。そうして、国内においては共産党、朝鮮総連、それから安保反対国民会議が全国的に反政府活動を始めた。それからもう一つ重大なことは、国会内では野党が政府を激しく追及をして臨時国会の開会を要求し、事態は重大段階におちいるものと思われたので、自衛隊に対して治安出動を命令した。防衛出動待機の命令が行なわれた……。（一九六五年二月一〇日、衆院予算委員会）

岡田の追及に対し、前年一一月に組閣したばかりの佐藤栄作は、「この想定自体があまりにも現実とかけ離れている、こういう批判は十分受けてしかるべきだ、かように思いますので、そういう意味の問題は私どもがまた防衛庁とよく相談いたしまして、幾ら想定をいたすにいたしましても、いろいろ誤解を受けるようなことのないように、これから気をつけてまいりたいと思います」と神妙に答弁している。

三矢研究は、佐藤がいみじくも答弁したように、第二次朝鮮戦争の勃発という「あまりにも現実とかけ離れ」た想定の下で、「1　国家総動員対策の確立（1）戦力の増強達成」を第一の目標に掲げ、さらにそれを細かく「人的動員」「物的動員」「国民生活の確保」の項目に分けた、戦後初の本格的な有事研究である。

なかでも特筆すべきは、自衛隊と米軍の共同作戦計画が作戦準備・警戒措置・在日米軍の民間資源の利用・自衛隊による後方補給支援などの項目にわたって緻密に研究されていたことだ。当然、それは「国権の最高機関」である国会を無視し、自衛隊と旧防衛庁の制服・背広組が国会議員と国民の監視の目から離れて極秘裏に行った違法行為だという轟々たる批判に晒されることになり、以後、一〇数年間にわたって有事研究はタブーとなった。

三矢研究が極秘裏に行われたのには、それなりの理由があった。旧安保条約の下で、「自衛」のためと称しなし崩し的に自衛隊を創設し、安保改定によってその自衛隊が米軍と日本を「共同防衛」すると言っておきながら、政府がそのための計画や法律を作らず、ずっと放置していたからである。それを作ると政府が公言すれば当然、「憲法違反！」という批判が巻き起こることが予想され、だから政府はそこに踏み込もうとしなかったのである。

しかし、それではいったい何のための「自衛」隊なのか、何から何をどのように「自衛」するのか、自衛隊自身がアイデンティティ・クライシスに陥ることになる。無謀無策だったのは、自衛隊幹部と防衛官僚であったというよりも、人気商売としての議会政党としての表の顔と、米国にのみ向いている裏の顔とを使い分ける自民党の方だったと言うべきである。

その自民党が、表と裏の顔を使い分け、顔に合わせて言うことを変える二枚舌になれたのも、もとはと言えば日本に対して「武力攻撃」を仕掛ける匿名の何者かなど一九五一年からずっと存在しなかったからである。しかしそれではあまりに「まずい」と、安保改定後にようやく極秘裏にその「研究」なるものを進めさせはしたものの、「国家機密」であるはずのその内容はいとも簡単に漏洩し、蓋を開けてみると「あまりにも現実とかけ離れ」た「計画」が飛び出した――。これが、三矢研究の事の顚末であり真相だったのである。

いずれにせよ、はっきりしていることは、岸政権が安保を「改定」したときには、日米「共同防衛」はおろか、有事法制制定の具体的展望さえなかったことである。米国と共同して日本を防衛する客観的条件もなければ、実際その意思さえ岸は持っていなかったのである。

その結果、完成した安保条約の規定に従うなら、「有事」の際に日本は日本の、米国（米軍）米国の「憲法上の規定及び手続に従って」、自衛隊は自衛隊の、米軍は米軍の指揮系統に従い、それぞれがそれぞれなりに「共通の危険に対して対処するように行動する」のみである。自衛隊と米軍は統一した作戦計画の下に共同し、撃って一丸となり戦うのではなく、それぞれの判断によるそれぞれの戦いを、せいぜい無線や電話で「調整」しながら戦う以外に「対処」する術はなかった。日米が互いに守りあうことや「敵」を攻撃することなど、軍事的にも法的にも不可能だったのである。

以上にように問題を整理すると、改定当時の安保条約が「日米共同作戦」を想定した軍事同盟条約などではなく、実態的には米軍駐兵・基地提供条約以上の内実を持たないものであったことがはっきりするだろう。岸信介その人は、吉田茂と同じように、とにもかくにも安保条約の批准を自らの政治使命とし、改憲を含めたその後のいっさいのことは、すべて後継者に丸投げし、総辞職してしまう。良くも悪しくも、第五条に刻まれた「憲法上の規定及び手続」というたった一〇文字の字句は、そうした岸自身の置かれた状況を凝縮的かつ象徴的に表現した「霞が関文学」の結晶だった。この何とも「難解」な日本語によって、岸と官僚たちは安保条約の合憲性を担保しつつ、同時に「相互防衛」条約であるかのようにみせかけようとしたのである。

だが、安保条約の合憲性は、ほんとうにそれで担保されたのだろうか？

そもそも日本国憲法は、日本が「有事」に直面することを想定していない。ましてや日本を守るために他国の軍隊と「共同作戦」を展開するなど論外中の論外である。仮に個別的自衛権の武力による行使が憲法違反でないとしても、**米国が対日防衛義務を「一見きわめて明白に」負い、同時に条約上の在日米軍の機能をそれに限定する、すなわち安保条約から「極東条項」を削除するのでなければ、どんなに憲法解釈を拡大しても日米共同作戦は違憲になる。**

つまり、先に列挙した日米共同作戦を前提とした日米統合司令部の創設、共同作戦計画の策定、それを国家としてバックアップする有事（＝日米共同の武力行使）法制の制定は、憲法上、不可能なのだ。

それが「日本の平和と安全を守るために、日本に対する武力攻撃に対して個別的自衛権の武力による行使はできるが、いかなる集団的自衛権の行使も憲法上許されない」とした日本政府の憲法解釈の限界ラインであり、名古屋高裁が二〇〇八年四月一七日に出した「航空自衛隊のイラクにおける米兵移送は憲法違反」という判決の意味である。

「日本が行使するのは個別的自衛権のみであり、米国が行使するのは日本防衛のための集団的自衛権であるから、安保条約は違憲ではない」と岸や閣僚たちは、官僚が書いたマニュアル通りに国会で何度も答弁した。しかし彼らは、安保条約の条文が自らの答弁を裏切っていたことを知りながら、みんな嘘を貫き通したのである。

第一に、米国が対日防衛義務を「一見きわめて明白に」負うという嘘、

第二に、「極東の平和と安全」のために米軍が日本に駐留することが日本の「平和と安全」に貢献するという嘘、そして、

第三に、米軍が日本防衛以外の任務を持ち、海外で武力行使を行ったとしても、その米軍と自衛隊による「相互防衛」は違憲にはならないという嘘を。

嘘に嘘を重ねながら、岸はその九年前の吉田とまったく同じ政治手法で安保条約を国会で「承認」させ、「批准」したのである。

五五年体制の崩壊と社会党の蹉跌

自衛隊が米軍の武力行使と初めて「一体化」し、日本政府が憲法上「許されない」としてきた集団的

自衛権をイラクで行使したのも、また「武力攻撃対処法」「国民保護法」をはじめとした米軍との共同作戦を前提にした有事関連諸法を制定したのも、今世紀になってからのことである。しかもそれは、かつて社共とともに日米安保を軍事同盟規定し、これに反対していた公明党が自民党との連立政権を組んだ小泉政権の下で起こった。日米安保体制は、小泉・ブッシュ政権がレールを敷いた「世界の中の日米同盟」路線の下で、ようやく「有事の際の日米共同作戦」が可能な軍事同盟の一歩手前まで漕ぎ着けた、かのようにみえる。

しかし、だとしたら「六〇年安保」とはいったい何をめぐる「闘争」であったのか？　と問わずにはいられない。その問いはまた、「五五年体制」とは日本の針路をめぐるどのような「路線」が相争う「体制」としてあったのか（「自由主義」vs.「全体主義」？）、さらには、ポスト五五年体制を迎えるまでの間になぜ、共産党以外のすべての議会政党が「安保廃棄」を放棄し、日米軍事同盟論を実にあっさりと清算し、安保容認・日米同盟主義者になってしまったのかという、日本の戦後政治総体に関わる根源的な問いを呼び起こさずにはいない。

興味深いことに、五五年体制を野党として支えた社会党、民社党、公明党の三党が安保容認へと路線転換をはかった時期は、一九七〇年代末期に日米同盟論が登場し、それが八〇年代の中曽根政権期を通じて徐々に定着していった時期に対応している。すなわち、七〇年代中期の社公共路線が社公民路線へと変わり、野党共闘が共産党を排除する方向で再編過程に入るとともに、「漂流」していた日米安保が旧日米安保ガイドラインの策定によって「シーレーン防衛」という名の海路を得た時期に、それは見事に符合しているのである。

条約締結後初めて安保条約がその「円滑かつ効果的な運用」をはかる「指針」を得て、「日本区域」外の「極東」や「周辺」における自衛隊の米軍に対する後方支援計画が打ち出されたまさにそのときに、共産党以外の既成野党が日米軍事同盟論を清算し、安保容認勢力へと、少しずつ軸足を転じていった。真っ先に民社党が、次に公明党が続き、最後に社会党と。

この現象は、いわば野党三党の「現実主義路線への転換」ということになるが、民社党と公明党にいたっては、当初主張していた「駐留なき安保」（あるいは「基地なき安保」）を経た「安保の段階的解消」論まで放棄してしまう。その民社党は五五年体制の崩壊とともに解党し、社会党も自民党と連立を組んだ村山政権（一九九四～九六年）の下で「安保・自衛隊合憲」論へと大転換したその直後、党名を社民党に変更し、民社党の後を追いかけるように戦後政治の舞台から消滅する――。

それにしても、社会党が安保改定後の一九六三年に採択し、安保廃棄・米軍基地撤去のたたかいの指針とした党の綱領、「日本における社会主義への道」（以下、「道」）を捨て、安保の「あ」の字、軍事同盟の「ぐ」の字も出てこない新綱領、「日本社会党の新宣言　愛と知と力による創造」（以下、「新宣言」）をめぐる党内論議を始めたのが「日米共同統合演習」の開始年となる一九八五年だったというのは、何とも言えない歴史の皮肉である（党大会における決議は一九八六年一月）。

「道」は安保＝日米軍事同盟論に基づき、「第一章　日本における社会主義と社会党の任務」にある「一　社会主義革命の必然性」の「八　戦争の不安」の中で、旧安保条約とその改定を次にように分析していた。

安保条約は当初、主としてアメリカの軍事目的のため強要されたものだったが、岸内閣による改定は明らかに日本の独占資本の積極的意志が加わって行なわれたものである。日本の独占資本は戦争と戦後の占領政策によって致命的な打撃を受けたが、その後のアメリカの極東政策の変化と対日援助により、また日本政府の強力なテコ入れによって急速に回復し、昭和三十年代の初期においては、その復活を早くも完了している。そして、今は、戦前と比較し、対内的にも対外的にも多くの制約があるとはいえ、帝国主義が漸次復活しつつあることも否定できない。こうした日本の独占資本の成長と安保改定とは、密接不可分に結びついているのである。

かくして日本の勤労大衆は、平和憲法を持ちながら、外国軍隊を日本及び日本の周辺に駐留させ、自衛隊という違憲の軍隊を持ち、軍事支出を負担し、主権の制約と政治経済上の干渉をアメリカから受け、さらにアジア諸国から孤立するだけでなく、不断に戦争にまき込まれる危険にさらされているのである。

このくだりは、一九五〇～六〇年代の日本資本主義の復興・成長過程と日米安保との関係を概括し、社会党を中心にした議会主義路線による政権奪取、平和的革命によって「社会主義への道」に邁進するにあたり、なぜ「勤労大衆」が安保条約を廃棄し、反戦・基地撤去のたたかいに立ち上がらなければならないのか、その理論的根拠を簡潔に説明している部分である。こうした分析に基づき、「道」はその「二一　社会主義の原則と基本目標」の「へ　人類の平和と繁栄に貢献する外交」において、自民党政権の安保・外交政策に対し、以下の六点を対置している。

一、日本国憲法と国連蚕早の本来の精神にしたがい、国際的紛争を武力によらず、すべて話し合いによって解決するという絶対平和と平和的共存の外交政策を貫く。
二、安保条約を破棄して、主権を回復し、沖縄、小笠原および千島列島の返還を実現し、非武装・中立の国際的地位を確立すると同時に全面かつ完全な軍縮の達成に協力する。
三、平和五原則（領土主権の尊重、相互不可侵、内政不干渉、平等互恵、平和共存）ならびにバンドン［一九五五年開催のアジア・アフリカ会議］精神を支持し、政治、思想、信条のいかんを問わず、いずれの国とも友好と平和共存の関係を樹立する。
四、帝国主義、新植民地主義に反対し、民族の独立とその経済的建設に協力する。
五、社会主義の建設とその発展のために協力する。社会主義国家ならびに社会主義インター参加政党と経験を交流し、友好を深めさらにＡＡ（アジア・アフリカ）会議、非同盟諸国会議［一九六一年］を支持する。
六、日本国憲法を基礎として、国際紛争処理機関としての国連を支持し、その機能と権威を高めるために積極的に協力する。

このような「道」の分析と目標に対し、「新宣言」の「基本政策目標」はその冒頭において、「平和、協調をもとにした国際体制と非同盟・中立・非武装の実現。この目標をめざし、反核・軍縮を推進し、政治的にも、経済的にも、文化的にも東西間と南北間のかけ橋となり、第三世界諸国の貧困の解決と新しい国際経済秩序の形成に貢献する日本をつくる」と、「道」の中で使っていた「絶対平和」・軍事同盟・安保廃棄といった表現を意図的に回避している。また、戦後の日本社会の分析についても、「戦後、戦争への反省と国民のたちあがりのなかで、新しい憲法が制定され、日本は本格的な近代市民社会の仲間にはいった。経済的には高度成長を経過して経済大国となった。「豊かな社会」の土台がきずかれた。そのなかで国民の生活と福祉も前進した。その多くは日本社会党や労働組合の努力の結果であった。その裏側では、管理社会化と人びとの「会社人間」化の傾向も強まり、自由で個性的な活動が抑圧されるようになった。国際的には経済摩擦の主役となった。そして経済的にだけでなく、軍事的にも大国化への道を歩む危険な動向が強められている」と、安保体制との関係をめぐる考察を丸ごと削除している。

しかし、日本の「軍事大国化」が日米安保の存在抜きにはありえず、「平和、協調をもとにした国際体制と非同盟・中立・非武装の実現」が安保条約を温存したままでは不可能であることは誰の目にも明らかである。「新宣言」は、なぜ「社会主義革命」路線の清算が安保廃棄路線の清算と抱き合わせになり、安保体制がいよいよ軍事同盟へ向けてゆっくりと動き出そうとしていたその時にこの言葉を綱領から消し去らねばならなかったのか、何も説明しない。社会党は「道」の何が誤っていたのかを総括しないまま、安保容認派に転じてゆく公民両党に引きずられる形で、「中間層」の獲得をめざし、なし崩し的に安保問題を新綱領から切り捨てたのである。

「道」の誤りは、安保＝日米軍事同盟論だけではなかった。安保によって日本が「戦争に巻き込まれる」という、軍事同盟論と対になったその根本的な分析においてそれは誤っていた。社会党は、日米安保体制が「高度成長」と「昭和元禄」（福田赳夫）を出現させながら、その軍事的・政治的・経済的パワーを日本の外部へと転化する〈体制〉であることを分析し切れなかったのである。

日本に対する「外部」からの「武力攻撃事態」などありえないにもかかわらず、日本が米国の「極東」戦略や「国際の平和と安全」保障戦略に「協力」しようというのであるから、先述したように、安保をずっと存続すれば日本の対米協力と「共同作戦」が、いずれは海の向こうの「不安定地域」の「紛争」、内戦、「テロリズム」をターゲットにするようになるのは自然のなりゆきだった。しかし、それは日本を戦争に「巻き込む」のではない。「極東」における日本の役割は、自衛隊が米軍とともに朝鮮出兵することではなく、基地その他の施設や便宜を供与し続け、米国が容認するまで「極東の平和と安全」＝北緯三八度線の維持＝朝鮮半島の南北分断固定化に「協力」することにある。それ以上でも、以下でもない。

朝鮮半島を含め日本（自衛隊）が国外に「出兵」することがあるとしたら、日米安保軍としてではなく国連平和維持活動（ＰＫＯ）としてか、あるいは実態的にこれを担う米軍を軸とした多国籍軍（もしかしたら中国の人民解放軍やロシア軍さえ参加したそれ）としてであって、安保条約はそこまでのことを日本に要求してはいないのである。この点は、「米国の戦争に巻き込まれながら加担する」論を展開した新左翼系諸派はもとより、およそすべての安保＝日米軍事同盟論者が誤って分析したポイントである。

一九八〇年代の社公民の安保容認路線への転換に伴い、日米安保が「極東」→アジア太平洋地域→「周辺」の「事態」に「対処」する米国の安全保障戦略を「後方支援」する〈体制〉へと移行してきたのは、もとはと言えば「極東有事」＝第二の朝鮮戦争の勃発が「あまりにも現実とかけ離れ」た空想にすぎなかったことの結果である。「共産主義の世界支配」という冷戦時代の米国のパラノイアと、それに同調し、何とか再軍備の道筋をつけようとした日本の政・官・財の意思が合体してできあがった〈体制〉、それが日米安保体制である。それ以上でも、以下でもない。

「安保廃棄」と「革命」

かつて一二〇〇万票以上もの有権者の支持を集めた最大野党の社会党が、このように自民党政府による独自の憲法解釈によって合法化された安保の本質を分析し誤ったことは、戦後の反戦・平和運動の方向性や思想にも影響を与えずにはおかなかった。この点に関連し、社会学者の見田宗介（真木悠介）は、社会党が「道」を採択した一九六三年に出版された著作の中でこんなことを書いている。

安保以後の、大衆社会状況の完成期の中で、これまでのような指導がつづけられる限り、この次は憲法改正か徴兵制でも権力の側で上程してこない限り、二度とあのような高揚はみられないだろう。このような防衛的な闘争は、勝ってもともと、負ければそれだけ損というワリのあわないケンカなのである。安保闘争も安保に代わるべき国際条約の草案をついに国民の前に示しえなかった。

もしそのような有力な草案を示しえていれば、安保闘争が終わったあとにも、そのような草案を実現するための運動として持続の契機をつかみえたであろう。それがないから、支配階級のプログラムが安保問題から去ってしまうと、運動は目標を見失って何もやることがなくなってしまう。「私たちは新安保を認めません」等とナンセンスな負け惜しみをいって引下がってしまう。

ここには、あるものに反対するという遠心的なエネルギーだけにたよって、あるものを実現しようとする求心的な目標をもたない運動のもつ弱さがあらわれている。（『現代日本の精神構造』弘文堂）

これは、「勝ってもともと、負ければそれだけ損というワリのあわないケンカ」だった「六〇年安保」を「指導」した者たちに対する挑発的な訣別宣言である。ポイントは、安保闘争の指導者たちが安保という「支配階級のプログラム」に反対するばかりで、対案としての「安保に代わるべき国際条約の草案」を提示しえなかったことにある。

「ケンカ」して負けるのはよい。しかし負けたことが次の「ケンカ」につながらない。それでも自分たちは絶対正しいと考えているから、「ナンセンスな負け惜しみ」を吐くだけで、自分たちの「弱さ」を認めることができない。悪いのはいつも「支配階級」か「大衆」になる。その結果、カウンターが打てず、負けることがわかっている「ケンカ」を、ただくり返す羽目になる。そして、負けるたびに「ナンセンスな負け惜しみ」を吐き続け、たとえば社会党がそうであったように、いつしか「ケンカ」することと自体をやめてしまう……。

見田によれば、「求心的な目標」とは、「確固たるヴィジョンとプログラムとをもったテーゼであり正論」のことだ。それを確定するためには、「価値や制度を manageable なものとしてうけとめ」た、「いやしくも一つの天地を創造する作業」「天皇制や西田哲学やスターリン主義の亡霊退治よりはるかに困難で辛気くさい仕事」が必要だという。

「manageable なもの」には、さしあたり「変えうるもの」という訳語をあてることにしたいが、いずれにしてもその「求心的な目標」が一九八〇年までに（！）再設定できなければ、「日本人は永遠にいかなる世界をも創造することができないであろう」と若き研究者は相当気負って言い放っている。

社会党が、安保に「反対するという遠心的なエネルギー」によって実現しようとしたのは、党勢の拡大による議会主義路線を通じた「社会主義革命」だった。安保廃棄は「道」において、絶対に避けて通ることのできない「国民的闘争」として戦略的に位置づけられていた。

けれども、「革命」は「六〇年安保」における「求心的な目標」にはなりえなかった。安保条約とはただの国際条約なのであって、条約を結ぶ、結ばないは革命をやる、やらないとは本来的に無関係のイシューであるからだ。「安保＝日米軍事同盟→戦争に巻き込まれる」と、半世紀も先の未来を予見した、あまりに先走った安保反対の論理をいくら対置しても、最終的には数が正義になる「民主主義」の下では、条約が批准された後にこそ何をするのか、その「求心的な目標」がなければ「何もやることがなくなってしまう」。「人はパンのみによりて生きるにあらず」ではあるけれども、革命という永遠の夢を食べながら、人は安保とたたかい続けることはできない。とりわけ、「大衆（消費）社会状況の完成期」においては。

では、何が欠けていたのか？　それは、「社会主義革命」と「安保廃棄」をつなげうる、「大衆」にも理解し、参加できる「確固たるヴィジョンとプログラム」である。戦後の議会政治の歴史の中にそれを求めるのであれば、その潜在的可能性を秘めていたものとして指摘できるのは、一つは社会党が「修正主義」「条件主義」と批判した、先にも触れた民社党と公明党によって提唱された「駐留なき安保」（あるいは「基地なき安保」）を経た「安保の段階的解消」論である。もう一つは、「国政の主権者」たる「国民」が、「政党支持に拘束されない安保に対する意思」を表明し、それを政府の意思とさせることができるような「安保の国民投票」に類する新たな政策決定システムの導入である。

「世界の中の日米同盟」路線の下で安保条約が恒久条約化している現状にあっては、この二つは互いに排除しあい、二者択一を迫るものとして捉えてはならないだろう。たとえば、「国民投票」によって安保の期限を二〇二〇年、あるいは二〇三〇年とすることだって、まったくありえないことではない。だから、これらは「安保もいつかは終了しなければならないとしたら、どのようにするのが一番好ましいか」という安保をめぐる「国民的論議」が開放され、さまざまな政策オプションをめぐる議論の中で練りあげられてゆく性格のものになる。見田が言った「安保に代わるべき国際条約の草案」も、そうしたオプションの一つとして提案されたものだったと考えることができるだろう。

安保の支持、不支持は「社会主義革命」の支持、不支持とは何の関係もない。社会党が「革命」＝政権奪取とは次元が異なる「安保廃棄」へ向けた「確固たるヴィジョンとプログラム」を考案し、「大衆」に提示することが最後までできなかったこと、しようとしなかったことに、「道」の綱領的破産と「廃棄から容認へ」という、極端から極端に走った社会党の理論的迷走の根拠がある。社会党が政権を取るまで「安保廃棄」ができないのであれば、もともと五五年体制において安保廃棄は不可能だったことになるし、にもかかわらず無責任にも社会党は安保を廃棄し、米軍基地を撤去したいと望んだ人々に「選挙で日本社会党に一票を」とくり返していたことになる。政党として最悪だったのは、「社会党が言う社会主義革命は望まないが、安保は何としても解消したい」と願う無党派の人々の支持を議会政党として自らはじいてしまっていたことである。

「そんな社会党とは、いったい何だったのか？」という問いは、決して一政党の興隆と崩壊の問題にとどまらない、五五年体制という「戦後政治」そのものの総括と不可分一体のテーマである。安保問題は決して小さくはないが、「氷山の一角」であることに間違いはなく、総括はさらにあらゆる分野において継続され、深められるべきだろう。しかしここでは、これでもう十分である。

3　安保＝対米従属論の陥穽

現役の安保＝日米軍事同盟論者として最大の政治的影響力を行使しているのが共産党である。「安保廃棄」を日本の「革命」問題に直結させて論じていた社会党の特徴は、およそ「革命」を志向した（する）あらゆる政治党派に共通したものであった（ある）が、共産党もその例外ではない。しかし、共産党の場合には、他にはみられない特異性がある。それは党の綱領が安保分析と一体化していることである。

第二三回党大会（二〇〇三年六月）で討議された、「日本共産党新綱領草案」（以下、「草案」）は次のように安保条約を分析している。これが安保改定直後ではなく、現在の分析であることに注意を払いながら読んでみよう。

敗戦後の日本は、反ファッショ連合国を代表するという名目で、アメリカ軍の占領下におかれた。アメリカは、その占領支配をやがて自分の単独支配に変え、さらに一九五一年に締結されたサンフランシスコ平和条約と日米安保条約では、沖縄の占領支配を継続するとともに、日本本土においても、占領下に各地につくった米軍基地の主要部分を存続させ、半永久的なアメリカの世界戦略の前線基地という役割を日本に押しつけた……。

> 日米安保条約は、一九六〇年に改定されたが、それは、日本の従属的な地位を改善するどころか、基地貸与条約という性格にくわえ、有事のさいに米軍と共同して戦う日米共同作戦条項や日米経済協力の条項などを新しい柱として盛り込み、日本をアメリカの戦争にまきこむ対米従属的な軍事同盟条約に改悪・強化したものであった。（二〇〇三年六月二五日付、しんぶん赤旗）

「草案」によれば、旧安保条約とは米国による日本の「単独支配」を決定づけ、「半永久的なアメリカの世界戦略の前線基地という役割を日本に押しつけた」軍事同盟条約であり、これにより日本は、米国に軍事的に「支配」（植民地化）され、「従属国」となった。そして安保改定によってこれがさらに「有事のさいに米軍と共同して戦う」軍事同盟へと「改悪・強化」され、その結果「対米従属」はいっそう深まることになる。

ここに読みとれるのは、日米安保が条約改定によっていよいよ本格的に米国の戦争に日本を「まきこむ」段階に突入したという執筆者の強烈な危機意識であるが、共産党はその危機意識を一九六〇年から四三年間の長きにわたり持続してきたのである。

共産党の安保分析は、まず日本の「対米従属」を打破し（民族解放）、その次に「独占資本」と結託した政府を倒し、「真の民主主義」を実現する（民主革命）という二段構えの革命綱領の基幹をなし、日米軍事同盟論がそこに一本の柱として組み込まれているところに特異性がある。共産党を中心とする「民主連合政権」の実現（無血革命）によって安保条約を廃棄し、米国との軍事同盟関係を解消することが日本の真の「自主・独立」「非同盟・中立」への道、という主張である。この分析と主張は、暴力革命路線から議会主義路線への転換や一部の用語の変更を除けば、旧安保条約の時代からほぼ六〇年近く変わっていない。

では、「対米従属」とは具体的に何をさすのか。「草案」は別の箇所で日米関係を次のように定義している。

日本とアメリカとの関係は、対等・平等の同盟関係では決してない。日本の現状は、発達した資本主義諸国のあいだではもちろん、植民地支配が過去のものとなった今日の世界の国際関係のなかで、きわめて異常な国家的な対米従属の状態であって、アメリカの対日支配は、明らかにアメリカの世界戦略とアメリカ独占資本主義の利益のために、日本の主権と独立を踏みにじる帝国主義的な性格のものである。（同右）

「アメリカ独占資本主義」による「きわめて異常な」日本の「植民地支配」。対日「平和」条約によって占領統治が終了し、日本が「主権」を回復し、「独立」国家になったなどというのはただの妄想にすぎない……。「草案」の筆者の対米従属論には、それを読む者の理解を超絶した怨念にも似た「アメリカ帝国主義」に対する「民族的」敵意と、日本「独占資本主義」に対する「階級的」憎悪が込められている。

対米従属論をめぐっては、一九五〇年代後半から六〇年代にかけて、最初に共産党内部で、次には社会党や新左翼系理論家たちと共産党との間で激しい論争が展開されたことがある。それは戦後の「日本資本主義論争」「日本帝国主義復活論争」という形をとりながら、見田が言う「大衆社会状況の完成期」において、「正しい」日本の革命戦略とは何か（＝「正しい」党（指導部）はどれか）、「労働者階級の主敵は誰か」を特定しようとする論争だった。たとえば、先にみた社会党の「道」にある、「今は、戦前と比較し、対内的にも対外的にも多くの制約があるとはいえ、帝国主義が漸次復活しつつあることも否定できない」という表現も、婉曲な言い回しになってはいるが、対米従属論を批判した「日帝自立論」の立場から書かれたものだ。

しかし、ここで対米従属論を取りあげるのは、「自立か、従属か」といった過去に展開された日本資本主義／帝国主義論争の文脈においてではなく、安保条約そのものの分析において対米従属論を主張することの問題性を検証するためである。

日米間の〈力《パワー》〉の非対称性

戦後、圧倒的な「戦勝帝国主義」として戦後世界秩序を形成しようとした米国と、壊滅的打撃を受けた「敗戦帝国主義」として、武装を全面的に解除されたところから出発した日本。この両国の間に、国家として相手に行使しうる〈力《パワー》〉に極度の格差があったことは誰もが認める事実である。対米従属論は、日本が一方的に米軍駐兵の義務を負う旧安保条約に示された日米間の〈力《パワー》〉の非対称性（しかも極度のそれ）を絶対化し、条約をあくまでも米国に一方的に「押しつけられた」ものとして捉え、これにより米国の「対日支配」が完成した、と分析する。もちろん、いくら吉田が、また後に岸が安保条約をめぐる日米交渉に関し、日本が米国と「対等・平等」な立場で交渉し、条約にもそれが反映していると主張しても、実際に交渉は米国が設定したバンデンバーグ決議のラインに沿って行われたのであるから、その点のみに限っても交渉が「対等・平等」なものでなかったことは明らかである。

しかし、同時に見落としてならないのは、吉田と岸のいずれもが米国の国際戦略に「タダ」では乗らない、つまりは日本の「国益」のために何を担保するかという、それなりの「戦略」を練ったうえで交渉に臨んでいたことである。少なくとも彼らは、将来的な改憲を通じて安保の軍事同盟化をはかるという主体的な意思を持っていた。安保条約の条文は日米間のそうした「熾烈」な駆け引きの「妥協の産物」としてあったのである。

安保＝対米従属論は、新旧安保条約の締結におけるこうした日本側の主体的意思を無視し、安保条約の成立過程のダイナミズムを捉えることができないという意味において、致命的な問題をはらんでいる。対米従属論の立場では、条文の字句一つ一つに刻み込まれているその意味、「権利」と「義務」をめぐる日米間の攻防、霞が関文学に秘められた「暗号」などを、日米交渉の歴史過程に内在しながら解読することができなくなってしまうのである。

私たちは、吉田政権や岸政権の力量如何によっては安保条約の条文そのものがまったく違う内容になっていたかもしれないことを認識する必要がある。前章でも引用した『安保条約の成立』の著者、豊下楢彦は「そもそも、安保条約をとりむすぶことと、全土基地化や米軍の特権を容認しつづけることは、そのまま〝直結〟しないはずなのである」と述べ、そうなってしまった根拠を吉田政権が「問題の深刻さと沖縄の実情をリアルにとらえて対処することを怠った」ことに求めている。つまり、豊下は、条約交渉に関与した吉田をはじめとする政治家、官僚、民間人などさまざまな人間の政治的洞察力、判断力、交渉力等々といった人間的要素が旧安保条約の成立に大きく作用していたことを示唆しているのである。たとえば、旧安保条約は対日「平和」条約と同日に調印されたが、それとて歴史的必然ではなかった。対米交渉のあり方次第でその調印、発効の時期、条文の字句などはすべて違ったものになっていたかもしれないのである。また、吉田政権が一九五一年春、あるいは夏の段階で条約の内容を情報公開し、一定の「国民的論議」を経たうえで国会での事前審議を開始していたとしたら、条約は一九五一年九月八日に調印されなかった可能性もゼロとは言えないのである。

それとまったく同じことが新条約についても言える。もしも吉田が条約締結直後から改憲に向けた具体的な議論を開始し、一九六〇年までの間に憲法九条が廃止されていたなら、新条約は現在のそれとはまったく違う、文字通りの日米軍事同盟条約になっていたかもしれない。あるいは、社会党が「左右」に分裂せず、もっと早く「社会民主主義」路線に転換していたり、五五年体制の開始とともに共産党が「建設的野党」への脱皮を遂げ、社共共闘の下で広範な「安保廃棄一大国民運動」を展開していたとすれば、安保は改定されることなく旧条約のまま廃棄されたかもしれないし、それが叶わなくとも一九七〇年の「期限切れ」をもって解消することができたかもしれないのである。

もちろん、歴史に「もしも」はありえない。しかし、ありえたかもしれない無限の可能性を、あってしまった歴史に織り込み、歴史を限りなく相対化する営み抜きに、歴史を歴史として捉えることもまた、できないのである。

要するに、日米関係や安保をめぐる政治的な産物のすべては、それぞれのレベル（政府、内閣、国会、官僚機構、政党、労組、メディア、アカデミズム、「国民」……）における関与主体の意思と行為、能力と技量のあり方次第でどうとでも違うようになりえた可変的なものであり（そうでなければ、共産党にとっても「反省」や「総括」は無意味なものになる）、それらを「対米従属」という概念の中に閉じ込め、あらかじめ構造的に決定されたものであるかのように捉えることは間違っていると言わざるをえない。

対米従属論は、「主敵」を「アメリカ帝国主義」とすることによって「日本帝国主義」の「主体性」や「共犯性」を等閑視する傾向を構造的にはらむ一方で、「責任ある議会政党」としての共産党が日米安保の延命を許してきた存在でもあることをも覆い隠してきた「理論」である。その意味で対米従属論は、他の誰でもなく共産党自身に最も都合のよい「理論」であり続けてきた、とは言えまいか。

議論を先に進めよう。

第四章　憲法九条の死文化と日米安保

——国家の自衛権をめぐって

朝日新聞

歴史の日・新憲法公布

平和新生へ道開く

簡素嚴肅に式典を擧行

十萬人の大唱和

祝賀大會の都民に埋まつた陛下

新憲法の公布に際して

世界的な日本へ

政治の主體に人民代表

理想實現に努力

1946年11月４日の『朝日新聞』

憲法九条の精神は守り抜きます。

佐藤栄作

日本国憲法の制定から、六四年の歳月が流れようとしている。その間一度も憲法は改定されていない。憲法九条は、ずっと法典の中に鎮座したままだ。改憲に向けた「国民投票法」が施行されたとはいえ、憲法調査会は未だ開かれていないし、与党となった民主党は改憲派が党中枢の多数派を占めてはいるが、政権としては「憲法論議はしても改憲の意思はない、専守防衛を守る、「集団的自衛権の行使は憲法上許されない」とする従来の政府見解を変えるつもりはない」と言明している。もちろん、今後の政界再編の動向次第で事態はいつでも急変しうるだろう。しかし、少なくとも二〇一〇年九月段階において改憲が具体的な政治日程にのぼる気配はない。

考えてみれば、これは驚嘆すべきことだ。およそ国としての「安全保障」政策など何もなかった一九四六年一一月の憲法制定当時も、「世界の中の日米同盟」を清算せぬまま「日米同盟の重層的深化」をめざすという政権を持つ今も、日本は同じ憲法九条の体制下にある。「九条を守れ」と護憲派が叫ぶまでもなく、政府は改憲せずに「護憲」を貫いてきたのだし、「九条二項を改廃し、集団的自衛権が行使できるように憲法解釈を変更せよ」と改憲派が煽るまでもなく、政府の「解釈改憲」は着実に進化し、たとえ米軍が指揮する多国籍軍の武力行使と一体化することが明白であろうと、国際的にはリッパな戦力たる自衛隊を「派遣」することができる国になったのである。これ以上何を、誰のために望むというのだろう。

敗戦後の六五年間という長い時間幅でふり返ってみると、日本政府が護憲派と改憲派両方からの批判を取り込みながら、明文改憲はせず、しかし普通の「国民」の目には明らかに憲法九条が政府に課していると思える「九条の壁」を、少しずつ時間をかけて掘り崩してきた姿が浮き上がってくる。それは憲法九条体制の下で、一度は完全非武装化された日本を「普通の国家」へと改造する矛盾に満ちた、一大国家プロジェクトとしての歩みだった。「憲法九条の死文化」をキーワードにしながら、そのプロジェクトの軌跡を辿ることが本章の課題である。

1　憲法九条の死文化とは何か

憲法九条の死文化とは、日本政府が明文改憲をせずに九条の条文を「あってなきがごとく」にすることである。「戦争」「戦力保持」「武力行使」「交戦権」の否定など、九条の規範の根幹に関わる概念を政府が恣意的に解釈し、政府の政策に対する九条の拘束力を有名無実化するのである。

もともと「憲法九条の死文化」とは、護憲・平和運動の中から生まれた概念である。国会論戦の中で初めてこれを使い、政府を批判したのは戸叶里子（社会党）だった。一九五四年三月三一日の衆院本会議でのことである。

戸叶は、ＭＳＡ協定（日本国とアメリカ合衆国との間の相互防衛援助協定）の批准に際し、社会党を代表する批准反対の意見表明において、吉田政権がこの防衛協定の第九条に、「憲法上の規定に従って実施するものとする」という表現を挿入したことが、「日本国憲法に違反するものであるにもかかわらず、あたかも日本国憲法に違反せざるがごとく、白々しき態度で、政府が詭弁をもってこれをごまかそうとするもの」だと厳しく指弾した。戸叶はその政府の行為を「現行憲法の根本精神を蹂躪し、平和憲法の精神を空文化した政府のこの態度は、国会を侮辱し、国民を欺瞞するもはなはだしいものがあります」と激しい口調で批判したうえで、こう言った。

最近吉田内閣は、汚職に次ぐ汚職で良心も麻痺し、憲法の解釈も大分朦朧として来たようでありま す。従って、最初は、アメリカの貸与武器によって演習をする保安隊を軍隊でないと説明するのにも、ずいぶん苦しそうでありました。また、保安隊の任務はあくまでも国内の治安維持にありと言っていたにもかかわらず、最近急に保安隊を自衛隊に進級させて、直接侵略、間接侵略に対してもわが国を防衛することを主たる任務にし、長距離砲で攻撃して来る勢力に対しては、場合によってはこれをとめな

日本国憲法　第九条

一、日本国民は、正義と秩序を基調とする国際平和を誠実に希求し、国権の発動たる戦争と、武力による威嚇又は武力の行使は、国際紛争を解決する手段としては、永久にこれを放棄する。

二、前項の目的を達するため、陸海空軍その他の戦力は、これを保持しない。国の交戦権は、これを認めない。

ければ自衛が全うできないから、領海外に出ることも自衛権の範囲であるというような、自衛のための海外派兵は何ら憲法違反にあらずとの解釈にまで発展させて来ているのであります……。このまま政府の解釈が進められて行くならば、憲法九条もあってなきがごとく死文化され、かかる政府のもとに指導される国民は、自衛権の範囲が何であり、どこまでが戦力であり、交戦権が何であるか、自国の憲法に出て来る言葉すら正しく解釈することができなくなるでありましょう。

憲法九条にある戦争放棄、武力行使・戦力保持・交戦権の否認を字句通りに解釈し、遵守する立場から、MSA協定の締結を通じた吉田政権による安保体制の強化と再軍備政策を批判した戸叶の主張は正論である。戸叶が言うように、たとえ吉田茂がどのように弁明しようとも、ごくごく一般的な日本語の理解力しか持たない普通の人間には「自衛のための海外派兵」は憲法に違反しているとしか解釈できないからである。

政府の憲法解釈が「朦朧」となり、九条が「あってなきがごとく」になる。戸叶はそれを九条の死文化と呼んだ。しかし戸叶の発言をよく読むと、「このまま政府の解釈が進められて行くならば……」というように、九条の死文化を戸叶が仮定法未来の時制で語っていることがわかる。一九五四年三月三一日時点で、「まだ憲法九条は生きている」という認識を戸叶は持っていたのである。だとしたら、ちょっと妙な話にはならないか。「憲法九条を守る」と宣言しながら「自衛のための海外派兵は合憲」とまで宣言する政府から、さらにどのような珍解釈が登場したら九条が死文化すると戸叶（＝社会党）は言うのか。それとも戸叶は、九条が死文化するのは「自衛のための海外派兵」に自衛隊が実際に乗り出した時点になる、と考えていたのだろうか。何をもって憲法九条が死文化したと言えるのか、残念ながら社会党は教えてくれなかった。戸叶の発言を吟味してゆくと、次第に「朦朧」としているのは吉田政権ではなく、むしろ社会党の方だったのではないかとさえ思えてくる。

おそらく戸叶は、九条死文化の根拠が吉田政権による自衛権の容認にあったことを見抜いていたのだろう。見抜いてはいたが、しかし吉田政権と同様に「憲法九条は国家の自衛権を否定していない」という立場に立つ社会党の国会議員として、そこに切り込み、論争を挑むことができない。なぜなら、吉田は「改憲はしない、平和憲法を守る」と一貫して答弁していたからだ。「平和憲法の精神」を語るだけでは、「平和憲法の精神」をそれなりに守りながら日米安保の下で再軍備に乗り出してしまった政府の政策展開に、歯止めをかけることさえできなくなる。吉田の憲法解釈の欺瞞を暴きたてようとはしているのだが、何をもって欺瞞というか、戸叶は今ひとつその論点を明瞭にすることができない。憲法解釈の正論を展開し、吉田を批判する戸叶の口調がいかに激しくとも、全体としてはどこか吉田をなじっているようにしか聞こえないとしたら、理由はそこにある。

戸叶が国際法に精通した社会党内屈指の論客であったことはよく知られている。しかしその彼女が九条死文化を語りながら、それを明確に定義することができない。政府の欺瞞とそれを追及した野党第一党の混迷。一九五〇年代前期段階ですでに顕著に現れていた日本政府の欺瞞と永久野党第一党の混迷が、その後の護憲運動のあり方にも深い影響を与えてゆくことになる。

憲法九条の死文化と自衛権

戦力を持てないはずの日本を代表する政府が、外国の戦力の配備と日本の再軍備を方針決定し、その決定が条約の締結によって合法化されてしまえば、憲法九条は国の「安全保障」政策を左右する規範にはなりえなくなる。その瞬間に九条は「あってなきがごとく」になり、死文化する。あたりまえのことではないか。

憲法九条は日本が「個別的自衛権」と「集団的自衛権」を持つことを定めた対日「平和」条約を旧安保条約とともに署名した日、一九五一年九月八日に死文化した。経済白書が「戦後は終わった」と宣言する（一九五六年）五年前に、憲法九条の「戦後」はすでに終わっていたのである。

日米安保と憲法九条、この二つの「体制」の間に埋めることのできない矛盾があることは、政府やそれと同じ立場に立つ者以外なら誰だって認めることだ。矛盾を作った本人、吉田茂はその矛盾を「日本の自衛と抑止のため」という言葉で覆い隠してしまった。米軍は「信頼」できる外国の軍隊であって日本の軍隊ではない、憲法が否定するのは日本が「戦力」を持つことであって政府にその意思はない、政府は憲法九条を「守る」、矛盾なんて何もないのだと。

一方、旧安保条約の締結に先立ち吉田は、朝鮮戦争の勃発を機に自衛隊の前身たる警察予備隊（一九五〇年）を、安保の発効に合わせて保安隊（一九五二年）を、その二年後に「自衛」隊を作った。もちろん、これらはすべて軍隊でも戦力でもない。「直接・間接の侵略」に備える「自衛のための実力」組織である。戦力ではないのだから憲法違反にはならない、何か問題があるのかと。日米安保と死文化した九条によって構築されてゆく奇妙な「平和のレジーム」が、「自衛権」の名においてここに完成する。

吉田茂の国会答弁

この奇妙な「平和のレジーム」を理解するために欠かせないのが、一九四六年から五一年にかけて豹変をくり返す、自衛権をめぐる吉田の国会答弁である。次にみる①から③は、憲法が何も語っていない自衛権の導入によって「米軍＋自衛隊＝日米安保体制」が憲法九条と平和的に共存しうるようになったことを内閣総理大臣自らが国会で証言した貴重な歴史資料である。説明は後回しにして、まずは吉田の答弁に目を通してみよう。

自衛隊に関する政府答弁の変遷

「戦力に至らない間は憲法上も自衛隊を持って差支えない。しかしながら、戦力を持つような強大な軍隊……、防衛力を持つに至れば、これは憲法違反になるから慎しまなければならない」。（吉田茂　一九五四年）

「自衛隊は、憲法上必要最小限度を超える実力を保持し得ない等の制約を課せられており、通常の観念で考えられる軍隊とは異なるものと考える。また、自衛隊が国際法上「軍隊」として取り扱われるか否かは、個々の国際法の趣旨に照らして判断されるべきものであると考える」。（中曽根康弘　一九八五年）

「［自衛隊は］国際法上は軍隊として取り扱われる」。（中山太郎・外相　一九八七年）

①帝国議会憲法制定会議（一九四六年六月二六日および同月二八日）

近年の戦争は多く自衛権の名において戦われたのであります。満洲事変然り、大東亜戦争また然りであります。今日我が国に対する疑惑は、日本は交戦国である、いつ再軍備をなして復讐戦をして世界の平和を脅かさないとも分からないということが日本に対する大いなる疑惑であり、また誤解であります。（六月二六日）

戦争放棄に関する憲法草案の条項におきまして、［共産党の野坂参三君は］国家正当防衛権による戦争は正当なりとせらるるようであるが、私はかくのごときことを認むることが有害であると思うのであります。近年の戦争は多くは国家防衛権の名において行われたることは顕著なる事実であります。故に正当防衛権を認むることが偶々戦争を誘発するゆえんであると思うのであります。（六月二八日）

②旧安保条約と警察予備隊創設以前（一九五〇年一月一六日）

日本国はただいまお話の通り防備を撤し戦争を放棄した。日本国内において何らの防備もいたさぬ、あるいはまた戦争には参加しないということをもって戦争を放棄したということは、憲法にある通りであります。で政府としては、今日日本において何らの防備を設けることも考えておらず、また将来においても、戦争を放棄した以上は、日本が武力による自衛権を持たないということであります。

自衛権の問題を出したがために、防備といろいろ関係のあるようにお考えになるが、独立しておる以上は、武力によらざる自衛権があることは当然であります。ゆえに防備は、日本の武力によって国際紛糾問題を解決することはしないが、かりに外国との間に交渉が起った場合に、武力によってその問題を解決することはしないが、他のあらゆる方法、武力以外に国を守る方法は幾らもあります。外交上なり、あるいは日本政府の政策を宣伝するなり、世界の同情に訴えるなり、武力によらざるも国を守る方法は幾らもあるはずでありますから、自衛権ということを申したのは、日本は戦争放棄に徹底する、しかしながらそれは武力によらざる自衛権は存在しておるのである。自衛権と戦争放棄とは両立し得るものであるということを言った意味であります。

③対日「平和」条約と旧安保条約をめぐる国会審議（一九五一年一〇月二九日および同年一一月一六日）。

自衛の名において戦争がしばしば行われたということは、当時言った記憶がありますが、自衛のために戦争はしないと、自衛権による戦争も放棄しないということは、私は言った覚えはないように思います。（一〇月二九日）

この安全保障条約の中に再軍備という玉手箱は断じて隠しておりません。（一一月一六日）

一度は自衛権（国家正当防衛権）を「認むることが偶々戦争を誘発するゆえん」と啖呵を切った自らの言葉を翻し、挙句の果てには「戦争一般は放棄しても、自衛戦争は放棄しない」とまで言い張る。また、旧安保条約の中に「再軍備という玉手箱」が隠されていたことは「公然の秘密」であったというのに、それを断定的に否定してはばからない。けれども右の吉田語録から「政治家は平気で嘘をつき、信用できない」という常識的教訓を引き出すだけではどうしようもない。吉田は一政治家としてそう語ったのではなく、「日本国内閣総理大臣吉田茂」として日本という国家そのものを人格的に表現していたからである。

①から②、②から③へと移り変わる吉田の答弁の中に刻まれているのは、一九四七年の「トルーマン・ドクトリン」の発表とバンデンバーグ決議の採択を節目とする米国の対日戦略の転換（占領終了後の米軍の段階的撤退→無期限駐留と全土基地化、完全非武装→再武装化）を日本が受容し、それによっ

て九条のみならず日本の「戦後」が終わってゆく生々しい痕跡である。日本は、吉田の口を通じて語られた自衛権解釈の国家的転換によって、明文改憲抜きに外国の「戦力」の無期限配備と日本の事実上の「戦力」保有を意思決定し、それを再び吉田の口を通じて「憲法九条に違反しない」と国内外に宣言した。そうすることによって日本は、旧安保条約締結前の「吉田・ダレス会談」(八四頁参照)の内容を忠実に、しかし「戦略的に」実行する道を歩みはじめたのである。

「戦略的に」とは、九条死文化の事実を「国民」と国際社会に隠蔽しながら、その死文化した九条を今度は「盾」に取って米国の対日軍事要求をかわす、しかしその一方では、あらゆる類の米軍への便宜供与を「武器」にして米国からの対日経済援助を引き出し、世界市場へのアクセスを米国を介しながら得ようとする、といった意味である。政官財が一体となってその先にみていたのは、「戦後復興」の早期終息と「先進国」への早期復帰だった。一般に、「吉田ドクトリン」と呼ばれる、死文化した九条体制の下で「安保堅持・軽武装・経済成長」を追求する「保守本流」の政治路線がこうして確立した。

日本国憲法と自衛権

もう一度、確認しておきたい。日本国憲法には「自衛権」という言葉がない。これは憲法の解釈ではない。事実である。この事実から出発し、最初は自衛権そのものを否認していたにもかかわらず、ついには自衛戦争までを容認するにいたった吉田茂＝日本政府の憲法解釈の正否を、私たちは一度自分の頭で考えてみる必要があるだろう。そのために事前に確認しておくべきことを、何点か指摘しておこう。

一点目は、自衛権なるものが国際法上の観念として広がりをみせるのは第一次世界大戦後の国際連盟の時代であり、これがきわめて二〇世紀的な概念であるということだ。それまで「交戦権」は、国家の「主権」に内在するものと捉えられ、自衛権に訴えるまでもなく国家は「自由」に戦争を戦うことができた。そして、その末路が第一次世界大戦の勃発と大戦がもたらした惨劇だったのである。

周知のように、国際連盟はそうした惨劇を二度と招かぬように、第一次世界大戦後の「国際の平和と安全」を維持し、突発的に起きた戦争を仲介できるような機関として構想された。しかし、その歴史的使命を国際連盟は果たせぬまま、第二次世界大戦の勃発を許してしまうことになる。

国際連盟の破産については、さまざまなことが指摘されてきた。米国が最後まで加盟しなかったこと、あるいは国際法規を破った国家に対する制裁措置がとれなかったことなどが主な原因とされてきた。しかし、もとはと言えば、吉田が①で述べたように、戦争を禁じながら自衛権の名による国家の武力行使を「例外」として容認してしまったことが大きな要因の一つとしてあったことを見過ごすべきではない。戦争の回避を具体化すべく「不戦条約」(一九二八年)を結び、国際法としてその規範化をいくらはかろうとも、自衛権の名による国家の武力行使を容認するかぎり、「不戦条約」は「ザル法」になるだけである。アジア、アフリカ、ラテンアメリカへと植民地と権益を拡大していた欧米諸国が、一方で「不戦」を誓いながら、他方で自国の勢力圏と権益への他国の干渉を退け、それが侵されたときには「例外的に」軍事行動に打って出る「権利」を不戦条約の抜け道とする——。これがいわゆる「国際慣習法的に規範化された自衛権」なるものの実態だったのである。

だとするなら、国連憲章第五一条にもたしかに「個別的又は集団的自衛の固有の権利」が謳われてはいるが、そこで使われているinherent(固有の、生得の)とは、せいぜい国際連盟時代から「引き継いだ」（inherent）という程度の意味でしかないことになる。自衛権とは、何かしら超歴史的な「主権と不可分一体の、国家に固有の権利」なのではない。国際連盟を崩壊させた第一次世界大戦以後の、あらゆる侵略と戦争にこそ不可分一体な、きわめて現代的な概念なのである。

二点目。当然と言えば当然だが、不戦条約を死文化させ、国際連盟を崩壊させた自衛権とは、戦前の大日本帝国をはじめとした軍隊を持つ「普通の国家」を前提にした概念である。「自衛権を持つ」ということは、軍隊によるその行使と一体のものであり、戦争を禁じた不戦条約下においてなおかつ自衛権を行使することは、それを行使する対象（他国）に対する事実上の「戦争宣言」を意味したのである。

つまり、国家の交戦権を抑制するための例外的な自衛権の承認が、現実政治においては実質的な交戦権の承認を意味したのである。法理論的に言えば、これが「国際の平和と安全」のために創られた国際連盟が機能不全に陥り、瓦解した最大の理由だったと言ってよい。

では、その国際連盟の廃墟の中から誕生した国際連合（＝国連）はどうか。人類は性懲りもなく国連の下でまたも「不戦の誓い」をくり返すことになるわけだが、そのために国連は戦争勃発の引き金になる国家の武力行使を原則的に禁止することにした。

しかし、原則には必ず例外がある。国連は、国際連盟が明文化しなかった国家の自衛権を、今度は「個別的」と「集団的」とに分け、この武力行使原則禁止に対する例外的行為として加盟国に容認してしまう。それが国連憲章第五一条である。その意味では、「国際の平和と安全」を守る国際機関として国連を創った「資本主義と自由世界の守護者」にしても、彼らと同じ戦勝国として国連に加盟した「マルクス・エンゲルスの後継者」にしても、国際連盟が何ゆえに破産し、第一次を上回る第二次世界大戦の悲劇を生み出すことになったか、本質的なレベルでは何も総括しえなかったと言わざるをえないだろう。

もちろん、私たちはこの五一条が挿入された歴史的背景を知っている。「資本主義 vs. 共産主義」の体制間の利害対立によって国連の「集団安全保障」が機能しない場合を想定した、「資本主義の自由を共産主義の侵略から守る安全弁」としてこの条項は挿入されたのである。

だがここで重要なのは、五一条に規定された「自衛権」もまた、「普通の国家」を前提とした概念だという点である。その「個別的又は集団的自衛」の「権利」なるものを、憲法九条を制定するにいたった日本のような「特殊な国家」が持つと言えるかどうか。吉田がいみじくも言ったように、欧米の植民地保有諸国が植民地の軍事的支配、自国の権益の拡大と防衛のために軍事行動に訴えうる「権利」として担保しようとした自衛権を、真っ先に利用し、侵略に乗り出し、そして完敗した日本、しかもその結果、完全非武装化を受け入れてしまった日本が、である。憲法九条をめぐる〈問題〉は、まさにそこにあったのである。先にあげた吉田の国会答弁の変節（①〜③）を詳しく分析しながら、さらにこの点を考えてみよう。

2　吉田答弁の変節の分析

帝国憲法改正案と自衛権

①の吉田の答弁は、憲法に自衛権という言葉がないこと、また自衛権によって引き起こされた過去の

惨禍を踏まえたうえで、「芦田修正」（一九四六年八月）が施される前の帝国憲法改正案（以下、改正案）に基づき、自衛権に関する一九四六年六月段階の見解を述べたものである。

現在の憲法九条から「芦田修正」を取り除き、改正案に戻すと次のようになる。

国の主権の発動たる戦争と、武力による威嚇又は武力の行使は、他国との間の紛争の解決の手段としては、永久にこれを抛棄する。

陸海空軍その他の戦力は、これを保持してはならない。国の交戦権は、これを認めない。

この改正案の九条に対し、独自の憲法草案を掲げた共産党の野坂参三が批判した。その趣旨はこうだった。戦争には二種類ある。不正な侵略戦争と、侵略に対して民族をあげて戦う「正義の戦争」の二種類である。前者は放棄すべきであるが、後者はすべきでない。だから、共産党は九条に反対すると。これに対し、吉田が反論した。日本を含めた「普通の国家」がそれによって「近年の戦争」をくり返してきた自衛権という概念を使って国の政策を立てる、もうそういうことを日本はすべきでないし、しない。それが新憲法の精神なのだと。今からみれば、立場が逆転したような論争だが、しかし自衛権の保持とその行使を前提に国家と国の政治を発想した野坂参三と、改正案に沿って自衛権そのものを否認したところで国家と政治を語ろうとした吉田茂、二人は国家観や主権論において互いがまったく異なる位相から発話していたことに気づいていなかった。二人の主張はどこまでも噛み合わず、論争が論争として成立するはずもなかったのである。

では、改正案に基づき自衛権を否認した吉田の答弁は誤っていたのだろうか。

改正案と「芦田修正」を比較すると、両者の条文には構造的な違いがあることがわかる。改正案の九条に「項」がないことだ。改正案は「芦田修正」のように、前段を一項、後段を二項とするのではなく、全体が一つの条文をなしている。「陸海空軍その他の戦力は、これを保持してはならない」にはいかなる条件もなく、あらゆる戦力の不保持を無条件に否認しているとしか解釈の仕様がない。この改正案九条を、憲法前文の「日本国民」は「政府の行為によって再び戦争の惨禍が発生しないようにすることを決意し」「我らの安全と生存をあげて、平和を愛する諸国民の公正と信義に委ねようと決意した」と併せて解釈するとき、はたして改正案から自衛権という概念を引き出すことができるだろうか。できない、と私は思う。なぜなら、あらゆる戦争を放棄し、いかなる戦力も保持せず、「我らの安全と生存をあげて、平和を愛する諸国民の公正と信義に委ねようと決意した」という国家は、物理的にも政策的にも自衛権を放棄しているとしか解釈できないからである。

もっとも、野坂参三のように「侵略戦争は放棄しても自衛のための人民の戦争は正義の戦争であり、放棄すべきではない」と改正案を批判することはできる。実際、共産党のみがそのような批判をしたのではないし、「無条件降伏」を受諾し、完全武装解除されたとしても自衛権は認められるべきだという意見は、当初より存在した。しかし、問題はそうした見解表明や九条批判の是非にあるのではない。最終的にまとめられた改正案が自衛権そのものを放棄していたとしか解釈できないところにある。自衛権を「認むることが有害」であり、それを日本はもう認めないと言った吉田の答弁は「正しい」改正案解釈に基づいていたのである。

「芦田修正」と自衛権

改正案に対し、「芦田修正」は「前項の目的を達するため」を挿入することによって九条を二つの項に分けてしまう。その結果、「二項」の「陸海空軍その他の戦力は、これを保持しない。国の交戦権は、これを認めない」には、「一項」の「目的を達するため」という「前提条件」が付帯されている、という解釈が成り立つことになる。

つまり、日本が「戦力」を持たないのは、侵略戦争と「国際紛争を解決する手段」としてであって、これら以外の目的、すなわち「国家であれば当然持つ権利」としての「必要最小限度の自衛のための措置」をとるための「実力」の保持や、「正義と秩序を基調とする国際平和」のためであれば、その「実力」を日本は持つことができるし、さらにそれを海外に「派遣」し、「国際貢献」することもできる、という解釈に「芦田修正」は余地を残すことになるのである。このような九条解釈をさらに拡大すると、国際法的に目的が正当化されるなら、究極的には憲法が明文的には禁じていない海外派兵や「限りなく武力行使に近い武器使用」も違憲ではない、と解釈することも可能になる。憲法が明文的に否定していない自衛権という概念をいったん憲法前文や九条の解釈に導入すると、自衛戦争と「国際の平和と安全」のために日本が米・英・仏などの国連加盟国諸国と海外（アフガニスタン？）で「武力行使」することまでが「違憲ではない」という解釈が成り立たないわけではない、という解釈が成り立ってしまう。そうなると、日本国憲法の平和主義は国連憲章の平和主義と完全に同一化され、日本は事実上、「普通の国家」と何も変わらない国になってしまうのである。

芦田均自身、岸内閣の時代に開かれた憲法調査会の第七回総会（一九五七年一二月五日）において、修正の辞句が「まことに明瞭を欠く」ことを認めつつ、しかし「一つの含蓄」をもって修正を提案したと発言している。芦田の証言である。

「前項の目的を達するため」という辞句を挿入することによって原案では無条件に戦力を保有しないとあったものが一定の条件の下に武力を持たないということになります。日本は無条件に武力を捨てるのではないということは明白であります。これだけは何人も認めざるを得ないと思うのです。そうするとこの修正によって原案は本質的に影響されるのであって、従って、この修正があっても第九条の内容には変化がないという議論は明らかに誤りであります。

この証言を裏づけるかのように、吉田政権以降の日本政府は大筋において芦田の意図に沿って九条を「広く」解釈してきた。「芦田修正」は九条解釈に大きな「幅」を持たせることに成功し、それによって九条をきわめて曖昧な条文にしてしまった。芦田が証言したように、この修正によって九条の内容に変化が起こり、日本が「無条件に武力を捨てるのではないということは明白」という解釈に道を開いたことは「明白」である。

しかしだからと言って、この修正によって「ある条件が満たされるなら、日本は再武装してもよい」と解釈することは、吉田自身による②の弁明が示すように不可能である。「芦田修正」を根拠に「再軍備」を正当化することはできないのである。

自衛権についてはどうか。たしかに、芦田からの修正提案を受理したGHQの担当官は、修正に自衛権が「含意」されていたことを理解したうえで受け入れ、極東委員会も同様に受け止めたこと、だからこそ「シビリアン・コントロール」に関する条項が憲法に挿入されたこと（第六六条二項）は古くから指摘されてきた。しかしGHQがそう受け止め、政府がそう解釈してきたことが「憲法は自衛権を認めている」という解釈に正統性を与えるわけではない。自衛権という言葉が現憲法に存在しない以上、すべての解釈は開かれており、さしずめ「断定的なことは何も言えない」とするのがフェアな解釈だろう。「自衛権は超歴史的な国家の自然権である」と妄言を吐くか、もしくは対日「平和」条約や国連憲章を持ち出すのでなければ、「芦田修正」のみをもって日本が自衛権を持つと断言することはできないのである。

このように考えると、吉田と同様に大日本帝国を支えた官僚出身の政治家である芦田によって施された改正案九条の「修正」を、私たちは戦後における「霞が関文学」の先駆として評価し直す必要に迫られていることが理解できるのではないだろうか。護憲派は修正によって完成した九条を「守れ」と言ってきたが、むしろ修正こそが後の九条死文化を決定づけたとみるべきではないのか。また、修正にもかかわらず改憲派は九条を改廃せよと主張してきたが、むしろ「芦田修正」があったからこそ日本は「普通の国家」への道を歩みはじめることができたのではなかったか。

護憲派と改憲派を含めた「国民」を煙に巻くことしか考えない「霞が関文学」の先駆としての「芦田修正」。これを評価し直すことは、「戦後」の護憲 vs. 改憲運動が、日本のどのような「国のかたち」をめぐる抗争であったかを、もう一度根源的に問い直す機会にもなるはずである。

しかし、ここではこれ以上その問題に立ち入ることはできない。自衛権を否認した①から容認へと転じた②への吉田の変質を決定づけたのが「芦田修正」ではなかったことだけを事実として確認し、話を先に進めることにしたい。自衛権をめぐる吉田の転向の契機は「芦田修正」にあったのではなく、一九五〇年の元旦にマッカーサー元帥が発表した年頭声明にあったからである。

「マッカーサー声明」と吉田茂の転向

マッカーサーは、新憲法の基本原理を示したいわゆる「マッカーサー・ノート」（一九四六年二月）において、日本が「自衛戦争」を「放棄」することを明記していた。後にこれは「改正案」において削除されるが、しかし自衛権の有無を曖昧にしたままマッカーサーは「改正案」を承認したのである。

ところが、ワシントンの対日戦略の転換を受け、突如としてマッカーサーは方針転換する。一九五〇年年頭の声明において、「日本国憲法の規定はどのような理屈を並べようとも、相手からしかけられてきた攻撃に対する自己防衛の侵し難い権力を全然否定したものとは絶対に解釈できない」と、かなり厳しい口調で述べたのである。つまり、マッカーサーは自衛権を全否定した①に示されたような吉田の自衛権解釈を、権力関係において吉田よりも上に立つＧＨＱの最高指揮官として全否定し、政府内の自衛権解釈のブレを正そうとしたのである。

マッカーサーの「声明」を受けた吉田の対応は早かった。同年一月二三日の施政方針演説において、吉田は何の説明も加えることなく前言を翻し、日本が自衛権を持つことを公然と宣言する。この吉田の豹変は、当然のこと「再軍備と一体のものではないか」という疑念を招き、②はそうした疑念に対する吉田自身の弁明としてあったのである。

自衛権は認めるが、武力によるその行使は認めないという②の内容は、かつての社会党の「非武装・中立」論や、「非武装・中立」という概念こそ使わなくなったが現在の社民党の「安全保障」論と、ほぼ同じ内容のものだと言ってよい。しかし、国際法の常識では、国家の自衛権とは戦力による武力行使と一体のものであり、吉田流の「武力によらざる自衛権の行使」などありえないことは確認しておく必要がある。「外交によって自衛権を行使しないように努力する」あるいは「必要最小限度の自衛権の行使にとどめる」と表現することは可能だが、「平和外交によって自衛権を行使する」という表現は間違っている。仮に日本に対する武力攻撃が確実になった場合に、「平和外交によって自衛権を行使する」ことが何を意味するのか理解できないことを考えれば、「武力によらざる自衛権の行使」などありえないことがはっきりするだろう。外交はあくまでも、そして最後まで外交でしかない。

ちなみに、戦後憲法学の「主流派」も②の立場をとってきた。社会党や戦後憲法学の「主流派」を担った学者たちも、吉田の転向が強烈な米国からの外圧によって強制され、そのことが「芦田修正」に基づく「解釈改憲」を事後的に跡づける結果になったことを知りながら、「日本が自衛権を持つのは当然」論を展開してきたのである。

「独立しておる以上は、武力によらざる自衛権があることは当然であります」と吉田は言った。しかしなぜ「当然」なのか、なぜ解釈を変更したのか、その根拠を何も明らかにしないまま、吉田は突如として自衛権の保持を前提に、それを「行使」するための手段やその態様をめぐる議論を展開するようになる。自衛権を否認し、自衛権を云々するという発想から脱却することを示唆していたかつての主張から巧妙に論点をずらし、「武力による平和」ではなく「外交による平和」といったように政府の政策論として「自衛権の行使」を論じるようになったのである。

この②の時点で、吉田＝日本政府は米国の対日戦略の方針転換を知っていた。しかし、まさか「独立」と同時に安保条約を締結し、米軍が継続駐留し、再軍備を本格化させる、などと言い出すわけにはいかない。だから、戦力保持を否定する憲法九条に違反しないというタテマエによって「自衛権の行使」のあり方を論じようとすれば、「武力以外に国を守る方法」に行き着くのは、それこそ「当然」のことだったと言わねばならないだろう。

吉田の答弁の要点は、「武力以外に国を守る方法」それ自体にあったのではない。むしろ「自衛権と戦争放棄は矛盾しない」と言うことによって、自衛権の保有およびその行使に関する合憲解釈を政府として明確に打ち出すことにあった。自衛権問題を理念的な憲法解釈の次元から一挙に政策次元（政府が何をどのように解釈し、どのような政策を選択するか）の問題へと引き下げ、そうすることによって「個別的自衛権」と「集団的自衛権」の保有を定めた対日「平和」条約とこれに基づく旧安保条約の締結、さらにはそう遠くはない未来の自衛隊創設に向けた憲法解釈上の道筋をつけることにあったのである。

「自衛」のための米軍配備も再軍備も憲法違反ではない、と政府が解釈する。その解釈に基づき政府が国際条約を結び、その条約に従って法律を制定するなら、「国民」の目には「一見極めて明白に」憲法違反とみえる統治行為であろうと合法化されてしまう。合法化によって政府はその統治行為を合憲と言うことができる。対日「平和」条約と旧安保条約が同時に締結された一九五一年九月八日は、司法（最高裁）の憲法解釈の権力が行政府のそれに屈服し従属するという、擬制の「三権分立」体制が確立する記念日でもあったのである。

こうした観点から言えば、旧安保条約の締結六〇周年を迎える二〇一一年を契機に、条約締結の国際法的根拠となった対日「平和」条約とは何であったか、私たちはもう一度考え直すべきときを迎えていると言えそうだ。少なくともそれは、憲法九条の「戦後」の終わりと日本の「戦後」の終わりを同時に記した条件だったのであり、その意味では、「全面講和か、片面講和か」という議論の立て方で同条約の賛否を争った当時の「論争」にどこまでの意義があったのか、深い疑念を抱かざるをえない。「戦後史」を画するこの決定的瞬間において、社会党は条約への賛否と「共産主義」に対する立場の相違で「左右」に分裂し、そのことが後の護憲・平和運動にも分裂を持ち込むことになる。また、一九四九年の衆議院選挙で三五議席を獲得した共産党（社会党四八議席）はＧＨＱの「レッドパージ」により非合法活動を余儀なくされていた。「国民」の多くは、どの議会政党からも一九五一年九月八日の持つ本当の意味を知らされることなく、「主権」を回復したこの日を歓喜で迎えたのである。

第五章　憲法九条の死文化のメカニズム

——「普通の国家」と霞が関イリュージョン

(1)　14版　第37755号　毎日新聞　1981年(昭和56年)5月18日(月曜日)　(日刊)

毎日新聞

米、核持ち込み寄港

60年代から「日本政府も承知」

ライシャワー元大使が証言

空母や巡洋艦

「安保条約では当然」

非核三原則の"虚構"つく

2、3面にインタビューと関連記事

核持ち込み　日米の公式見解

はえなわ切断　自衛艦も

釧路海域の北辺　船名、番号を確認

被害12隻

日本登山隊8人死ぬ

北海道岳連　中国ミニヤコンカで

身障者に不親切

1981年５月18日の『毎日新聞』（毎日新聞社提供）

自衛権を憲法九条の解釈に導入して日米安保と自衛隊を合憲化した「法の番人」による憲法解釈と、その解釈の下で行われてきた日本政府の「統治行為」、さらにその日本政府に圧力をかけ続けてきた米国の干渉、これらを私たちはどのように考えるべきか。最高裁がこれらに対して審判を下さない／下せないと言うなら、「国政の主権者」が審判を下す以外にない。

護憲と改憲、いずれの勢力も「解釈改憲を認めない」という立場をとってきた。政府の知恵袋たる内閣法制局による憲法解釈を、両勢力は欺瞞だと批判してきたのである。批判されてきた当の内閣法制局は、両勢力から超然とし、自衛隊の近代化と「基盤的防衛力の整備」、日米防衛協力の進展度合いに応じて「解釈改憲」を積み重ね、「憲法解釈の国家権力」を行使してきた。それが可能になったのも、一九五一年九月八日段階ですでに憲法九条が死文化していたからである。

1　霞が関イリュージョンとは何か

完全非武装化された日本を「普通の軍隊」を持つ「普通の国家」へと改造する。「戦力」を「必要最小限度の自衛のための実力」と言い換えて自衛隊を作ったように、日本だけにしか通用せず、官僚の解釈の世界でのみ自己完結する概念や表現を発明し、それによって九条の規範概念を「あってなきがごとく」にする。そのための立法・行政措置が「法の番人」によって一つ、また一つと段階を踏んで行われてきた。その手口は巧妙だ。

たとえば、当初は一律に「自衛隊の海外派兵はありえない」としていたのを、武力行使をするかどうかで派兵と「派遣」に分け、「派遣」であれば「憲法上許される」と言い出す。これによって自衛隊の海外派兵を正当化する憲法解釈上の枠組を作るのである。次に、武力行使と「武器使用」を分け、「前者は違憲、後者は合憲」とする。そして「普通の国家」の軍隊に適用される国際基準を自衛隊にも適用できるように「武器使用」に関する規制を徐々に緩和、撤廃してゆくのである。

ここで言う立法措置とは、憲法論とは無縁な、個別の法律や政令の制定、およびその改定までを含んだ行政行為のことだ。その違憲性が野党や専門家から追求されるとあらかじめ想定できるものについては「憲法上の規定に従って」を挿入し、合憲性の偽装を忘れないようにする。政局や世論の焦点になるのを回避するためには、とりわけ国会承認を必要としない政令で処理することが効果的だ。

立憲主義と法治主義に基づく議会制民主主義の原理原則から言えば、憲法違反の条約や法律が国会で承認されることは「あってはならないこと」になっている。だから、いったん立法措置がはかられると、それらの内容の合憲／違憲性がどれだけ国会内外で論争の対象になろうと、司法による違憲審判が下るまではタテマエとしての合憲性が担保できる。たとえば、安保条約や自衛隊をめぐる合憲／違憲論争は未だに続いているが、安保条約が批准され、自衛隊法が制定されたその瞬間から、これらの合憲性を前提にしてその後の立法・行政措置が積み重ねられてきたのもそのせいである。

国家 vs.「国政の主権者」の構図において、政府の立法措置の違憲性を時間・労力・資金を費やして立証する義務は、常に後者の側にあることを肝に銘じておこう。前者を代表する政府としては、黒を白と言い続ける決意を持って、何が何でもそれらの合憲解釈を貫き通しながら、立法と行政の二つの措置を「粛々と」続ければよい。その間、二つの措置を覆すような政権交代が起こらぬように、選挙制度の操作、野党の抱き込みと切り崩し、在野の反政府勢力の監視と弾圧などを行うことが死活的に重要な「政治」の側面になるのは言うまでもない。

こうした「政治」工作によって単一の政党による政権の維持がはかれるなら、立法と司法に対して行政権力が絶大な政治権力を行使しうる日本の議院内閣制の下では、安保・外交をめぐる意思決定と政策決定過程における国会の「チェック機能」を形骸化させることができる。「市民の監視の目」など「あってなきがごとく」になる。この段階に入ると、政と官は、文字通り、運命共同体の血盟集団と化す。

憲法によって「許されるもの」と「許されないもの」、その基準を官僚が考え、法律を作文する。次に官僚は自らの「所掌事務」として、制定された法律の「運用」をはかる。法律や政令を省庁横断の「共管」のものと自分の縄張りのみの「専管」とに分けるのも官僚なら、それらに基づき予算を付け、執行し、必要に応じて改定するのもすべて官僚である。自民党一党「独裁」体制の下、自民党内派閥のタライ回しによる政権交代と議会制民主主義がともに偽装されてきた「戦後」の日本では、官僚専制とも言うべき政治システムが国の政治、行政・司法・立法を仕切ってきたことになる。民主党が政権を取っても、結局はそれを変えることができそうにないことを私たちは思い知らされてきたわけだが、それでも官僚による税の収奪構造に対する私たちの過敏さを、少しは安保・外交における官僚専制に向けることが問われている。

ともあれ日本の官僚機構は、こうして憲法九条を「守り」ながら、一度は完全非武装化した日本を「普通の国家」に向けて一歩また一歩と改造してきた。これを霞が関イリュージョン（まやかし）、と私は呼ぶことにしている。

霞が関イリュージョンを見破るためには、霞が関文学特有の詭弁論理学を体得しておくことが必要だ。それは平和主義を装おうとする語彙の選択と表現、行間に潜む微妙な論理飛躍や矛盾などをその特徴とする。これらは決して侮ることが許されない、国際法や一般法律・行政知識の、きわめて高度な組織的集中と集積によって支えられているだけに、一般市民の多くはまやかしを直感的に悟っても、その究明を断念してしまうのが常である。

官僚専制の実態に迫るために、イリュージョンの舞台装置をのぞいてみることにしよう。

交戦権と自衛権

自衛権は、戦後日本のみならず、二〇世紀の世界が抱えた「パンドラの箱」を開ける鍵である。箱には戦争や紛争という災いがいっぱい詰まっている。その「箱」をひとたび自衛権という名の鍵で開けてしまうと、次から次に災いが飛び出してくる。

日本の個別的または集団的自衛の権利の保有が米軍配備と自衛隊創設を前提に合法化され、さらに自衛隊による自衛権の行使が政府解釈によって合憲化されるなら、国家の武力行使を原則的には禁止しながら自衛権の名によるその行使を例外的に認める戦後の国連体制の下では、戦力不保持と交戦権の否認を定めた憲法九条二項は「あってなきがごとく」になる。

なぜ、そうなるのか。それを理解するためには、開けてはならない「パンドラの箱」を開けてしまった「犯人」の一人、元法制局長官林修三に、第二章に引き続いて再び登場してもらわねばならない。林は大蔵・法務官僚を経て法制局に移り、一九五四年の鳩山政権から六三年の佐藤政権の登場まで、ほぼ一〇年にわたり内閣法制局（一九六二年以前は法制局）長官を務めた人物である。自衛隊創設から二年目を迎えようとしていた一九五六年、交戦権と自衛権との関係を述べた林の国会答弁を聞いてみよう。

交戦権の解釈につきましては、学説上いろいろ議論があるところでございますが、これは戦争をするという解釈もございますが、一般的な解釈として、私どもの解釈といたしましては、戦争状態のもとにおいて交戦国が国際法上持つ権利、こういうふうに考えております。従いまして、つまり戦闘行為そのものをする権利ではなくて、国際法上戦争状態のもとにおいて交戦国が持つ権利、たとえば占領行政をやるとか、あるいは中立国の船舶を拿捕するとか、そういう権利を含んだものと存じます。従いまして、そういう意味の交戦権は、現在の憲法のもとにおいてわが国には認められておらないわけでございます。

しかしながら、自衛権の範囲内において、自衛権が認められておる以上、自衛のために必要な限度において自衛のための措置をする、こういうことは、私は今の憲法ではそれは別の問題として許されておる、かように考えておるわけであります。（一九五六年三月二一日、衆院内閣委員会）

林の答弁がトリッキーなのは、憲法が交戦権を否認していることを強調しながら、それとは「別の問題」として、自衛隊による自衛権の行使を「憲法では許されている」と断言しているところにある。法制局こそが憲法解釈の最高権威であり、「その長たるわれこそが日本国憲法なるぞ」と言い出しそうな勢いである。林にとっては自衛隊の合憲性は既定の事実としてあり、その自衛隊による自衛権の行使も「憲法で許されている」。

林が言う「必要な限度［における］自衛のための措置」とは、「防衛出動」を柱とする自衛隊の武力行使を内包する措置のことだ。前章で検討した吉田茂の①から③との対比で言えば、林が「戦争一般は放棄しても、自衛戦争は放棄しない」とした③のレベルでこれを語っていることに注意したい。いったん自衛隊ができてしまうと、①と②のレベルの議論はもはや論外とされ、政府の答弁は③のレベルを前提に展開されるようになる。

林は、答弁の前段と後段を「しかしながら」という接頭語でつなぎ、たとえ憲法九条が「国権の発動としての戦争」と交戦権を否認していても、それとは「別の問題」として、自衛戦争までを含む自衛権の行使は憲法上保障された行為になると言う。日本が放棄するのは「正義のない侵略戦争」であって、自衛戦争は国家としての「正義の戦争」であり「憲法で許されている」という、どこかで聞いた覚えのある憲法論がこれによって既成事実化されたことになる。

しかしながら、日本国憲法は「自衛戦争」を「許す」とも「許さない」とも言っていない。「許されている」と解釈するのは林の「考え」であって、憲法はそう明言していない。これは憲法の解釈ではなく、事実である。憲法には、法制局がその「必要な限度」を決めるとも、林修三が「生きた憲法」として憲法解釈の最高権威だとも書いていない。日本国憲法が私たちに教えているこの事実にこだわることをやめ、林が講釈する「私どもの解釈」＝官製版憲法解釈への抜本的レビューをここで断念してしまえば、すべては「私ども」の思い通りになってしまうだろう。

国連憲章と国家の主権

林が答弁の中で意図的に説明を避けているのは、戦争放棄を規範原理とする国連憲章の下において、「交戦権」なるもが国家主権の要諦にはもはやなりえない事実についてである。交戦権は、国際法的に消滅こそしていないものの、現実的には国連憲章以前的な世界でのみ通用していた、言わば国際法的遺物にすぎない。なぜなら、国連憲章は、侵略国家に対する被侵略国の自衛権の武力による行使を認め、同時に自衛権に基づき加盟国が「集団的」な自衛権を武力によって行使することを容認することで、近代国家の主権概念と不可分一体（と解釈されてきた）の交戦権を実質的に「保障」する仕組みになっているからである。

国連憲章第五一条においては、加盟国の自衛権行使の条件は「安保理が必要な措置をとるまで」であって、国家間の武力紛争の解決は原則として「安保理預かり」となっている。だから、武力による自衛権の行使さえ担保されていれば、国連憲章に交戦権が明文化されていようがいまいが、「普通の国家」が自国の戦力により侵略に対して反撃するという意味においては、国際法上何の障害もないことになる。もちろん、自衛権と交戦権は法的概念として同じではないし、自衛権の行使がそのまま侵略国家に対する戦争宣言になるわけでもない。ここで確認したいのは、自衛戦争を合憲解釈する林＝政府の解釈の恣意性のみならず、それを合憲とみなすなら憲法九条が日本という国家（およびそれを代表する政府）に対して何を禁じているのか、言葉を換えるなら、「普通の国家」の国際法的権利と日本のそれとの間にいかなる本質的な違いがあるのか、わけがわからなくなってしまうことである。

どの国連加盟国も、「国権の発動としての戦争」を放棄している。これが国連加盟にあたっての約束事である。だから、「戦時国際法」や交戦権は国連システムの下においては「あってなきがごとく」のようなものであり、このことが国連以前‐以後の国際政治と国際法の根本的違いの一つ、ということになっている。であるなら、事実上の戦力を持つ日本は国際法的に、憲法九条があることによって「普通の国家」とどこがどう異なると言えるのか。自衛隊の海外派兵や武力行使が憲法とは別の国内法や国際法の適用によって可能になるなら、「普通の国家」と日本とを峻別する基準は「あってなきがごとく」になるではないか。

海外における自衛隊の武力行使が「憲法上許されない」と日本政府がしてきたのは、林が法制局長官の職務に就いていた時代に確立された、それ自体が恣意的な憲法解釈にすぎない。であるなら、「必要な限度」の自衛戦争が憲法上戦える自衛隊に、政府の解釈で「必要な限度」とみなされる海外派兵や武力行使ができない憲法上の理由などあろうはずがない。政権の崩壊と憲法解釈の矛盾が暴かれることを怖れるあまり、政策的にやらない／やれないことを憲法の規範問題として勝手に定義し、その解釈を正統化してきただけのことである。交戦権一般の否認の確認をもって、憲法九条をその条文全体において「守っている」と言うこと自体が詭弁なのだ。

もっとも、もしも日本が国連から脱退し、さらに国連加盟国から仕掛けられる侵略や戦争が現実性を帯びるような事態になれば、交戦権および戦争権を否認した九条二項が日本の国家主権を制限するという論理も成り立たないわけではない。しかしその場合にも、国連加盟国は侵略戦争を原則的に否認しているのであるから、侵略行為と国連にみなされるようなことを日本が行わないかぎり、国連加盟国から日本が侵略され、再び占領統治されるような事態を現実的に想定することはきわめて困難である。国連体制の下で個々の加盟国が武力行使を正当化できるのは、あくまでも「個別的または集団的自衛の権利」の行使か、「国連軍」に自国の軍隊の指揮権を委譲した場合に限定されるからだ。またそこにこそ、国際連盟の破産を乗り越え、「恒久平和に向けた人類の進歩」を国連が刻んだ根拠がある、ということになっているからである。

このことは同時に、憲法九条二項の存在を改憲の理由にすることが、国家単独の「戦争をする権利」と交戦権の両方に対して持つ国連憲章の拘束力を理解していない証左でもあることを物語っている。この点は改憲派の中にも、未だに誤解が蔓延しているように思われるので、現実政治に照らしてもう少し検討を深めておこう。

改憲論と憲法九条二項

国連憲章によって禁止された、他国に対する侵略行為としての武力行使をあえて行わないかぎり、国際法的に容認された自衛のための軍事機構の保持とそれによる自衛権の行使が憲法で認められるとするなら、日本も「普通の国家」が行うたいていのことがクリアできる。その軍事機構を自民党の「憲法改正案」や読売新聞社の「憲法改正試案」にある「自衛軍」のように、日本語で「軍隊」と表現するかどうかは、まったく大した問題にはならない。そのことを集団的自衛権の行使を例に考えてみよう。

自衛隊が国際的に軍隊として容認されてきた既定の事実、また安保条約と自衛隊法を基軸とする法体系およびそれらの蓄積の上に立ち「普通の軍隊」へと実態的に自衛隊を改造する立法措置（＝自衛隊法の改定に次ぐ改定）、これらを重ねるなら、明文改憲抜きに自衛隊が米軍と集団的自衛権を行使することも可能になる。要は、政府がこれまで集団的自衛権の行使を「憲法上許されない」としてきた解釈と「一見きわめて明白に」矛盾しない解釈を、政府の解釈において打ち出せるかどうかにかかってくる。「いや、そんなことはできない」と思うのは、これまでの内閣法制局による恣意的憲法解釈をただ鵜呑みにしているだけのことである。

そもそも九条二項を「自衛軍」条項に改変し、その細目として「自衛軍」による国際平和貢献活動その他を盛り込むという自民党の発想は、憲法に明記すべきことと個別の政策によって処理すべきこととの区別や連関を弁えていない、としか言いようがない。日本国憲法によって保障された行政府の絶大なる権力は憲法をいかようにも解釈し、死文化させることもできる。このことを自民党はどこまで理解しているのか。それとも、官の能力に政権運営を依存しすぎた結果、「集団的自衛権の行使と武力行使を伴う自衛隊の海外派兵は憲法上許されない」としてきた内閣法制局の「霞が関イリュージョン」に自民党自身が囚われてしまった、とでも言うのだろうか。条文の構成や細目こそ違うが、自民党案と内容的に類似した、というより自民党案に影響を与えた読売新聞社の「改正試案」の作成者も同様である。

これまで積み上げられてきた内閣法制局の憲法解釈の蓄積から言えば、日本が海外派兵と集団的自衛権の行使に踏み込むにあたって、九条二項はもはやその障害にはならない。せいぜい必要なことは、次の二つのことくらいのものである。

一、「自衛」概念をもう少し拡張させ、派兵をあくまでも「派遣」にするために何か理念的なプラスαを加えること。たとえば、「国際の平和と安全／安定の維持」「人道に対する罪（ジェノサイド）の阻止」「「人類共通の敵」＝海賊・テロリスト集団からの日本の生命線の防衛」などはきわめて現実味がある選択肢になるだろう。要するに、世界の「普通の国家」がそれによって自国の軍隊の武力行使を正当化してきたことを、日本の内閣総理大臣が国家的一大事であるかのように真顔で語れる台本があればよい。

二、先述したように、自衛隊の「武器使用」のさらなる規制緩和によって、実態としての武力行使が限りなく可能になるような、新たな「立法措置」をとること。一般法としての「国際平和協力法」でもよいし、「安全保障基本法」でもよい。これまでそうした「措置」を重ねてきたのだから、これからできない理由などあろうはずがない。

一は、言わば「戦争の大義」であり、二は一さえあればいくらでも正当化できる行政技術に関わる事柄である。だから一般的に言えば、一を捏造することが、「普通の国家」の軍隊が武力行使するために欠かせないこれまでの要件だった。「自衛隊を派遣するところが非戦闘地域だ」（小泉純一郎）と平気で言ってのけた日本政府に、集団的自衛権をめぐる解釈変更程度のことができないはずがない。そのことは、改憲派が一番よく知っている。

問題は、九条二項にあるのではない。むしろ、集団的自衛権の行使をめぐる解釈変更にどこまで本気になって踏み込もうとするか、その意思を政府として持つか否かが第一の問題である。政権の命運をかけ、自衛隊員の生命を犠牲にしても、そのいっさいの政治責任を政府として引き受け、武力行使に断固として踏み込む決意が政府にあるなら、日本の官僚はこれまでそうしてきたように霞が関文学を駆使し、新たなイリュージョンを演出するだろう。政は官にそうすることを命じることができるのである。

問題の第二は、対テロ戦争との関連で言えば、集団的自衛権行使の行為主体としての自衛隊が、ほんとうにそこまで踏み込むことができる組織であるか否かである。法的には「自衛戦争」を戦うことができる自衛隊に、〈戦争を戦える実力〉がほんとうにあるかどうか。たとえばイラクやアフガニスタンで「テロリスト」との殺し、殺される白兵戦を戦う米軍のように、自衛隊がその組織末端まで、肉体的かつ精神的な重圧に日々前線において耐えられる組織・部隊として訓練されてきたかどうか。それこそがリアルな問題である。

しかし、仮に自衛隊がそういう組織だとしても、まだ足りないものがある。第三に、「国民」がそういう政府の意思決定を許すか否か、という問題がある。米軍のように数万、数千人規模とは言わなくとも、少なくとも数十人、数百人規模で自衛隊員が殺されることを認め、日々のバラエティ・ニューズ番組でその現実と向き合い、「国民」としてそれに耐えられるかどうか。さらにその関門をクリアしたとしても、最後に、「国民経済」を今以上に切り詰め、恒常的な海外派兵を賄うための「戦費」が国庫から支出できる財政状況に日本があるかどうか、という最大のネックが待っている。どんなに戦いたくとも、戦争は先立つものがなければ戦えない。

つまり、政府・与党と官僚機構が米国、イギリス、ドイツなどのように「戦争のリアリズム」の中に身を投じ、責任をすべて引き受けようとする意思を持ち、真っ先に殺されることになる若い自衛隊員をはじめ「国民」が生命と生活を犠牲にしてもそこに「正義」なり「大義」なりを見出し、耐えることができるかどうか、それが〈問題〉なのである。日本国憲法第九条二項がそれを「禁じている」とはとても言えない法的・政治的環境がすでに整備されていることを、改憲派は護憲派とともに知るべきである。

それでも九条二項の改廃を、何がなんでも「国家の主権回復」問題として論じたい人々に対しては、安保の下では日本の「主権」なるものを「自衛軍」のみで「防衛」することはできない現実を最後に指摘しておこう。日本における「有事体制」とは日米安保体制そのものを意味するからだ。改憲派は、まずこの事実を直視し、一九五一年九月八日以降の「戦後」改憲運動の歴史的総括作業に真剣に取り組むべきである。

対日「平和」条約による「主権」と「独立」の回復が占領軍の全面撤退を伴わなかったにもかかわらず、「自主憲法制定」派は対日「平和」条約に賛成した。しかも、それ以降の米軍の無期限駐留と安保の改定を自ら容認してきたにもかかわらず、「占領憲法撤廃」を掲げ続けるという自家撞着を重ねてきた。ここに「戦後」改憲運動の思想的な致命性がある。安保の下では「自衛軍」は永遠に米国の世界戦略・軍事技術・指揮権の鉄鎖に繋がれ、「独立自尊」の作戦展開などできない。だから、改憲派が「日本の主権の回復・自立」を言うのであれば、中国・北朝鮮・ロシアへの民族主義的敵愾心や共産党・社民党・日教組に対する階級的憎悪にも似た反撥にエネルギーを割くのではなく、「どのような条件が整えば安保を解消し、在日米軍を撤退させることができるか、それに向けて何をどうすればよいか」という問いに全力を尽くして取り組み、その内容を「国民」に提起すべきである。それこそが原点に立ち返った改憲運動のあるべき姿だと言うべきだろう。

2 集団的自衛権をめぐる混乱

日本政府の憲法解釈の中で、集団的自衛権ほど物議を醸し、混乱を招いてきたものはない。混乱の要因は、集団的自衛権に関する「政府統一見解」（一九八一年）にある。九条死文化と集団的自衛権の関係を理解するために、最初にこの「政府統一見解」の内容を押さえておこう。

集団的自衛権をめぐる「政府統一見解」

「政府統一見解」（以下、「見解」）は、集団的自衛権を「自国と密接な関係にある外国に対する武力攻撃を、自国が直接攻撃されていないにもかかわらず、実力をもって阻止する権利」と定義した。そして、日本が「国際法上、このような集団的自衛権を有していることは、主権国家である以上、当然である」が、これは「憲法第九条の下において許容されている」自衛のための「必要最小限度の範囲」を越えている、だから「憲法上許されない」とした。しかし、この「定義」には問題が多い。

第一に、「実力以外の手段をもって阻止すること」を集団的自衛権の定義から除外し、それを「憲法上許される」という解釈に余地を残したことだ。そもそも集団的自衛権の行使の態様は、自衛隊が「実力をもって阻止すること」に限定されるのではない。武力行使を基軸としつつも、武力行使以外の軍事分野において、自衛隊が二カ国以上の国家による武力攻撃を支援することや、それらの国家に対する武力攻撃を「集団的」に阻止する行為の総体をさすものである。政府はそれを自衛隊の「実力」行使に限定し、それ以外の自衛隊の活動を事実上、「憲法上許される」としたのである。

一般に、「見解」は「集団的自衛の権利は有するが、その行使は憲法違反である」ことを定めたものとされてきた。しかし、そのような理解は右にみた「見解」の本質と政府の意図を見誤ったものだと言わざるをえない。日本（自衛隊）は、憲法によって「必要最小限度」の「自衛」しか行わないし、行えないというのが政府の憲法解釈であるのだから、集団的自衛権であろうと何であろうと「必要最小限度の自衛」の範囲を超えるものは、「憲法上許されない」のは当然のことであり、その意味では「見解」は何も言っていないに等しい。

日本政府にとっての「見解」の意義は、集団的自衛権の行使を違憲化したことではなく、さまざまある学説の中から政府に都合のよい解釈のみをピックアップし、「必要最小限

「集団的自衛権に関する政府統一見解」（一九八一年五月二九日）

国際法上、国家は、集団的自衛権、すなわち、自国と密接な関係にある外国に対する武力攻撃を、自国が直接攻撃されていないにもかかわらず、実力をもって阻止する権利を有しているものとされている。

我が国が、国際法上、このような集団的自衛権を有していることは、主権国家である以上、当然であるが、憲法第九条の下において許容されている自衛権の行使は、我が国を防衛するため必要最小限度の範囲にとどまるべきものであると解しており、集団的自衛権を行使することは、その範囲を超えるものであって、憲法上許されないと考えている。

なお、我が国は、自衛権の行使に当たっては我が国を防衛するため必要最小限度の実力を行使することを旨としているのであるから、集団的自衛権の行使が憲法上許されないことによって不利益が生じるというようなものではない。

度の範囲」と政府が認定した集団的自衛権の行使＝「武力行使」を伴わない集団的自衛権の合憲解釈に道を開いたことにあった。とりわけ注意しなければならないのは、「見解」にある「自衛権」にも「集団的自衛権」にも地理的制限がないことだ。「見解」と前後し、日米両政府は、旧日米安保ガイドライン（一九七八年）の策定と連動した有事研究（一九七八年）やシーレーン防衛研究（一九八二年）など、日本の領域外において自衛隊が米軍の後方支援を担えるようにするための「研究」活動を本格的に開始することになるが、「見解」はこれらの内容との齟齬をきたさぬよう、細心の注意を払いながら何も具体的なことを定義しないように集団的自衛権を「定義」したのである。つまり、「見解」は、その一〇年後に具体化されることになる武力行使を伴わない自衛隊による米軍や多国籍軍への後方支援、またそれらとの共同・連携活動を「憲法上許される」という解釈を打ち出すための布石としてあったのである。

ところで、「見解」は、稲葉誠一（社会党）が「憲法、国際法と集団的自衛権に関する質問主意書」で質問した内容に対する政府の答弁としてまとめられたものである。稲葉が質問したのは、次の五点である。①内閣としての集団的自衛権の統一した定義、②独立主権国家たる日本が当然のこととして保有する自衛権概念に集団的自衛権も含まれるのかどうか、③集団的自衛権は憲法上「禁止」されているのかどうか、もしも禁止されているのであれば、憲法のどこにそのように規定されているのか、④あるいは、禁止されていないという解釈であれば、政策上の問題として「やらない」としているのかどうか、⑤集団的自衛権を仮に日本が持たないとして、防衛上、実質的な不利を蒙ることがあるのかどうか。

②は、集団的自衛権を政府が合憲／違憲性を判断するときの「法源」、つまり、政府がこれを国家の「自然権」である「自衛権」と同様に解釈しているのかどうかについての質問であり、③は、従来の国

会審議において政府が「集団的自衛権の行使は憲法上許されない」とくり返していた憲法解釈上の根拠について、④は、集団的自衛権を憲法の規範問題として政府が捉えていなかったのであれば、政策次元の問題として「行使しない」と言っていたことになるが、それに関する政府としての正式な見解を求めた質問である。

稲葉は、答弁されるまでに三五日間という異例の時間がかかったことに触れ、「ところが、来たものはやけに簡単なんですね。実に簡単で、私の予期していたものとは全く違うのです」と参院法務委員で語っている（一九八一年六月三日）。しかし、稲葉は、内閣法制局が三五日間に及ぶ外務省や防衛庁などとの政府内部での検討結果として、稲葉の質問一つ一つに対する明確な回答を意図的に拒否したことを理解しなかった。「やけに簡単」なものにする理由が内閣法制局にはあった、ということだ。「見解」は、きわめて周到に文面が練られた、霞が関文学の傑作の一つに数えることができるだろう。

日米安保と集団的自衛権、ふたたび

「見解」の二点目の問題は、日本（自衛隊）が集団的自衛権を行使するとしたら、その第一の対象が米国（米軍）であるにもかかわらず、安保条約について何も触れていないことである。

第二章でみたように、安保条約は、北大西洋条約や太平洋安全保障条約（ＡＮＺＵＳ）とは違い、締約国が他の締約国に仕掛けられた武力攻撃を自国の対する攻撃と捉え、これに対して武力行使をはじめとした「あらゆる必要な措置」をとることを明文化していない。米国が日本を「守る」ことも条文からは読みとれない。日本は米国に、基地その他の施設や便宜を旧条約に引き続いて提供し、米国と防衛上の「相互援助」をはかりはするが、米国が受けた／受けようとする武力攻撃を日本に対する攻撃と捉え、自衛隊が米軍と共同してこれに反撃を加える、などという規定もない。自衛隊が米軍の「後方支援」をするにしても、それはあくまでも日本の「防衛」に関わることに限定され、しかもその領域は「日本区域」内のこととされている。ここに安保条約が日本の領域外における米軍に対する「後方支援」はもとより、米軍と互いに集団的自衛権を行使しあうことを定めた条約とは言えない根拠がある。安保条約における日本の任務は、どこまで行っても「日本区域の平和と安全」を越えることはないし、条約上、越えてはならないのである。

「見解」が霞が関文学の傑作だというのは、まさに安保条約には何も触れず、政府の憲法解釈との関連のみにおいて、しかもきわめて一般的な形式で集団的自衛権を定義しているからである。これでは日米間の唯一の「安全保障」条約たる安保条約の抜本的改定を行わずして、政府が憲法解釈を変更するだけで「自国［＝日本］と密接な関係にある外国［＝米国］に対する武力攻撃を、自国が直接攻撃されていないにもかかわらず、実力をもって阻止する」ことが可能になってしまう。「見解」は明文改憲と安保条約の改定、いずれも行うことなく集団的自衛権の未来における行使に道を開いたのである。

一九六〇年の「安保国会」において、日本の個別的自衛権と国連憲章第五一条に基づく日本の集団的自衛権の保持を認めながらも、武力によるこれらの行使を否定した社会党は、「軍事同盟」条約としての安保の改定が米国との集団的自衛権の行使につながるとしてこれに反対した。これに対し、岸政権は安保条約第五条1項によって米国の日本防衛が明文化されたと何度も強調しながら、米国が行使するのは米軍基地が攻撃された場合には個別的自衛権、日本の領土が攻撃された場合には集団的自衛権になるが、いずれの場合も日本が発動するのはあくまでも個別的自衛権であって集団的自衛権は行使しない、それは「憲法上許されない」と言明した。この岸の論理を、ここでもう一度検証しておこう。

在日米軍基地が攻撃された場合に、米国が個別的自衛権を発動するという岸の主張に異論はない。しかし、日本が個別自衛権しか発動しないのに、米国のみが集団的自衛権を発動し、日本を守るという主張は、安保条約が条約上そうなっていないことに加え、米国という国家が他国のために国益を捨て、自国の犠牲も顧みない「正義の味方」、スーパーマンのような存在でないかぎり、現実政治においてはありえない。

では、仮に岸の論理を受け入れたとしたらどうなるか。今度は逆に、「日本有事」に際して日本が米国と集団的自衛権を行使することを認めないと辻褄が合わなくなってくる。日米が「共同」して「日本防衛」にあたると言いながら、その「共同防衛」を日本と米国が、前者は個別的自衛権、後者は集団的自衛権といったように別々の自衛権の発動によって説明することになるからだ。むしろ、岸は次のように説明すべきだったのである。

「日本は日本の防衛に限定した個別的自衛権を発動するが、それによって米国との集団的自衛権を行使することになる。ただしそれは、あくまでも自衛の範囲内であり、憲法上も許され、国連憲章によっても保障された措置である。しかし、現段階においては、日本が集団的自衛権を行使する客観的条件がない。有事法制は整備されていないし、自衛隊の作戦計画もない。「自衛のための措置」をとる自衛隊そのものが実力不足で、訓練さえ行われていない。さらに、「共同防衛」のための指揮体制も確立されていない。ゆえに、日本は自衛戦争であれ、とても戦える国家ではないし、その日本に集団的自衛権を行使できるはずもない。それが現状であり、集団的自衛権が行使できるようにするための立法的および行政的措置は、すべて私の政権以降に託さざるをえない。その体制が整備された時点で、安保条約は日米が相互に集団的自衛権を行使する軍事同盟条約へと、改憲後の憲法上の規定と手続に従って改定されることになるだろう。そのとき、日米関係は名実ともに同盟関係になる」と。

岸は安保を国会で通す「戦術」として、これが軍事同盟ではないことを強調せんがために「日本は個別的自衛権しか行使しない」と頑として言い張った。そしてそのことが、その後の集団的自衛権をめぐる政府答弁と解釈を呪縛することになったのである。

さらにもう一点、ここで確認しておきたいのは、内閣法制局としては集団的自衛権を憲法の規範問題ではなく、政府の政策次元の問題として処理したいという思いがずっとあったし、今もあることだ。政治家は憲法問題を政治的方便としていくらでも語るが、法解釈のエキスパートたる内閣法制局にとって、たとえ例外的にであれ、国連憲章が保障した「権利」をその行使を含めて国家の主権概念から排除し、国家を縛るなんていう話はありえない。政治家や政党は栄えては滅びる一過性の存在にすぎないが、官僚は不滅である。だから、国連時代の日本の「安全保障」の切り札、集団的自衛権の行使を憲法の規範問題や特定の国家（米国）との条約に直結させては絶対にならないのである。この点は、岸を含む官僚出身の自民党の政治家たちもよく心得ていた。

「安保国会」における法制局長官林修三のとても苦しい答弁を聞いてみよう。林がそこで集団的自衛権を安保条約と結びつけることを巧妙に避けていることが理解できるはずである。

この［安保］条約第五条についての日米間の了解は、お互いに、いかなることを第五条においてやるかということの内容でございまして、それが個別的自衛権ではいけないのだ、集団的自衛権でなくちゃいけないのだとか、あるいは集団的自衛権でなくて、個別的自衛権だということ自身、別に日米間でそれを云々すべき問題ではないと私は思います。日本はいかなることを宣言し、アメリカはいかなることをするということを、約束したということ自身が問題でございます……。こういう問題を集団的自衛権というような言葉を使う学者もございますけれども、少なくとも私どもは集団的自衛権ということを援用しなければ説明できない問題ではない、個別的自衛権をもって十分説明できる範囲のものである、かように考えておるわけであります。（一九六〇年四月一一日、衆院「日米安全保障条約等特別委員会」）

条約上においてその規定がなく、しかも現実においてそれが可能でもないのに、安保条約に関連づけて日本が集団的自衛権を行使する、と日本の側から明言するわけにはいかない。そんなことをすれば、日本としてその準備もできていないのに米国の世界戦略に引き回され、丸呑みされてしまいかねない。また、自衛隊の海外派兵と武力行使を「憲法上許されない」として一律的に否認した以上、立法措置によってその抜け穴を作るまでは、海外での展開が不可避になる集団的自衛権の行使を安易に「できる」「できない」と断言することも避けねばならない。

おそらくは、旧安保条約を締結した時点で、「日本は必要最小限度の自衛権の行使が憲法上許されているように、必要最小限度の集団的自衛権も許されている」とでも言っておけばよかったのだろうが、自衛隊もまだ創設されていない状況においては叶うはずもなかった。政権基盤が不安定だった吉田政権は、「必要最小限」の集団的自衛権の行使と武力行使との違いをめぐる与野党からの追及によって安保とともに轟沈する可能性さえあったからだ。まずは対日「平和」条約とセットで旧安保条約を国会で通すこと、次に防衛庁設置法と自衛隊法を通すこと、そして改定安保を国会で通すこと……。こうしたその時々の喫緊の政治課題に追われる中で、本来個別の立法措置を通じた政策次元の問題として処理すべき性格の集団的自衛権の行使が、いつの間にか自衛隊の海外派兵および武力行使問題一般と渾然一体化してしまったのである。明文改憲をせずに憲法九条体制の下で、「本土防衛」の目的以外で自衛隊を海外に出すためには、そのための国内法的整備と国内政治の機が熟すのを待たねばならない。明文改憲を行わないという政府の立場を明確にせんがために、集団的自衛権の行使・海外派兵・武力行使を全部ひっくるめて「憲法上許されない」と公言しても、さしあたって政策遂行上の支障がなければ「問題なし」とするほかなかったのである。

それでも（内閣）法制局と外務省条約局は、当初より武力行使を伴わない（しかし、「武器使用」は伴う）自衛隊の海外展開と集団的自衛権の行使は「憲法上許される」という解釈に立っていた。旧安保条約の締結後に「芦田修正」（一六四頁）が活きてくるのは、この文脈においてである。一九八一年の「見解」は、何か新しいことを述べたものではなく、自衛隊創設以降のそうした政府当局の見解を、きわめて簡潔にくり返したものにすぎなかったのである。

3　自衛隊の多国籍軍への参加と集団的自衛権

次に、安保条約を法的根拠とせず、「国際の平和と安全を維持するために」（と称して）、国連安保理決議に基づき組織された多国籍軍への自衛隊の参加と集団的自衛権をめぐる霞が関イリュージョンの種明かしをしておこう。

この多国籍軍には、大きく分けて有志連合の多国籍軍と国連ＰＫＯの下に結集する多国籍軍の二つがある。話を複雑にするのは、後者の機能を事実上前者が担うこともありうることだ。アフガニスタンの事例で考えてみよう。

ＮＡＴＯが国連から「授権」したアフガニスタンの国際治安支援軍（ＩＳＡＦ。外務省その他では「国際治安支援部隊」と訳されているが、戦闘行為を行ってきたので「軍」と訳すのが妥当である）は、国連ＰＫＯそのものではないが、国連ＰＫＯのような多国籍軍である。アフガニスタンにおける「平和と安全／安定」そして「治安」を「維持」する任務を負い、そのことを通じて国連アフガニスタン支援ミッション（ＵＮＡＭＡ。国連および国際機関によるアフガニスタンに対する「人道開発支援」「平和活動」）を軍事的にバックアップしてきたからだが、いつの間にかＩＳＡＦは「治安維持」の限度を越えたタリバーンその他の武装勢力との全面的な戦闘行為＝武力行使を行うようになり、米軍と並んで一般市民の犠牲も多数出してきた多国籍軍である。

さらに話を複雑にするのは、このＩＳＡＦ全体としての作戦展開を事実上「指揮」しているのは米軍であり、その米軍はこれとは別に国連憲章第五一条に基づく個別的・集団的自衛権を発動した対テロ戦争（「不朽の自由」作戦。二〇〇一年一〇月七日〜）を、今ではアフガニスタンとパキスタン両国を股にかけて行っていることである。戦争を違法化し、武力行使を禁じたはずの国連の、対テロ戦争時代における「平和主義」がもたらした現実、それをこの間私たちは世界のイスラーム社会で拡大してきた「テロとの戦い」の現実として目撃してきたわけである。

ともあれ、多国籍軍は前頁のどちらのタイプにせよ、統一した作戦計画の下に、共同あるいは連携して行動する。その過程で場合によっては互いが互いを「敵」の攻撃から守るために「集団的自衛権」を行使することになる。これまで見てきたように、多国籍軍による作戦展開は、それが「治安維持」であれ武力行使を排除しないため、日本（自衛隊）がこれに参加することは「憲法上許されない」と日本政府は一律に否定してきたのである。

この政府見解を決定的に変えたのが米ソ「冷戦」時代の終焉と軌を一にして勃発した、一九九一年の湾岸戦争だった（湾岸戦争に対する日本の関与の経緯については二六七頁を参照）。

湾岸戦争が多国籍軍への参加をめぐるそれまでの政府見解に与えた影響を理解するために、現在の政府見解をまず確認しておこう。旧通産官僚から官僚機構のトップにまで昇り詰めた、小泉政権時代の内閣法制局長官、秋山収の国会答弁である。

私どもの立場として一般論をちょっと申し上げさせていただきますが、我が国の多国籍軍への参加につきまして従来政府が申し上げましたことを簡単にまとめてみますと、いわゆる多国籍軍については、個々の事例によりその目的、任務が異なるので我が国がこれに加わることの可否を一律に論ずることはできず、当該国連決議の内容、それから多国籍軍の目的、任務、編成など具体的な事実関係に沿って、我が国として武力の行使を行わず、また我が国の活動が他国の武力の行使と一体化しないことがいかに確保されるかということを基本にして検討されるべきものである。
それから、当該多国籍軍の目的、任務が武力の行使を伴うものであれば、我が国としてこれに参加し当該多国籍軍の司令官の指揮を受けて活動することは憲法との関係で問題がある。それから一方、当該多国籍軍の目的、任務が武力の行使を伴うものでなければ、我が国としてこれに参加することは憲法上許されないわけではないということでございます。

これは、二〇〇四年六月一日の「イラク人道復興支援活動等及び武力攻撃事態等への対処に関する特別委員会」(参院)において、「武力行使を行うことが明確に規定されたイラクの多国籍占領軍に、人道支援という大義名分があれば自衛隊を参加させることができるのか、憲法違反ではないか」と質した小泉親司(共産党)に対する秋山の答弁である。

小泉は、秋山の答弁が従来の政府見解から逸脱したものと解釈し、憤慨した。「「国連軍」に参加することは、当該「国連軍」の目的・任務が武力行使を伴うものであれば……、自衛のための必要最小限度の範囲を超えるものであって、憲法上許されないと考えている」とした一九九〇年一〇月の政府見解と違う、と小泉は解釈したのである。

一読では、秋山の答弁と一九九〇年の政府見解は同じことを述べているように読める。両者とも、多国籍軍／「国連軍」の目的・任務が武力行使を伴うものであれば、自衛隊がそれに参加することは「憲法上許されない」と言っているかのように読めるからである。しかし細部によく注意すると、巧妙なレトリックを駆使した秋山の答弁が論理展開上の二つの作為を凝らし、一九九〇年の政府見解から逸脱していることがわかる。

作為の一つは、多国籍軍への自衛隊参加の可否が、多国籍軍の目的・任務が武力行使を伴うか否かに応じて変わってくる（＝「一律に論じることはできず」）と、秋山が「ケースバイケース論」を展開していることである。このように言うことによって秋山は、武力行使を目的・任務としない多国籍軍への自衛隊の参加が憲法上許される場合もある（＝「憲法上許されないわけではない」）という立場を明確にした。たとえば、「治安維持」のみを目的・任務とする多国籍軍であるなら、自衛隊が武力行使さえしなければそれに参加することは「憲法上許されないわけではない」といった具合に。もっとも、武力行使を目的・任務としないとはいえ、多国籍軍は任務遂行にあたり「武器の使用」はするかもしれない。しかしそれがあくまでも「治安維持」という目的の範囲内であるなら、自衛隊が多国籍軍に参加することは「憲法上許されないわけではない」――。

では、武力行使を目的・任務とした多国籍軍の場合はどうか。秋山は「一律に論ずることはできず」と言う。つまり、ここで秋山は多国籍軍への自衛隊参加の合憲解釈の余地を残した答弁をしているのである。そこに秋山の二つ目の作為がある。秋山によれば、この場合の自衛隊参加の要件は、自衛隊が①「武力の行使を行わず」、②「他国の武力の行使と一体化しない」、そして③「当該多国籍軍の司令官の指揮を受けて活動」しない、以上の三点になる。

言い換えるなら、仮に自衛隊が、①任務遂行にあたり「武器の使用」をしたとしても、「派遣」目的・任務に「武力の行使」が明記されておらず、②活動現場において多国籍軍の武力行使と一体化せず、③多国籍軍の司令部と自衛隊が連絡・調整をしたとしても、その直接的指揮下に入るのでなければ、これを一律に「憲法上許されない」とすることはできない、という言い方が可能になる。これら三つの条件が満たされる場合において、自衛隊が多国籍軍に参加することが「憲法との関係」で「問題」があるか否かについては、「具体的な事実関係に沿って」「検討されるべきである」、と秋山は言っているのだ。これは明らかに、武力行使を目的・任務とする「国連軍」（多国籍軍と読め）への自衛隊参加を一律に「憲法上許されない」とした一九九〇年の政府見解からかけ離れた答弁である。共産党の小泉親司は、そこを突いたのである。

秋山の答弁が一九九〇年の政府見解と違う、という意味では小泉の指摘は正しい。しかしそれが「憲法違反」であるかどうかについては、「芦田修正」を経た現憲法九条が日本（自衛隊）に何を禁じた条文であるのか、その解釈如何によって立場が分かれることになる。憲法九条は武力行使を目的・任務とする多国籍軍への参加を一律に禁じているのか、それともそれは「一律に論じることはでき」ないのか。もしもできないのだとしたら、具体的に何を禁じていると解釈できるのか。それに応じて結論は変わってくるだろう。

もちろん、秋山の答弁を「憲法違反」と主張することはできる。しかし秋山に言わせれば、そうした批判は筋違いであり、誤っている。なぜなら二〇〇四年六月現在、イラク戦争はすでに「終結」しており、イラクは「戦後復興」のプロセスに入っているからだ。たとえ「武器の使用」をすることがあろうと、多国籍軍の目的・任務は武力を行使することではなく、この「戦後復興」のプロセスを促進することにあり、自衛隊の目的・任務もまた「非戦闘地域」で「人道復興支援」を行うことである。しかも自衛隊は「多国籍軍の司令官の指揮を受けて活動する」のではなく、独自の指揮系統に基づき活動するのであって、「他国の武力の行使と一体化」することもない。憲法解釈上、どこに問題にあるというのか。それでもなお「憲法違反の自衛隊の海外派兵反対！」をくり返す、秋山に言わせれば憲法と法律の何たるかを弁えない者に対しては、秋山は次のように答えるはずである。

日本（自衛隊）は武力行使を伴う多国籍軍への参加も、集団的自衛権も行使しない。それは「憲法との関係で問題がある」。しかし、武力行使を伴わない多国籍軍への参加や集団的自衛権の行使については、政府はこれまで一度も「憲法上許されない」と言明したことはない。これは一九八一年の「見解」から一貫した政府の立場である。そして、武力行使をしない自衛隊の海外活動は派兵ではなく、あくまでも「派遣」である。だから、「憲法上許されないわけではない」。そのことを「私ども」は明確にしてきたはずだが、結果として誤解を招いたのだとしたら、その責めは甘んじて受けることにやぶさかではない。しかしそれは、「個々の事例によりその目的、任務が異なる」多国籍軍への、武力行使を伴わない自衛隊の参加問題が具体的な事案としてこれまで浮上しなかっただけのことである。それが今回、「イラク復興支援」という個別の事案として浮上し、ここに個別の法案、「イラク特措法」として提出させていただいている。どうか、ご理解を賜りたい――。

武力行使と武器使用

日本は、自衛隊が武力行使せず、他国の軍隊の武力行使と「一体化」しなければ、多国籍軍に参加できる国になった。残る問題は、何をもって武力行使とするか、政府によるその解釈のみとなる。そこで採用されたのが、一部の憲法学者の学説にもなっている「武力行使＝戦闘行為」論である。派兵と「派遣」に対応する武力行使と「武器使用」を使い分けたうえで、「武力行使＝戦闘行為」を伴うものが「派兵」、そうでないのを「派遣」とする。湾岸戦争の危機を好機に転化し、日本政府は自衛隊の海外展開の合憲／違憲の境界線を、「武力行使＝戦闘行為」を担うか否かという自衛隊の「業務」上の区別と、それが軍事的に可能か否かという「装備」上の区別に置くことに成功した。もちろん、何を「業務」とするかを決めるのも官僚なら、何を「装備」とするかを決めるのも官僚である。そして何をどう決めたにしても、それを「憲法上許されないわけではない」と解釈するのも官僚である。この官僚による憲法解釈における国家権力の行使によって、日本はどこまで「普通の国家」に接近したか？

武力行使をめぐる霞が関イリュージョンのトリックは、「自衛隊が武器使用をしても、それが戦闘行為でなければ武力行使にならない」という解釈そのものの中に隠されている。

一九九二年に制定された「国際平和協力法」に基づく自衛隊の「武器使用」の規制緩和は、一九九八年と二〇〇一年の二回にわたり行われている。その結果、①法の制定当初では「凍結」されていた、いわゆる国連平和維持軍（ＰＫＦ）の「本体業務」への自衛隊の参加が「解除」され、それに伴い、②「武器使用」についても自衛隊は、「自己又は自己と共に現場に所在する他の自衛隊員、〔国際平和協力〕隊員若しくはその職務を行うに伴い自己の管理の下に入った者の生命又は身体を防衛する」ために「武器使用」ができるように緩和された（「国際平和協力法」の全文は、内閣府の「国際平和協力本部事務局」のウェブサイト、www.pko.go.jpを、また法の成立過程については二六四頁を参照）。

もっとも、「武器使用」にあたっての「制約」がないわけではない。「やむを得ない必要があると認める相当の理由がある場合」、しかも「その事態に応じ合理的に必要と判断される限度」という但し書きが施されている。しかし、どのような場合でも軍隊は「やむを得ない必要」があり、それが「合理的」と判断するからこそ攻撃し、「敵」を殺すのである。一見、これらの「制約」は、「防衛」＝自衛のための武器使用が「武力行使」＝「戦闘行為」に発展しないための法的規制のように読める。けれども、現実の「平和維持」の現場では「自衛と攻撃の区別」などありえない。かつて、国連ＰＫＯの大前提としてあった「政府軍と武装勢力間の停戦あるいは和平合意がなされている場合」の「活動」においてでさえ、合意不履行を理由とした戦闘の再開や和平合意の破棄は頻繁にみられた事態であり、武力衝突は必ずといってよいほど発生した。国連ＰＫＯが「治安維持」と「防衛」のために武力を行使した例は枚挙にいとまがない。

そもそも、自衛隊が「自己又は自己と共に現場に所在する他の自衛隊員、〔国際平和協力〕隊員若しくはその職務を行うに伴い自己の管理の下に入った者の生命又は身体を防衛する」ために「武器使用」しなければならない事態とはどのような「事態」なのか。それは、自衛隊を「敵」とみなす現地勢力からの攻撃に対し、自衛隊が反撃するという最悪の事態である。反撃は、当然、敵からの再度の攻撃を招き、それに対し、自衛隊は再び「防衛」のために相手を迎撃しなければならない。少なくとも、そうなる事態を想定・覚悟し、軍事的な態勢をとらねばならない。戦争を知らない政府・与党の国会議員、外務・

防衛官僚が生きる楽園、泰平の天上の世界ならともかく、この「敵・味方」双方による「武器使用」の応酬をして、地上の俗世界では「戦闘行為」＝「武力行使」と呼ぶのである。

紛争当事者間の和平合意の成立とその完全履行、武装勢力の完全武装解除（あるいは武装解除の合意）を大前提として、自衛隊が武器を使用しなくとも任務を遂行できる現地の環境が整備されているのでなければ（そのような「環境」は整備されたためしがない）、「必要最小限度の武器使用」は必然的に戦闘行為＝武力行使へと発展してゆくのである。

「武器使用の国際基準化」論

「武器使用」に関する二〇〇一年の二回目の規制緩和を受け、小泉政権時に組織された「国際平和協力懇談会」（座長＝明石康元国連事務次長）は、「国際基準を踏まえ、「警護任務」及び「任務遂行を実力をもって妨げる試みに対する武器使用（いわゆるBタイプ）」を可能とする」ことを「提言」した（二〇〇二年一二月一八日）。ここで言う「Bタイプ」とは、「自衛」＝「自己保存」のための武器使用を「Aタイプ」とした場合の武器使用の分類をさす記号として使われている。

この「提言」の発表以降、「武器使用の国際基準化」論が、自民・民主の「国防」族をはじめ、読売新聞や産経新聞、その他の雑誌メディアによってくり返しキャンペーンされ続け、「海賊新法」制定（二〇〇八年）の際に議論が再燃したことは記憶に新しい（「国際平和協力懇談会」の「提言」の全文は、首相官邸のウェブサイト、www.kantei.go.jp/jp/singi/kokusai/kettei/021218houkoku.html を参照）。

では、「Bタイプ」で具体的に想定されている事態とは何か。その実例を示したのが、安倍政権（二

○○六～二○○七年）下で組織された「安全保障の法的基盤の再構築に関する懇談会」の「報告書」（二○○七年六月二四日）である。ここでは「国際平和協力」に関連する箇所のみを取りあげることにしたい（「報告書」の全文は首相官邸のウェブサイト、www.kantei.go.jp/jp/singi/anzenhosyou/index.html を参照）。

「報告書」は、「国際的な平和活動における武器使用」と「国連ＰＫＯ等に参加している他国の活動に対する後方支援」という二類型を設定し、それまでの政府解釈を変更し、「妨害排除のための武器使用の国際基準化」とともに、「駆け付け警護」をも可能にすべしと、「国際平和協力懇談会」とまったく同じ「提言」をくり返している。

まず、「妨害排除のための武器使用」について言えば、先述の「防衛」のための武器使用以上に、現実的な戦闘行為をあらかじめ想定するのでなければ成り立たない概念であることを確認しておく必要がある。武装した「国連ＰＫＯ等」の部隊に対し、非武装の「妨害」活動を想定するなどありえない。「懇談会」自身、「ＰＫＦ本体業務への参加等においては必要不可欠」としているように、「妨害排除のための武器使用」とは、自衛隊が国連ＰＫＦと同様に「治安維持」のために武力を行使することを前提にした「規制緩和」なのだ。

また、「駆け付け警護」とは、「同じ国連ＰＫＯ等に従事している他国の部隊又は隊員が攻撃を受けている場合に、その部隊又は隊員を救援するため、その場所まで駆け付けて、要すれば武器を使用して仲間を助けること」だが、これを集団的自衛権に関する一九八一年の日本政府の「見解」、すなわち「自国と密接な関係にある外国に対する武力攻撃を、自国が直接攻撃されていないにもかかわらず、実力をもって阻止する」と対照すれば、自衛隊による「駆け付け警護」が「国際的な平和活動」において集団的自衛権を行使するための「規制緩和」であったことは、もはや明白である。「懇談会」は「駆け付け警護」の必要性について、「他国の部隊や要員を救援しないことは常識に反しており、国際社会の非難の対象になり得る」と言うが、自分たちがいかに本末転倒した議論を展開しているか、その自覚のカケラもみられない。日本政府として自衛隊は武力も集団的自衛権も行使しないという立場を国際的に明確にしてきたはずなのに、その立場を貫いたという理由で日本が「国際社会の非難の対象」になる謂れなど、どこにもないからである。仮に「非難」を浴びるようなことがあれば、「国際的な平和活動」から日本が撤退すればよいだけである。国家に主体性というものがあるとすれば、そういうことを言うのである。

自衛隊の「武器使用の国際基準化」に関する二つの「懇談会」の「提言」や「報告書」の問題性は、武器使用規制の撤廃を、自衛隊の「安全」をいかに「保障」すべきかや、「国際平和協力」活動において集団的自衛権をいかに行使しうるかという観点からのみ論じ、世界各地で起こっている武力紛争をいかにして根絶するか、あるいは非戦闘員（一般市民）の犠牲をいかにしてゼロにするか、そのために日本が何をするか（何をしてはならないか）という問題意識の痕跡さえみられないところにある。二つの「懇談会」ではいずれも、「国連ＰＫＯ等」が現実に抱える数々の問題の解決策はおろか、その改善策さえ語られていないのである。

国連ＰＫＯが抱える問題

「国連ＰＫＯ等」が直面する最大の問題は、スーダン、ソマリア、アフガニスタンなどでみられるような「平和維持活動のベトナム戦争化」、すなわち武装勢力との戦闘行為の泥沼化である。その結果、これらの国々にみられる共通の特徴は、本来、政府軍と武装勢力との武力衝突を中立の立場で仲介・調停すべき「国連PKO等」が、政府軍を支援しながら武装勢力と戦闘行為を行うという最悪のパターンとして現れている。国連そのものが各国の内戦的事態、「紛争」を解決する主体ではなく、むしろ複雑化させる主体として武力紛争の当事者になっているケースが増えている。先にみたアフガニスタンのISAFのように、この傾向は対テロ戦争の突入以降、いっそう顕著になってきている。

もちろん、国連安保理も国連PKO局もそのことを認めない。認めれば、国連が何のためにPKOを派兵しているのか、国連憲章の理念に照らして正当化することができなくなってしまうからである。米国の対テロ戦争とそれによる一般市民の犠牲者の増大を黙認しながら、その尻拭いのために自分たちが存在していることなど、国連としては口が裂けても言えるわけがない。

このほかにも、「国連PKO等」が抱える問題は、①決定的な予算不足と要員不足、②要員の規律問題（一般市民の殺害、女性へのレイプ、武器と麻薬の密輸、腐敗など）など限りがないが、はっきりしているのは、自衛隊の「武器使用の国際基準化」論がこうした問題の数々を一般社会のみならず、派兵される当の自衛隊員やその家族にも意図的に隠蔽する、きわめて悪質な議論だということである。その意味においてこの議論は、日米同盟軍としての自衛隊を、米軍を中軸とする有志連合軍や多国籍軍に参加させ、世界各地に派兵することのみを政治目的にしたプロパガンダにしか聞こえない。「国連PKO等」が抱える数々のきわめて深刻な問題をいかに解決してゆくか。国連安保理としての、また日本政府としての具体的方針や対処がないかぎり、武装した自衛隊の派兵は事態をさらに悪化させるだけであり、やがては不毛な戦闘行為による自衛隊員の犠牲者が続出することになるのは目にみえていると言わねばならないだろう。

二〇一〇年八月、菅直人首相の私的諮問機関「新たな時代の安全保障と防衛力に関する懇談会」（座長＝佐藤茂雄・京阪電鉄最高経営責任者）は、民主党政権としての初の新「防衛計画の大綱」（二〇一〇年一二月公表予定）のたたき台となる「報告書」を首相に提出した。「報告書」では、「基盤的防衛力構想」の否定、非核三原則の「見直し」、武器輸出三原則の「緩和」、「敵地攻撃」の検討、米国を含むグローバル軍事産業との軍事技術・研究開発の推進等に加え、ミサイル攻撃における米国との集団的自衛権の行使についても言及している（「基盤的防衛力構想」とは、日米安保を堅持しながら、「限定的かつ小規模な侵略までの事態に有効に対処する」自衛隊の「均衡のとれた態勢」を構築するという「構想」。一九七六年の「防衛計画の大綱」の中で正式に採用された）。

これらが新たな「大綱」にどこまで盛り込まれるかについては、蓋を開けてみなければわからない。しかし、確実に言えることは、これらすべてが自公政権、とりわけ集団的自衛権をめぐる「見解」の変更に執拗にこだわった安倍政権以降に、外務・防衛官僚によってすでに「既定の方針」とされていた事柄であり、民主党政権が基本的にそれを継承・発展させる政権として登場したことである。とりわけ本章の文脈に照らして重要なのは、これらの政策を全体として推進するためには明文改憲が必要だと（私たちのような市井の人間には）思えるのに、民主党政権付きの外務・防衛官僚は、従来通りの政府解釈の変更と新たな立法・行政措置によってこれらを処理しようとしている点である。安倍元首相は明文改憲を通じた「戦後レジームからの脱却」を叫び、自爆したが、民主党に鞍替えした官僚たちは、新たな霞が関イリュージョンによって、再び私たちを欺こうとしているのである。

六五年前に、一度は完全非武装化された日本。その日本を、憲法解釈への自衛権概念の挿入によって、同じ憲法九条体制下でミサイル武装し、「敵地攻撃」まで現実的射程に入れ、米軍や多国籍軍との集団的自衛権が行使できる国にまで改造する……。この国の官僚が行使する絶大なる権力に、改めて驚嘆せずにはいられない。

第六章　国連憲章第五一条と「戦争と平和の同在性」

（1）　4版　第41232号　毎日新聞（夕刊）　1991年（平成3年）1月17日（木曜日）　（日刊）

毎日新聞 夕刊

湾岸戦争に突入

撤退期限から18時間

米、イラクを爆撃

トマホークとF15

核施設、化学兵器破壊

「砂漠の嵐」作戦

イラク爆撃のためにサウジアラビアの基地を発進する米空軍機。地上施設の明かりまっ暗やみの天空を点と化して飛んでいく＝NHKテレビから

16日、クウェートの前線視察で時計の時刻をチェックするフセイン・イラク大統領＝ロイター

イラクとの開戦についてコメントを発表するブッシュ米大統領＝ロイター

多国籍軍

クウェート含め全土攻撃

大統領官邸、炎上か

イラク軍も応戦

米大統領「攻撃は軍事目標に限定」

TV演説

フセイン大統領 決して降伏せぬ

4カ国が参加

イスラエル全土非常事態を宣言

豪も参戦表明

1991年１月17日の『毎日新聞』（夕刊）（毎日新聞社提供）

世界は今こそ、長年の悲願であった新世界秩序の約束を果たすことができる。暴虐は報われることなく消え失せ、侵略は集団的抵抗によって挫かれるだろう。それが新世界秩序である。そう、その指導権を握るのは米国である。世界の中で米国のみがその道徳上の立脚点とそれを支える手段を合わせ持っている。米国は平和の勢力を束ねることができる世界で唯一の国家なのだ。

ジョージ・ブッシュ（父）、一九九一年一月一九日の大統領一般教書演説より

「戦後思想の荒廃」（展望、一九六五年一〇月号）という吉本隆明の小論がある（副題は「二〇年目の思想状況」）。私はこれを『昭和の思想家67人』（鷲田小彌太著、PHP新書、二〇〇七）で知った。その中で吉本は「戦争と平和の同在性」ということを述べている。

現在の世界では戦争が不可能であることは、すなわち平和が不可能だということであり、戦争が不可避であるということは、そのまま平和が不可避であるということと同義であるという**戦争と平和の同在性**はあらゆる情況の課題をはかるための前提である。そして人間はこの戦争＝平和の不可避的な同在性のあいだに懸垂したまま宙に浮かんでいるといった本質的な在り方をしかもちえないでいる。現在におけるすべての現実的な課題の困難さは、この懸垂の状態におかれた人間の情況に根拠をおい

ている。この情況をふまえないあらゆる論議は、眉につばをつけて聴くべきである……。

現在の世界の情況では、戦争＝平和のはざまに懸垂された状態で生きてゆくことは、知識人にとっても組織的な労働者にとっても辛い困難な課題を強制している。現在の強制的な平和は人間に対して、どんな生き方も卑小であり、どんな事件も卑小であり、それを出口なしの状態で日常的に耐えながら受けとめ、そこから思想の課題を組みあげるということを強要している。どのような無気力な現実肯定の思想にとっても、どのような気力ある変革の思想にとっても、卑小であるがゆえに一層困難な状態を強いている。

ここで吉本は、戦争＝平和の情況の中で「懸垂したまま宙に浮かんでいる」国連時代の人間存在の「卑小」さをふまえずに「戦争と平和」をめぐる言説をくり返していた（と彼には映った）一九六五年の日本の「思想状況」を、痛烈に批判している。そして自らも、己の「卑小」さを「出口なしの状態で日常的に耐えながら受けとめ、そこから思想の課題を組みあげる」という「辛い困難な課題」に直面している、と告白している。

けれども、なぜ戦争と平和がともに不可能であり、不可避なのか。武力行使が平和の名において行われ、それによって平和が保障される制度ができあがっているからだ。戦争としか思えない行為が、国際法と現実政治の世界では戦争と定義しない「取極《とりきめ》」になっているのである。

前章でみたように、戦争や国家の武力行使を原則的に禁止する国連憲章は、禁止するにあたって「国家が武力攻撃を受けないかぎり」という条件を設けている。この条件が守られるかぎり、国家Aは個別に国家Bに対して武力を行使してはならないし、別の国家Cが国家Aとの関係において国家Bに対して集団的自衛権を行使してはならない、また、国連としての「集団安全保障」のために組織される「国連軍」による国家Bに対する武力行使もありえない、ということになっている（「国連軍」はいまだ組織されていない。朝鮮戦争時に結成された、いわゆる「朝鮮国連軍」は米国の反共戦略に基づき、北朝鮮による朝鮮半島の武力統一を阻止するために組織された、実態としては「米軍を中心とした「西側」の有志連合軍」と呼ぶべきものであり、ここで言う国連としての「集団安全保障」のための「国連軍」とは性格を異にしている。なお、終章においては、休戦状態の朝鮮戦争を正式に終結させ、現在でも韓国に司令部を、横田基地に後方司令部を置く「朝鮮国連軍」の解除・撤退の必要性を論じている（二五四頁参照））。

国連にとって平和とは、ただ単に右の「条件」が守られている状態のことを言う。学者はそれを「消極的平和」と呼び、国連と加盟国はそれを「国際の平和と安全が維持されている」と表現する。それでも人類は国際連盟の時代よりは平和に向かって進歩している、ということにするのが国連時代に生きる「世界市民」の約束事である。

そういうわけで、国連の辞書には「戦争」という文字がない。国連憲章は現実の戦争行為を、憲章の平和精神を破った侵略国家や「ならず者」に対する、「やむにやまれぬ」国家の（集団的）自衛権の行使か、「国連軍」による「平和の回復」のための「強制措置」とみなすのである。

そこでは戦争と平和は対立項ではなく一体化する。しかし、国連はそれを一体化とは捉えない。戦争と平和はあくまで国家／国際の「平和と安全」を守るという「普遍的正義」の中に転移し、偽装されるのである。ここに、国連の下で世界秩序が保たれる歴史段階における「戦争と平和の同在性」の特殊な法理が潜んでいる。本章では、その特殊な法理の不条理を日米安保との関係において考えてみたい。

1 「戦争と平和の同在性」の国際法的根拠

吉本が「戦後思想の荒廃」を書いた時代状況を、ごく簡単におさえておこう。

ベトナム戦争と集団的自衛権の濫用

一九六五年という年は、その前年に原子力空母エンタープライズが佐世保に「寄港」するなど、ベトナムに対する米国の本格的な軍事介入が在日米軍の動きにも明白に現れはじめていた年である。その背景には、六四年八月の「トンキン湾事件」を口実に開始された米国の北爆が、この年に南ベトナムの民族解放戦線の拠点をもターゲットに入れた米軍の全面的な武力攻撃として激化するという戦況の変化があった（「トンキン湾事件」とは、北ベトナム海軍がトンキン湾において米艦船を攻撃した事件。後に「ペンタゴン・ペーパーズ」の暴露（一九七一年）によって攻撃は米国が仕組んだ謀略が引き金になっていたことが判明する）。こうした戦況の変化を反映してこの一九六五年という年は、一九六〇年代後期から七〇年代初期にかけて世界的に高揚したベトナム反戦闘争が日本でも高揚の兆しを見せはじめていた年でもあった。

第二次世界大戦後、朝鮮戦争を凌ぐ最大の戦争犠牲者を出したベトナム戦争は、そもそも米国と同じ安保理常任理事国（P5）であるフランスが「民族自決」に基づくベトナムの独立（一九四五年）を認めず、米国からの莫大な軍事援助によって植民地支配を武力によって維持しようしたことに端を発している（一九四五年から五四年まで、米国はフランスの戦費の三〇％に相当する軍事援助を行ったとされている）。しかし、結局フランス軍は敗北し、一九五四年のジュネーブ協定によって完全撤退する。

ところが、この協定に調印しなかった米国が、第三国による軍事援助を禁止した協定内容を無視し、翌一九五五年よりフランスに代わって南ベトナムへの直接軍事援助と介入を開始する。また、一方の北ベトナムに対しては革命後の中国、そして旧ソ連が支援するようになり、ベトナム戦争はいわゆる「米ソ代理戦争」の様相を深めながら――米国の戦争史観から言えば――「出口戦略」なきまま「泥沼化」してゆくことになる。吉本が「戦争と平和の同在性」というときの「戦争」とは、このようなベトナム戦争の状況をさし、「平和」とは、「六〇年安保」後の「高度経済成長」路線の中でベトナム戦争の現実から遮断された「昭和元禄」的日本の平和状況をさしている。

ここで重要視すべきは、「トンキン湾事件」直後に米連邦議会が採択した北ベトナムに対する事実上の「宣戦布告」決議が、①「トンキン湾事件」に対する「報復」＝自衛権の行使、②東南アジア諸国防衛条約機構（ＳＥＡＴＯ。ベトナム戦争終結後の一九七七年に事実上解体）に基づく集団的自衛権、の二つによって正当化されたことだ。しかし、南ベトナム政府はＳＥＡＴＯの締約国ではなかった。米国は他の締約国を巻き込み、ベトナム全体をＳＥＡＴＯが「保護」すべき地域と主張し、北ベトナムに対する武力攻撃を行ったのである。

第二次世界大戦後、国連憲章第五一条に基づく集団的自衛権の行使を名目に、最初に他国への軍事介入を行ったのは「ハンガリー動乱」(一九五六年)の際の旧ソ連である。その二年後には、米国とイギリスがそれぞれレバノンとヨンダンへの派兵を決定し、ソ連に続いた。つまり、一九六〇年の安保改定までに個別的自衛権と集団的自衛権を使って他国への軍事介入や武力攻撃を正当化し、「国際の平和と安全」を脅かしていたのは、ほかでもない安保理常任理事国(P5)だった、ということになる。しかも問題は、これらの軍事介入や武力行使が国連憲章および国際法の観点からみていかに不当であろうと、国連および安保理はそれをやめさせるための権限も強制力も何一つ持たなかったところにある。

たとえば、ソ連のハンガリーへの軍事侵攻は、当初はハンガリー民衆の反政府デモに対する弾圧として、後にはワルシャワ条約機構からの脱退によって東西対立からの中立を宣言したハンガリー政府に対するみせしめ的侵略・占領として行われた。また、レバノンへの米国の派兵は、レバノン政府が国連安保理に対し、アラブ連合共和国による内政干渉を報告したことを発端とするが、この訴えに基づき国連はレバノンに調査団を派遣、結局内政干渉の証拠は見出せないという報告をまとめるも、一方の米国はこの報告を無視し、「レバノン政府からの要請」を口実に——ベトナム戦争に先駆け——集団的自衛権の行使に踏み切ったのである。

冷戦時代のその他の集団的自衛権の行使には、チェコスロバキアに対するソ連(一九六八年)、アフガニスタンに対するソ連(一九七九年)、中米ニカラグアに対する米国(一九八一年)、アフリカ大陸のチャドに対するフランス(一九八三、八六年)などの事例がある。しかしどう控え目にみても、そのどれもが民族解放、独立、軍事同盟からの自立、あるいは内戦といった国内問題に対するP5による介入であったという印象は拭えない。それでも、世界の核大国による武力行使と軍事介入は「国連憲章上の規定と手続に従って」「国際の平和と安全」のためと称して行われ、P5自体が（たとえば、イラク、イラン、北朝鮮などが受けてきたような）国連の制裁措置を受けることはなかったのである。

旧植民地帝国と新興の植民地帝国が連合し、植民地諸国の「民族自決」を掲げた独立闘争を武力によって弾圧する。それでも叶わなくなると、今度は何の民族的根拠もない「停戦ライン」によってその民族と領土を分断する。分断された旧植民地に対し、二つの陣営に分かれた帝国が、「拒否権」をもてあそびながら、個別的自衛権や集団的自衛権を口実に軍事介入や武力攻撃をくり返す。「悪いのは共産主義の侵略だ、いや帝国主義だ」と批判し合い、互いに行動を正当化しあう――。

これが「共産主義 vs. 帝国主義」という言説上の対立図式を剝ぎとった後に残る冷戦時代の国際政治のリアリズムだった。「共産主義」に対するパラノイアを煽ることは、「帝国主義」に対するそれとともに、P5体制を護持する国連統治のテクノロジーとして最大限に活用されたのである。

国連による「安全保障」の三層構造

そもそも、「世界の核軍事力と核および通常兵器生産の大半を支配するP5の合意なくして世界秩序は守れない」という前提のうえに成り立つ国連の「安全保障」体制自体が理不尽である。拒否権の発動は冷戦時代と比較すれば大幅に減少しているとはいえ、冷戦崩壊から二〇年も経つというのに拒否権の保持にいまだP5は頑強に固執しているし、NATOをはじめとした「仮想敵国なき軍事同盟」の発展的解消の道も閉ざされたままだ。これではヤルタ会談（一九四五年二月）によって国連創設に合意した米英ソの三国は、第二次世界大戦によってリシャッフルされた世界を、それぞれの系列の下に再分割する密約を交わしながら、冷戦時代の「東西対立」を演出していただけではなかったのか、そしてその下でP5は、その他すべての国連加盟国に対して核軍事力の絶対優位を保ちながら、全世界を武器と商品生産の捌け口、資源の供給源として位置づけ、新秩序の下での覇権構築のために次から次に「紛争」を起こしてきただけではなかったのか、とさえ思えてくる。

しかし、そう言ってしまっては身も蓋もない。こうした冷戦時代の国連批判が「普遍的」な妥当性を持つためには、安保理の意思決定のあり方を含めた国連全体の意思決定構造の「民主化」やプロセスの透明化など、国連憲章に内在した分析と批判が欠かせない。人類すべてがP5に対して批判や「請願」を集中したところで、最終的には国連憲章を変えなければ国連統治の基本構造は何も変わらないからだ。権力が法と軍に宿り、法と軍によって人間が統治されるという近代における国家と個人の関係は、そのままP5と国連加盟国との関係にもあてはまるのである。直接的には国家によって、しかし実は間接的には国連によって統治されている主体として国連憲章と向き合い、戦争＝平和が依って立つ国際法的存立構造を変革する以外に王道はない。

国連憲章は、「国際の平和を安全」を守り、維持するために安保理に強大な権限を与え、加盟国に対してその決定／非決定に従うことを強制している。そして、安保理決定において、「常任理事国の同意投票を含む」という憲章第二七条3項の規定によってP5の拒否権の行使を保障し、P5以外の加盟国の主権行使を抑制しながらP5の主権行使は制約を受けない仕組みを制度化している。さらに、国連憲章は、核大国が自国の国家戦略に基づき個別的・集団的自衛権を行使できる個別的・地域的な軍事同盟機構の設置を認めており、Ｐ５が互いに利害調整をしながら第二次世界大戦後の世界秩序を維持することも保障している。

このような現行の国連憲章が存続するかぎり、仮に旧ソ連や中国などの「共産主義国家」が内部崩壊したとしても、その後のロシアの事例が示すように、Ｐ５は核大国としての国際的権力を半永久的に行使できる仕組みになっている。そしてこの仕組みこそが、「国際の平和と安全」を守るべきＰ５が「国際の平和と安全」を破壊するという、冷戦時代の戦争＝平和を生み出し、それに対して何ら効果的な措置もとれなかった国連の「平和主義」を支えていたのである。

国連憲章によれば、加盟国の「平和と安全」は次の三つによって究極的に「保障」されることになっている。①国家自身の戦力による個別的自衛権の行使、②二カ国以上の個別的・地域的安全保障（集団的自衛権の行使）、そして③国連による「集団安全保障」（「国連軍」による強制措置＝武力行使）、である。

ところが、先に述べたように「国際の平和と安全」を「維持」する③の「国連軍」は未だ組織されたことがない。したがって実質的には、加盟国の「平和と安全」は冷戦時代も今も、軍事同盟機構に属していない国家は①によってのみ、また軍事同盟機構に属している国家は①と②によって保障される、ということになっている。しかし、武力行使のない世界の創造を基本理念とする国連が「国際の平和と安全」を国家や国家連合による武力によって維持するということ自体に矛盾がある。そもそもヤルタ会談によって国連創設に合意した米英ソとフランスが、③の実現に向け、自国の軍隊を率先して「公正・中立」の「国連軍」として組織し、加盟国に模範を示しながら戦後世界を牽引するという安保理常任理事国としての使命と責務を果たしていれば、②の世界的な軍事同盟機構を漸進的に解消し、さらには①のために必要とされる各国の軍事力の規模を大幅に縮小させることも可能だったはずである。もっと言えば、米英ソ仏の安保理常任理事国が、

一、体制間の対立を口実に自国の核軍拡に走らず、

二、もっと早く植民地支配からの解放を求めた国々の正当な要求を認め、独立を承認し、

三、他国の内戦的事態に軍事介入せず、

四、世界各地の国境・民族紛争の調停役としての役割を積極的に果たしていたなら、

集団的自衛権の行使はもちろん、「国連軍」を組織する必要さえなかったかもしれない。少なくとも、この四大国が右の条件を少しでも満たそうとしたなら、仮に「国連軍」を組織することがあったとしても、最小規模・最小期限のもので対応できただろう。

けれども、現実はそうならなかった。「われらの一生のうちに二度まで言語に絶する悲哀を人類に与えた戦争の惨害から将来の世代を救い」「寛容を実行し、且つ、善良な隣人として互に平和に生活「する」」（国連憲章前文）という安保理常任理事国としての使命と責任を、米英ソ仏の四大国ははじめから果たそうとする意思を持たなかった。国連はそのはじまりから戦争＝平和の世界的レジームとして出発していたのである（ここで「米英ソ仏」とし中国を含めていないのは、中国が中華民国（台湾）に代わり安保理常任理事国となったのは一九七一年であり、右の一から四の責めを中国に負わせることはフェアではないと考えるからである）。

2　国連憲章の死文化と憲章第五一条――「ダンバートン・オークス提案」の修正をめぐって

何とも奇妙な話であるが、戦後の日本社会において、右に述べたような国連観はタブー視されてきた。第二次世界大戦の戦勝連合国の国際機関としての国連に対し、敗戦枢軸国の「敵国」、侵略戦争の責任を負う国家として出発した日本は、米軍を通じた米国と国連の「寛大なる人道復興援助」によって敗戦直後の飢えをしのいだという国家的原体験があるからだ。「ヤルタ‐ポツダム‐サンフランシスコ体制」という戦後の新世界秩序を無条件に受け入れるしか国家的延命の道はなく、国連の統治構造や国連憲章を批判するなどということは「ありえない話」だったのである。日本社会の根強い「国連幻想」の起源はここにある。

これに輪をかけたのが、「資本主義 vs. 共産主義」「自由主義 vs. 全体主義」の二項対立によってすべてを括り、処理しようとする政治的言説である。国際政治が「東西対立」「冷戦」という認識的枠組の中で分析されたことで、その「対立」なるものが実は「東西」に分かれた安保理常任理事国による世界支配、新世界秩序形成の合意のうえに成り立っていたことを見えなくさせていたのである。そのことは、たとえば、「ソ連は悪魔の帝国。共産主義は核武装によって世界支配を目論んでいる」vs.「米国の核は核戦争のためだが、ソ連や中国の核は平和のため」といった論理がどのような認識的枠組において可能であったかを少し考えてみるだけでわかるだろう。「冷戦」という世界的「共同幻想」は、それほどまでに人間の批判的理性と常識的判断力を麻痺させていたのである。

そのような思想状況においては、国連憲章に基づく国連の統治構造のあり方と日米安保とを関連づけ、前者の能動的変革によって後者の存在理由をなくしてゆく、といった論議（終章）は出てきようがなかった。しかも、「国家が固有の権利として自衛権を持つのは当然である」という二〇世紀的国家観に日本全体が「国民的」に囚われていたのであるから、なおさらである。

次に、冷戦時代の戦争＝平和の元凶、集団的自衛権の濫用の国際法的根拠となった国連憲章第五一条の成立過程をおさえ、これを安保改定時の岸内閣がいかに捉えていたかを検証してみよう。

国連憲章第五一条の成立過程

国連憲章の元になった、いわゆるダンバートン・オークス提案（「一般国際機構設立のための提案」一九四四年一〇月九日）の時点では、米英ソ仏の欧米列強が集団的自衛権を濫用しようにもそのための条文がなかった。国連憲章第五一条としてその内容が挿入されたのは、サンフランシスコで開催された国連設立のための連合国会議（サンフランシスコ会議。一九四五年四月二五日～六月二六日）においてであった。

まず、サンフランシスコ会議が行われていた期間に注目したい。この会議を仕切りながら米国は、二〇万人以上の犠牲者を出した沖縄上陸作戦を展開し、本土の地方都市での爆撃をくり返していた。そして、国連憲章の採択後に、国連安保理常任理事国として広島と長崎に原爆を投下した。裏返して言えば、天皇が「統帥」する大日本帝国軍隊は、サンフランシスコ会議が開かれ、国連憲章が採択された事実を知りながら、降伏を引き伸ばし、八月一四日まで「一億玉砕」を叫びたてていたのである。

いつの時代、どこの国であれ、国家の「平和と安全」の犠牲になるのは、ただの市民、普通の人間であるが、国連設立決定から「八・一五」に至る過程で殺された者たち――無論それは日本軍によって殺された者たちを含む――の死にいったいどのような意味があり、誰がその死の責任を負い、贖うのか、何も決着をみないまま六五年の歳月が流れてきたことをここで改めて記憶に留めておきたい。

さて、サンフランシスコ会議では、世界機関としての国連と地域機構との関係を協議する委員会が設置され、ダンバートン・オークス提案に対するさまざまな修正案が審議された。結論的に言えば、この委員会の最終報告書が現在の第五一条とほぼ同じ内容の条項を盛り込んだ**米国提案に沿って**まとめられ、これにより**安保理に事後報告はするが事前承認は必要としない個別的または集団自衛の「権利」**が新しい国際法的権利として認められるようになったのである。

しかし、これには伏線があった。サンフランシスコ会議に先立ち米国は、「戦争と平和の問題に関する汎米会議」（一九四五年二～三月）において採択されたチャプルテペック協定（一九四八年に発効した米州相互援助条約の原案となったもの）の中に「集団自衛の権利」を盛り込むべく事前の政治工作を行っていたのである。これは、汎米会議にさらに先立つヤルタ会談（一九四五年二月）において、安保理の表決方式に常任理事国の拒否権を導入することが合意されていたという事情による。つまり、この合意によって米国は、自らが関与する個別的・地域的軍事同盟機構の武力行使がソ連の拒否権発動によって否認されるという可能性に対処しなければならなくなったわけである。

一方、国連憲章第五一条の成立過程を辿るときに見落としてならないのは、米国がこの条項の導入に積極的役割を果たした反面で、実はサンフランシスコ会議に参加した米国代表団の中には五一条に反対した者たちがいたことである。一九六〇年五月三日の衆院安保特別委員会において、社会党の穂積七郎は元米国務長官ダレスの「戦争か平和か」と題された回想録（一九五〇年）を引用しながら、その事実を紹介している。

ダレスの回想録によれば、米国の代表団の中には「[国連憲章の中の]安全保障理事会の規則に、これ以上の除外例を挿入すべきではないと考える者がいた」らしい。

もしダンバートン・オークス［提案］及びヤルタ提案がこれ以上たがをゆるめられて、独立した地方的の強制行動を許すようになれば、国際連合という世界機構はついに有力な存在とはなり得ないであろうし、世界は小国群によって囲まれた大国の勢力範囲に分割されてしまい、これらの地域的集団は武装した陣営のようなものになって行き、全世界的な秩序の可能性は消え失せてしまう。

そう彼らは考えたのである。その結果、米国代表団は第五一条を国連憲章の中に挿入するかどうかをめぐり分裂し、統一した立場をとれなくなり、トルーマン大統領の裁決を仰ぐことになる。言うまでもなく、トルーマンは代表団の中の五一条支持派の意見を採用した。ダレスによれば、こうして「第五一条の方式はサンフランシスコ会議で正式に採用され、ここに「集団的自衛」の可能性——測り知ることのできない価値のある可能性——が生れたのである」。

集団的自衛権の「測り知ることのできない価値のある可能性」は、米国代表団の五一条反対派がまさに警告したように、「地域的集団」を「武装した陣営」にし、戦争のない世界秩序の可能性を破壊した。五一条に反対した米国代表団のメンバーたちにしても、まさか自分の国が以後その結果を招いていく張本人になろうとは、夢にも思わなかったに違いない。

ダンバートン・オークス提案と国連憲章第五一条の関係は、喩えて言えば、日本における「帝国憲法改正案」と「芦田修正」の関係と同じである。もしもサンフランシスコ会議において米国主導の修正が施されていなければ、第二次世界大戦の元凶としてあった自衛権の行使を米ソ英仏が再び（しかも「個別的」と「集団的」とに使い分けて）自国の武力行使や軍事介入の口実として正当化することはできなかったわけだし、地域的機構による武力行使も安保理の事前承認を得なければならず、そのことが後のP５による武力行使を規制する機能として十分作用したはずだったからである。

国連憲章第五一条に対する日本政府の見解

では、日本政府は国連憲章第五一条をどのように捉えていたのか。

「安保国会」における穂積七郎の質問に対し、政府を代表して答弁に立ったのは、ここでも内閣総理大臣でも外務大臣でもなかった。第二章に登場した外務省条約局長、高橋通敏である（高橋は、安保条約の調印の際に、米国が核兵器の所在を日本に明らかにしない政策（ＮＣＮＤ）を日本が承認した、いわゆる「核密約」に関して米国大使館から説明を受けていた人物である。外務省が「紛失」した、ということにされている密約文書の一つにその「高橋・マウラ会談記録」が含まれている）。

高橋は、五一条をどう「価値判断」するかは「相当な学問的な問題」としたうえで、「しかし」と続けながら次の四点にわたって五一条擁護論を展開した。

一、「どんなに最高の法制的に発達した社会」においても「正当防衛の権利」は「必ずある」。「絶対にこれがもうなくなったというような最高に発達した法的社会は考えられない」。
二、国際社会は「いわゆる一般的な安全保障機構の持つ客観性と、個別協定の持つ能率性、これをどういうふうに調和して世界の国々が安心するような安全保障機構ができるかということで国際連盟以来苦心惨たん」してきた。五一条は「その発展の、進歩の一つの表現」である。
三、「五一条の規定をもし置かなかったならば国連憲章全体が崩壊する」。「われわれは五一条を採用して、不十分ではあるかもしれないけれども国連という組織を採用するか、それとも各自がもう荷物をまとめて帰ってこの戦後の平和組織をだめにするかという岐路に立った」。
四、五一条に基づく「自衛権によってとった措置は、必ず安保理事会に報告しなければならない」し、とられたその措置は「安保理事会が措置をとるまでの間である」。ゆえに、「安保理事会で審議されることによってその批判を受け」るという「制限のもとに置かれている」。

右の四点の論拠が崩れるなら、日本政府が五一条によって旧安保条約の締結およびその改定を国際法的に正当化した論拠も崩れ、破綻する。破綻は、明らかである。

高橋の五一条擁護論は、一、個人が他者から暴力を受けた場合の「正当防衛」権を「国家」なる実体にそのまま適用している誤りに加え、二、五一条の成立過程に米国が果たした役割をまったく無視している。しかも、三、その米国を筆頭とする安保理常任理事国が国連憲章の精神を実現する使命と責任に自ら背いてきたことも免罪している。さらに、四、拒否権の存在に明らかなように、安保理が常任理事国を全体の意思決定の「制限」下に置くことなど不可能である現実を度外視している。安保条約の国際法的根拠が五一条にある以上、五一条を否定するようなことは政府として言えないのだろうが、それを考慮に入れたとしても高橋の答弁は五一条が生まれた歴史的経緯と国連憲章に内在する問題点をまったく省みない「五一条無条件肯定論」に終始していると言わざるをえない。

五一条に対する日本政府の見解については、岸信介が高橋よりももっとわかりやすい説明をしている。安保改定に向けた日米交渉が大詰めを迎えようとしていた頃、羽田を飛び立つ前のインタビューに答えた岸の発言である。

> 理想からいえば、安保条約も行政協定もない、日本自らが防衛していて駐留軍はいない、そして日本の究極の安全保障は国連において集団安全保障されるという姿になるのが一番のぞましいのだが、しかしそこまで一挙にいけるものではない。おのずからそこへいくようになるような、いろいろな環境を作っていかなければならない。（『戦後日本の知識人――丸山真男とその時代』都築勉著、世織書房、一九九五、二七七頁）

岸がここで展開しているのは、「安保＝冷戦の産物」論である。国連体制の下で軍隊を持つ普通の国連加盟国は、どの国とも個別的・集団的安全保障条約を結ばず、国連の集団安全保障の下に置かれるのが「理想」であるが、しかし冷戦があるから「そこまで一挙にいけるものではない」。まして「自主防衛」ができない日本は「そこ」にいける「いろいろな環境」ができるまでは、米軍に守ってもらうしかない……。

安保条約が改定駐兵条約であって、米国の日本防衛を義務づけたものでないことはここではくり返さない。また私は、「普通の国家」の連合軍による国連の集団安全保障が日本の「安全保障」の「理想」

とは思わないし、「自主防衛」論にも与しないが、しかし安保条約と在日米軍が存在しないことが「理想」だと言った岸の言葉は、今、改めて思い出されてよいと思う。同時に、「日米安保五〇年」の全過程を通じて、岸が言う「そこ」に辿り着くための「環境」を、これまでたった一つでも日本政府が作ってきたかどうかも改めて問い直されてしかるべきだと考えている。

国連に加盟した一九五六年以降、外務省が米国を筆頭とするP5の武力行使や軍事介入、武器の世界的氾濫によって引き起こされてきた戦争や紛争の早期終結のために、能動的・積極的役割を一度でも果たしたことがあったかどうか、いったい何のために「国民」は外務官僚を高い税金で養い、国際・国内機関への天下りまで許してきたのか、外務省主導の「平和外交」なるものの抜本的な総括と全面的事業仕分けが必要である。

外務省の名誉のために言えば、国連加盟当初から外務省が「対米追随」的なスタンスをとっていたわけではない。一九五七年の第一二回国連総会では、軍縮交渉促進と核実験停止に関する決議案を安保理非常任理事国として単独提案したし、翌五八年の米英のレバノン・ヨンダン派兵に対しては、「アラブ民族の自主性尊重、米英軍の早期撤退の実現を要望する」との立場表明を行い、国際社会の支持を集めたこともあった。今では信じられないことだが、国連に加盟したばかりの日本が「米英軍の早期撤退」を国連の場で主張したのである。このことを現在のアフガニスタン情勢に引きつけ、米英軍の早期撤退を日本が要求することになぞらえるなら、それがいかに大胆（しかもきわめて原則的）な発言であったかがわかるだろう。

しかし、日本の「平和外交」は米国の世界戦略から一定の距離をとろうとした、まさにその瞬間に挫折する。一九五八年は安保改定の対米交渉が二年目を迎えていた年であり、自民党内部から「反米的」と受け止められかねない国連発言に物言いが噴出し、一度は「早期撤退」を主張した岸政権は前言を撤回し、米国のレバノン派兵支持に寝返ることになる。以降、米国の他国に対する武力行使や軍事介入を日本が国際舞台において公然と批判したことは一度もない。

米軍を無期限に駐留させることの見返りに、米国の恩恵を受けて日本の経済成長をはかる、それが安保の基本的論理であるのだから、日本が米国の気に障るようなことを何も言えなくなってしまうのは当然だろう。にもかかわらず、安保改定によって日米関係が「対等」「平等」になり、日本は「自主的」「主体的」な「国連中心主義」の「平和外交」に邁進するのだと岸は言った。それが国家的自己欺瞞であるとか、「戦後思想」がそれに慢心してきたと言うのは簡単なことだ。むしろ問題は、安保を批判する側が、そのような認識（P5の拒否権と国連憲章第五一条という二つの制度に支えられた国連の「平和主義」こそが「平和国家日本」という国家的自己欺瞞を可能にしたという認識）をどこまで共有していたのか、そしてその変革のビジョンをどこまで思想の課題として設定しえたか、という点にあったのである。

仮に安保がなくなったところで、国連の統治構造が変わらなければ戦争＝平和は日本の外部のどこかに移るだけである。そうなれば、日本の「平和主義」は国連の「平和主義」もろとも、よりグロテスクな仮面をかむることになる。安保をなくすことが国連の統治構造の変革につながり、それが戦争＝平和を世界からなくす一歩にもつながるという思想は、「安保によって日本が米国の戦争に巻き込まれる」という思想とは異質のものだ。安保に反対した議会政党や戦後の「知識人」が、そういう思想を〈戦後〉思想の遺産として後世に残すことができたかどうか。〈戦後〉思想を総括することは、私たちが今、安保をどのように捉えているかという問題と切り離して考えることはできないのである。

3 安保論争、ふたたび

冷戦時代の戦争＝平和の国際法的根拠が安保理常任理事国による〈集団的自衛権の濫用〉にあったと考えると、吉本が言う「戦争と平和の同在性」は彼が「戦後思想の荒廃」を書いた一九六五年になって初めて現れた現象ではないことがわかる。吉本自身はそれをいつ自覚するようになったのか、またもしそれを自覚し切れなかったことが「戦後思想の荒廃」の理由であるなら、その「荒廃」はいつ始まったのか。たしかに、一〇年に及ぶベトナムに対する軍事援助と軍事介入を経て、「満を持して」米国が全面戦争に乗り出したという意味では、一九六五年は新たな状況変化の年だったと言える。しかし、ベトナムの「民族解放」闘争は戦前から戦われていたし、ベトナムの状況は「暴虐」と「侵略」の大国がフランスから米国に代わり、そこにソ連という同じ安保理常任理事国と革命後間もない中国が絡むなど、一九五〇年代全体を通して悪化する一方だったのである。さらに、五〇年代には朝鮮戦争、第二次中東戦争（一九五六年）もあったし、集団的自衛権を行使し、他国に軍事介入したソ連、米国、イギリスの事例もあった。吉本自身が「知識人」の一人として積極的に関与した「六〇年安保」のときには、このような戦争＝平和の実態は、少なくとも「知識人」や野党の国会議員には明らかになっていたはずである。

とすれば、安保をたたかった吉本自身の「思想」の自己点検のみならず、「六〇年安保」がその総体において「戦争と平和の同在性」をいかに認識していたかを総括的に捉え返すのでなければ、「戦後思想」を超える自らの「思想の課題を組みあげる」ことなどできるはずがない。ましてそれは、「戦後思想の荒廃」や「現実肯定の思想」「変革の思想」などの「卑小」を言ってすまされるような性格のことでもない。戦争＝平和は、国連を通じて行われる国際的「法と秩序」の形成のあり方が、現代に生きる人間すべてに対して突きつけている、まさに国境、人種、民族、ジェンダーを超えた「普遍的」な問題であるからだ。

では、「六〇年安保」においてこの「普遍的」な問題はどこまで自覚されていたのか。結論を先に述べるなら、自覚はきわめて希薄だったと言わざるをえない。それにはいくつかの理由が考えられるが、決定的要因として指摘できるのは、安保反対論が、岸と同様の「安保＝冷戦の産物」論によって展開されたことである。当時においては、安保改定は「西側」の軍事同盟ブロックに日本を固定化させるもの、と捉える安保＝日米軍事同盟論が支配的だったのである。

けれども、安保は冷戦の産物ではない。「冷戦仕様の国連憲章」の産物である。国連憲章による国際法上の権威づけなくして、「東」と「西」に分かれた軍事同盟ブロックの形成はありえなかった。その意味では、国連憲章こそが冷戦の産みの親であり、安保の産みの親なのである。

国連憲章は米英ソによる「新世界秩序」形成に最もマッチした国際法体系として条文化された。また旧ソ連や中国はその国連憲章を忠実に「守り」ながら、「西側からの侵略」に備えて「自衛のための核安全保障体制」を構築してきた。冷戦崩壊後に国連に加盟した北朝鮮にしてもそれは同じである。これらの国家はすべて、国連憲章を「守り」ながら「核パワー・ゲーム」をくり広げてきたにすぎず、これ

国連憲章　第五二条（地域的取極、地方的紛争の解決）

1　この憲章のいかなる規定も、国際の平和及び安全の維持に関する事項で地域的行動に適当なものを処理するための地域的取極又は地域的機関が存在することを妨げるものではない。但し、この取極又は機関及びその行動が国際連合の目的及び原則と一致することを条件とする。

2　前記の取極を締結し、又は前記の機関を組織する国際連合加盟国は、地方的紛争を安全保障理事会に付託する前に、この地域的取極又は地域的機関によってこの紛争を平和的に解決するようにあらゆる努力をしなければならない。

3　安全保障理事会は、関係国の発意に基くものであるか安全保障理事会からの付託によるものであるかを問わず、前記の地域的取極又は地域的機関による地方的紛争の平和的解決の発達を奨励しなければならない。

4　本条は、第三四条及び第三五条の適用をなんら害するものではない。［第三四条は紛争をめぐる国連の調査に関して、また第三五条は提訴に関して定めた条項である］

からもそうしてゆくのである。

国連憲章第五一条の存在なくして個別的・集団的安全保障体制の名を使った集団的自衛権の行使とその濫用はありえなかった。その意味では、五一条こそが「戦争のない世界」を究極の理念とする国連憲章前文を死文化させた条文だと言える。国連憲章は、ダンバートン・オークス提案が修正され、採択されたその瞬間に死文化していたのである。

国連憲章に対する社会党の「揺らぎ」

ダレスの回想録「戦争か平和か」を引用した社会党の穂積七郎は、国連憲章第五一条に基づく安保条約を批判し、次のように述べた。

もし岸内閣が、この［安保条約の］前

国連憲章　第五三条（強制行動）

1　安全保障理事会は、その権威の下における強制行動のために、適当な場合には、前記の地域的取極又は地域的機関を利用する。但し、いかなる強制行動も、安全保障理事会の許可がなければ、地域的取極に基いて又は地域的機関によってとられてはならない。もっとも、本条2に定める敵国のいずれかに対する措置で、第一〇七条に従って規定されるもの又はこの敵国における侵略政策の再現に備える地域的取極において規定されるものは、関係政府の要請に基いてこの機構がこの敵国による新たな侵略を防止する責任を負うときまで例外とする。

2　本条1で用いる敵国という語は、第二次世界戦争中にこの憲章のいずれかの署名国の敵国であった国に適用される。〔第一〇七条とは「敵国に関する行動」を定めた条項（敵国条項）のこと〕

文にうたっておるごとく国連憲章を尊重し、国連機構を強化していくということであるならば、政策としては、むしろ五一条を援用するような基礎を失わしめて、われわれの武力行為はすべて五二条並びに五三条の前段に従って行なう、こういう方針を打ち立てるべきである。われわれの自衛権発動の方法と手段は、すべてこれに従ってこそ、平和日本の国連憲章協力の実証が示される、明らかに証明されると思う……。

　五一条というものはむしろ削除される、最初のダンバートン・オークス提案のもとにかえるという精神、従ってこれ〔五一条〕はあってもそれを乱用しないためには、われわれの地域取極というものは、すべて五二条によっていくべきである。そして武力行為〔自衛権の行使〕は五三条前段によっていくべきである……。

しかし、穂積というより社会党は、せっかく五一条の存在による国連憲章の矛盾を鋭く指摘しながら、日本政府の五一条擁護論に対して徹底した論戦を挑むことができなかった。なぜなら、社会党は矛盾に満ちた「武力によらざる自衛権と集団的自衛権」論を展開し、「護憲」を掲げながらも、一方における「アメリカ帝国主義」への猜疑心と、他方における国連の「平和主義」への幻想の両極端の中で揺れ動き、国連（憲章）に対する立場を明確にすることができなかったからである（穂積自身の「[われわれの」武力行為は五三条の前段によっていく」という社会党らしからぬ発言にも注意したい）。

社会党の国連に対する「揺らぎ」は、第三章でみた一九六三年の党綱領、「日本における社会主義への道」（以下、「道」）の中にもはっきりと現れていた（一二三頁参照）。

「道」の「基本原則」はその一と六において、「日本国憲法と国連憲章の本来の精神にしたがい、国際的紛争を武力によらず、すべて話し合いによって解決するという絶対平和と平和的共存の外交政策を貫」き、「日本国憲法を基礎として、国際紛争処理機関としての国連を支持し、その機能と権威を高めるために積極的に協力する」としていた。しかし、国連の言う「平和的共存」は、安保理常任理事国による武力行使や軍事介入と矛盾しないものとされ、社会党の言う日本国憲法の「絶対平和」とは本質的に相容れないものであった。また、「国際紛争処理機関としての国連」の役割についても、拒否権の存在と、安保理常任理事国自身、紛争の原因を作った当事国である場合が圧倒的に多かったことで事実上、機能不全に陥っていた。米ソ核戦争による第三次世界大戦の勃発を阻止できたことが戦後国連体制の「成果」だとみる向きもあるが、そもそも米英ソは平和共存を大前提に国連を創ったのだから、米ソ核戦争や第三次世界大戦など起きるはずもなかったのである。

国家を代表する政府間協議機関として国連がある以上、どの国の野党も国連の意思決定プロセスから完全に疎外されている。さらに、各国政府が公式、非公式の場において交わす合意や密約についても野党が知りうる情報はきわめて限定されている。だから、社会党が国連という国際機構に非現実的な幻想を持っていたとしても、それ自体を問題視することはフェアではない。しかし、国連に対する社会党の「揺らぎ」は、そうした野党であるがゆえの限界や制約とは無関係だった。なぜなら、拒否権を含めた安保理の表決方式のあり方をめぐっては国連創設当初より加盟国内部に反対意見が存在していたし、一九五五年の「国連一〇年」を契機として、第一波の国連改革・憲章改定論の活性化もあった。また、同年の「バンドン会議」を通じた非同盟諸国の興隆による東西軍事ブロックに対する国際的批判の高まりもあった。要するに、安保理改革を主要アジェンダとする国連改革・憲章改定論は「六〇年安保」以前に、すでに国際的議論の俎上に上っていたのである。

責任ある野党第一党としての社会党に求められていたのは、こうした国際的な安保理改革・憲章改定論の高まりをリサーチし、それによって安保廃棄論を内容的に精緻化・豊富化し、安保改定を国連の「平和主義」に関連づけて正当化した岸政権の「平和のための安保」論の無根拠性を徹底して暴くことにあったのではないか。それをしなければ、「普通の国家」の連合軍によって世界の平和が守られることを「理想」だと言った自民党に対し、どのような世界の平和のあり方を社会党の「理想」とするのか、またそのために社会党が国連や国連憲章の何をどのように変えようとするのか、「国民」に何も対案を提示することができないからである。少なくとも、安保＝日米軍事同盟論と護憲論によって安保廃棄論を展開し、「大衆運動の先頭に立って闘う」ことが社会党の任務でなかったことだけは確かだろう。

自民党と社会党を軸に展開された一九六〇年の「安保国会」は、その議事録を読む者にやりきれないような虚しさと理論的欲求不満を残してしまう。その原因は、質疑に対して延々と同じ答弁をくり返す岸をはじめとした閣僚・官僚と、岸内閣の「平和のための安保」論を単刀直入に論破し、それを理論的かつ思想的に凌駕する内容を提示しきれなかった社会党との間で交わされた「安保論争」の質にあったのである。

安保の「段階的解消」論

安保論争をふり返るとき、一九六〇年一月の改定安保の調印と軌を一にして社会党「右派」を中心に結党された民社党による安保の「段階的解消」論を見落とすことはできない。
安保の「段階的解消」論は、民社党が社共の安保廃棄論と一線を画すものとして提起したものである。一九六三年に「人間主義的社会主義」と「護憲・平和の党」をめざして結成された公明党もこれを主張するようになり、一九七〇年末期に日米同盟論が登場して「第二の冷戦」が叫ばれる頃まで、この理論は「中道」勢力の日米安保論として脚光を浴びることになる。
外務官僚出身の民社党の曽祢益は、国連の「安全保障」に関連づけて、非常にわかり易くこの理論の基本理念を説明している。安保が一九七〇年六月からの自動延長に入る直前、条約の「再改定」を佐藤政権に求めた国会発言の中で、曽祢は次のように述べている。

わが国の安全保障体制についても、理想としては、憲法の趣旨に従い、世界情勢が、現在の軍事ブロックの対立にかわり、軍縮の推進や国際緊張の緩和と相まって国連の世界的集団安全保障体系が確立され、わが国がこれに依存できることが望ましいことについては、すでに国民合意が成立しているものと信ずるものであります。また、このような情勢の進展に伴い、日米安全保障条約も、**世界のあらゆる軍事同盟と同様に、相対抗する軍事同盟とともに、右のような理想的な安全保障体制にだんだんと融合、解消されるべき**こともまた異論のないところだと信ずるのであります。

日米安保に対する評価と安全保障対策についての国論の分かれ道は、国連の安全保障の機能がきわめて不十分な現状と、わが国の憲法に即した限定された自主防衛力から見て、当面の安全保障対策がいかにあるべきか、という点についてであります。（一九七〇年五月七日、衆院本会議）

「ファシズム」と「共産主義」に反対し、「現実主義」に立脚する外交・安保政策を唱えた民社党は、安保条約の期限切れを迎えた一九七〇年を、安保条約の「段階的解消」に向けた一歩を刻む絶好のチャンスだと捉えていた。自動延長前日の同年六月二二日の民社党の「声明」には、延長に「絶対反対」の立場を表明したうえで、「安保条約を根本的に改定し、米軍の常時駐留をとりやめ、基地を原則的に撤廃することを要求する」としている。社共両党の「安保即時廃棄」は「容共路線」でありそれには反対するが、同時に「占領政策の遺物を残している現行安保条約の欠陥を、そのまま放置することは許されない」（同日付、朝日新聞夕刊）。

しかし、日本の「独自防衛力の整備」と憲法九条二項の改廃を主張する政治学者をブレーンに持った民社党は、一九七〇年の安保の自動延長を境に、党の綱領として掲げていた安保の「段階解消論」を段階的に解消するプロセスに入ってゆく。そして公明党からも離れ、自民党（内の改憲勢力）に接近するようになり、やがて冷戦体制の崩壊とともに解党し、文字通り冷戦時代に咲いた歴史の婀娜花《あだばな》となる。

日本の「民主社会主義」が、なぜ「反資本主義」より「反共・反社会主義」へとシフトしたのか、またなぜ安保の「段階的解消」論を清算し、安保堅持・日米同盟主義者への転向を経て、冷戦崩壊と同時に自己解体しなければならなかったのか。非常に興味深いテーマではあるが、読者の関心を喚起したいのはそのことではない。ここで考えてみたいのは、民社党という過去に存在した政党に対する評価とは別の問題として、安保の「段階的解消」論には一定の妥当性があったということである。

安保の「段階的解消」論は、安保堅持 vs. 即時廃棄論の膠着状況の時代にあって、世界的核軍縮と緊張緩和の進展の中に東西軍事ブロックの解消の可能性を見、対米交渉を積み重ねることによって在日米軍の漸進的な撤退を実現し、〈米軍の駐留なき安全保障〉をめざすものとして提唱された。「六〇年安保」当時においては、安保改定を「改悪」と認定し、条約「改正」を通じて安保の最終的な解消を展望する理論として打ち出されたものだ。民社党や公明党がどこまで本気で安保の解消を考えていたかはともかく、社会党や共産党から「政権を奪取したら安保を廃棄する」と聞かされるよりは、「対米交渉によって米軍基地を計画的に撤退させ、条約改定交渉によって段階的に安保を解消する」と聞かされる方が、より現実的で説得力を持っていると感じた人は多かったに違いない。

たとえばここに、大平政権時に設置された「総合安全保障研究グループ」（四七頁参照）の議長を務めた猪木正道が、一九六〇年の「安保国会」において「安保改定反対」を表明し、安保の「段階的解消」を提唱した発言記録がある。

私の結論といたしましては、この安全保障条約の改定すなわち新安保条約の国会承認に対しては、反対であるという意見を私は持っております。少なくとも軍事同盟的な第三条と第五条は、これは思い切って修正もしくは削除する必要がある。現行の安全保障条約というものが決して日本として有利なものではない、満足するものではないということは冒頭に申し述べた通りでありますから、そういうような配慮をすることによって、つまり中ソを不必要に刺激することによって、日本の国家的利益を阻害するということをしないように配慮しながら、安全保障条約の改定を通ずるところの段階的解消に進むのが、日本として最も正しい方針ではなかろうか、かように私は考える次第であります。

（一九六〇年五月一四日、衆院安保特別委員会）

猪木は、旧安保条約にも問題は多々あるが、新条約よりはマシだと言った。しかし「安保条約廃棄」とか「改定絶対反対」という立場はとらない。なぜなら旧条約はまがりなりにも国会で「承認」されたからである。だから期限のなかった旧条約のまま最終的に安保を解消することが最も望ましいが、どうしても改定するというなら条約改定交渉によって段階的に解消できるようにすべき、と猪木は言ったのである。「望むらくは」、デンマークやノルウェーのように「有事駐留」にしてもらいたい。そうすれば「駐留軍に伴うところのトラブルが減る」。

しかし、「条約は相手があることでありますから、なかなかそこまでは簡単にいくまい」。したがって、「最小限度、第三条、第五条を大幅修正し、期限を思い切って短縮する」。これが、一九六〇年段階の猪木の具体的な政策提言だった。

改めて言うまでもなく、猪木の提言は何一つとして生かされなかった。猪木が「最小限度」と言った「第三条、第五条［の］大幅修正」どころが、安保条約は改定から半世紀を経ても、そっくりそのまま一言の修正も施されていない。「期限を思い切って短縮する」（一九七〇年までに解消する）どころか、いつまで続くのかさえわからない。一九六〇年六月、米軍がその後丸半世紀も日本に駐留することがわかっていたなら、いったい誰が安保条約を容認しただろう。一九七〇年六月、その後四〇年間も安保が延長され続けることがわかっていたなら、いったい誰が安保の自動延長を許しただろう。

安保条約を無期限に丸ごと「堅持」することを大前提にした「日米同盟の深化・発展」（菅民主党）なるものが日本の安全保障の争点になっている今日、日本に有利であるか否かを判断基準に条文全体を仕分けし、不利な条項の大幅修正と条約期限の短縮によって安保を段階的に解消する、という猪木の主張は新鮮にさえ響いてくる。しかし、問題がなかったわけではない。というより、問題だらけだった。猪木を筆頭にこれを提唱した者たちの多くが総合安保論者へと転向したことに示されているように、日本の議会政治においてこの理論はすでに一九八〇年には「死んだ理論」になっていた。総合安保戦略は、安保を廃棄も解消もせず、日本の安全保障の軍事面における柱として位置づけ、日米同盟論の下での安保の恒久条約化に道を拓いたが、民社党と公明党が安保の「段階的解消」論を清算したのは、総合安保戦略が登場したからだったのである。「占領政策の遺物を残している現行安保条約の欠陥を、そのまま放置することは許されない」とかなりの強気で啖呵を切り、自民党を挑発していたというのに、「現行安保条約の欠陥を、そのまま放置」したまま民公両党は、安保堅持・日米同盟主義者に転向してしまったのである。

考えてみれば、「廃棄」と言おうが「解消」と言おうが、安保を「終了」することには変わりはないので同じことだ。両者の違いは政権奪取によって日本の側から条約終了通告をするのか、それとも政権奪取如何にかかわらず、条約改定交渉によって段階を踏んで終了に持っていくかの違いでしかない。野党が安保の段階的解消を主張する場合には、政府・与党に対する政策提案という形式になる。とすれば、日米両政府が条約改定の意思さえ持たない場合には、一見「現実的」にみえる段階的解消論も廃棄論と同様、まったく実現可能性のない「空理空論」になる。具体的選択肢としては、民社党や公明党が安保の段階的解消を条件として自民党と連立政権を組み、安保の最終的解消を前提にした米国との外交交渉に乗り出すか、それとも全野党共闘で自民党から政権の座を奪い、対米交渉を開始するかのどちらかになる。けれども、後者によって政権を取った場合には、日本政府の意思次第で終了通告ができるのであるから（安保条約第一〇条2項）、何も米国と条約改定交渉をする必要はない。ただ安保を解消する意思を打ち固め、いつをもって解消するかを米国に通告すればよいだけである。

五五年体制を支えた野党は、「廃棄か、それとも段階的解消か」と言い争いながら、結局はいずれの展望をも創り出せずに冷戦終焉を迎えることになる。それとともに、曽祢が「「誰も」異論のないところ」と言った、「「安保が」世界のあらゆる軍事同盟と同様に、相対抗する軍事同盟とともに、右のような理想的な安全保障体制にだんだんと融合、解消される」ことは見果てぬ夢となって消えたのである。

〈戦後〉政治の終焉と五五年体制の崩壊プロセスを「アメリカ帝国主義」の視点から総括すれば、次のようになるだろうか。

まず、反共・親米社民政党としての民社党を戦後政治に登場させ、教条主義的社会主義政党に楔を打ち込んだ。次に、民社党と公明党を通じて社会党綱領から「社会主義色」を漂白し、「安保廃棄」などという「非現実的」な反米路線を撤回させた。これによって社共二つの議会政党が反米「社会主義」「共産主義」革命路線を採って互いに競合するという、西側諸国の中でも稀にみる奇妙な政治構造を解体すると同時に、社共共闘の破壊工作にも成功した。政党政治における共産党の完全孤立化を実現し、ようやく共産党以外の全政党を日米同盟・安保堅持路線に取り込むことができた。これによりポスト冷戦時代の米国中心の「国連主義」に立脚した新世界秩序の形成に向けた政界再編が、ここ日本でも完了した。

冷戦終焉から二〇年を経て、今やその共産党も「建設的野党」を語り出している。共産党党首に戦後初めてビザを発行し、公式のパイプを作ることもできた。あともう一押しで取り込むことができそうだ。それに成功すれば、国外最大の米軍基地を半永久的に日本の税金で維持することができる。まさに、極東アジアにおける新たなる「パックス・アメリカーナ」の時代の幕開けである。

米国は、どんなことがあっても世界秩序の多極化は認めない。何があろうとポスト冷戦時代の指導権を握るのは米国である。世界の中で米国のみが、その道徳上の立脚点とそれを支える手段を併せ持っている。米国は対テロ戦争＝平和の勢力を束ねることができる世界で唯一の国家なのだ――。

対テロ戦争時代の「安保論争」に向けて

二〇一〇年一月、安保条約の調印五〇周年に際し、日本政府は安保が「今後五〇年、一〇〇年と続くように」（岡田克也元外相）、「日米同盟の重層的深化」をめざすとした。しかし、それがこの国の多数派の意思だとはとても思えない。にもかかわらず、この国の政党政治とメディアの世界では、日米同盟‐安保堅持論が圧倒的に支配している現実がある。多数派の意思を議会政党のマニフェストとメディアの論調に反映させてゆくには、既存の政党政治、ジャーナリズム、アカデミズムの世界の中で、「アメリカ帝国主義」の視点による〈戦後〉政治と五五年体制の総括を論駁するような議論が必要である。そしてそのためには、かつて安保廃棄や安保の「段階的解消」を唱えていた者たちが何ゆえに日米同盟主義者へと転向し、安保堅持を主張するようになったか、歴史に内在したさらなる研究（＝「転向研究」）が必要となるだろう。

理論上の問題で言えば、五五年体制を支えた野党に致命的だったのは、ダンバートン・オークス提案の修正→国連憲章第五一条の導入の時点ですでに「戦争と武力行使のない世界をめざす」国連憲章（前文）が死文化していたことに気づかなかったことだ。その典型的な論客の一人が、冷戦初期の産物である個別的・集団的な軍事同盟機構が核軍縮の進展に伴って解消されたならば同時に日米安保の存在理由もなくなる、と捉えていた民社党の曽祢益だったのである。

ところが実際には、冷戦が終わってからも「西側」最大の軍事同盟、ＮＡＴＯは解体するどころか旧ソ連圏の東欧諸国を同盟国として吸収し、拡大の一途を辿ってきた。一方、旧ソ連の瓦解に伴いワルシャワ条約機構は解体したが、ロシアと中国は中央アジアで集団安全保障条約機構や上海条約機構などの新たな軍事同盟機構を作るようになった。冷戦後においても、Ｐ５が関与する世界の軍事同盟体制はむしろ「テロリズム」「民族紛争」などの「新たな不安定要因」に「対処」するものとして再編→拡大のプロセスを歩んできたのである。

ポスト冷戦の時代において、戦争のない世界をめざすべきP5は、朝鮮戦争やベトナム戦争などの「言語に絶する悲哀を人類に与えた（冷たい）戦争の惨害から将来の世代を救」おうとも「寛容を実行し、且つ、善良な隣人として互に平和に生活」（国連憲章前文）しようともしてこなかった。冷戦時代と変わったのは、資本主義 vs. 共産主義という対立図式で正当化されていた戦争＝平和が、「独裁者」「テロリスト」「海賊」などの「人類共通の敵」に対するそれへと衣替えをしたことである。しかし、イラク、アフガニスタン、そしてソマリアの事態が示すように、P5を筆頭とする武器生産諸国から世界中に合法・非合法の武器が氾濫する政治と経済の仕組みを変えないかぎり、武装した「人類共通の敵」は姿・かたちを変えて立ち現れてくるだけである。日米同盟どころではない、何か得体の知れない巨大な欺瞞がポスト冷戦時代の国際政治を支配してきた（いる）のである。

もしかしたら、私たちは終わりなき、そして勝者なき対テロ戦争の「情況」の中で「戦争＝平和の不可避的な同在性のあいだに懸垂したまま宙に浮かんでいるといった本質的な在り方をしかもちえないでいる」（前掲、吉本隆明）のかもしれない。しかし仮にそうだとしても、安保と米軍基地が今後さらに五〇年、一〇〇年と存続することを認めず、「いつか安保がなくなり、基地のない日本になることが望ましい」と考えるのであれば、宙に浮かんでいようとどうであろうと、今の情況が強いる困難な課題に向き合う以外に道はない。

おそらく、私たちが直面している最も困難な問題は、戦後五五年体制崩壊後に再編された既存の政党政治の枠組では情況を変えうる展望は見出しえない、というところにある。ただの市民、普通の人間であれば誰だって「戦後六五年間もこの国に外国の軍隊が駐留してきたこと自体、異常だ」と思うだろう。

そして「これからも無期限に米軍が駐留し続けることを日本政府が容認しているなんて、どう考えてもおかしい。それがいつになるのであれ政府は安保と米軍駐留にきっちり期限をつける検討に入るべきだ」と言うだろう。ところが、この国の政治、ジャーナリズム、アカデミズムの世界では、こうしたあたりまえのことが、あたりまえのこととして通用しない。まるで大きな世界を支配する巨大な欺瞞が、小さな世界にも浸透し、人々の意識を支配しているかのようである。

続く終章では、「安保を終了し、基地のない日本にする」ことが、いつか政治のアジェンダとなるように、この国の多数派たる私たちが考えておかねばならない事柄を三点にしぼり、問題提起しておきたい。テーマは、１「極東条項の無効性」、２「米軍協力としての日本の「国際平和協力」」、そして３「安保の期限化と国連安保理改革」である。

二〇二〇年までにアジェンダ化ができなければ二〇三〇年までに、それでも駄目なら二〇四〇年までに。永遠の安保と米軍駐留にいつか終止符を打つたたかいは、終止符を打つまで続くのである。

終章　日米同盟を再考し、日米安保に期限をつけるために

1　14版　2001年(平成13年) 10月8日 月曜日 (日刊)

MAINICHI

毎日新聞

米英、アフガン攻撃

米大統領 戦争開始宣言

タリバン拠点狙う

カブールとカンダハル

原理主義勢力の封じ込めに着手　パキスタン

旧石器発掘

ねつ造42遺跡公表

考古学協会「慎重に裏付け」

軍事作戦始めた　米大統領

首相公邸に続々

川崎市長選　5氏が立候補

余録

NEWSLINE

疑わないで　26

W杯サッカー　中国が初出場　21

文化財建築、修復ピンチに　25

国産牛、検査開始後安全宣言も　26

小学生の理数授業に中学教師　27

教育	4	碁・将棋	14
オピニオン	5	サッカー紀行	18
国際	6 7	スポーツ	18～21
経済	9	地域	22 23
科学	11	環境	25
生活・家庭/小説	13	社会	26 27

お天気

MAINICHI Daily News

http://mdn.mainichi.co.jp/

毎日新聞購読お申し込みは　0120-468012

文化書道

代々木文化学園

2001年10月 8 日の『毎日新聞』（毎日新聞社提供）

安保条約を日米協議によって終わらせることは不可能である。

米国にとって安保は、自国の国家戦略の変化に応じて自由に使える国外最大の基地と、自国の自然環境を破壊することなく軍事演習のできる広大な土地が保障され、しかもそのための費用が日本との折半で賄われるという、願ったり叶ったりの「安全保障条約」である。米国側から安保を終了し、米軍を撤退させるという論理は出てきようがない。安保をめぐるあらゆる議論は、この冷厳たる事実を認めたところから出発せざるをえない。

安保に終わりがあるとすれば、ありとあらゆる米国からの圧力・妨害・恫喝を乗り越えた後に、条約第一〇条2項に基づき日本の側から「終了通告」を米国に対して行い、それを米国側が渋々ながら受け入れる、受け入れざるをえないまでに日本側が強い意思を示す、という形においてでしかありえないだろう。米国にほんの少し揺さぶりをかけられただけで、すぐに萎え、ブレてしまうような政府、官僚、政治家、財界、メディアがこの国の政治、行政、情報を支配している間は、とてもそれは望めそうにない。それを考えただけでも、安保に期限をつけ、米軍の最終的撤退を実現することが、いかに骨の折れることであるかが想像できる。

安保体制は、基地問題を含め、それ自体が巨大な公共事業である。また、軍事技術と直結した先端科学産業部門や軍事産業部門においては、莫大な利権が絡む「体制」である。しかし、米国の経済と市場に依存して「経済成長」を実現する、という半世紀前の安保の経済的存在理由はすでに無効になっている。少なくとも今の日本社会においては、安保が維持されることによって直接的に潤い、それが儲けにもつながっているという社会的セクターは少数派である。その意味では、「戦後六五年間も米軍の駐留が続き、今のまま何もしないで放置すれば永久にこの状況の中で血税が浪費され続けるというそのこと自体がおかしい」という一点において安保の期限化問題を議論すること、そしてそのための政治的空間を広げてゆくことは、決して不可能なことではない。もちろん、このような考え方には異論はあるだろうが、それぞれが異論を持つからこそ、安保の無期限状態を公然かつ広範に議論する政治的空間が必要なのである。

米国の揺さぶりに動じることなく、堅い意思を持って安保の終了通告をなし、それを最終的に米国に受け入れさせるためには、日本は一〇年なら一〇年、あるいは二〇年なら二〇年と、安保の期限をあらかじめ設定し、在日米軍の存在理由をなくす政治環境を主体的かつ能動的に創り出さねばならない。そしてそのための具体的な「戦略」を練らねばならない。一九五一年から今日までの外務省主導の外交・安保政策に最も欠落していたものこそ、そうした意味における「戦略」だった。

日米同盟を問い直し、安保の期限化を構想するにあたっては、主権者の意思とは無関係のところで展開されてきた外務省の「戦後外交」を総括し、霞が関イリュージョンからの自己解放を遂げることが必須の課題となる。そのうえで、安保と米軍駐留の無期限状態の是非を問う「国民的議論」を巻き起こし、安保の期限化が政治のアジェンダとなるような機運をどこまで創りあげてゆけるか。その「議論」の核心となるのが、在日米軍の条約上の存在理由たる極東条項の無効性である。

1　極東条項の無効性を問う

極東条項の無効性には二つの意味がある。一つは、冷戦崩壊以降の世界的な米軍再編に伴い、在日米軍の存在理由が米国にとっての「極東における国際の平和と安全」から「アジア・太平洋地域の平和と安定」のためへと変化し、現実の安保体制がすでに条約の内容から逸脱している、という意味においてである。

本来、安保は冷戦崩壊と同時に、廃棄されるか全面改定されるかすべきだった。少なくとも、二〇年前に自民党政権が二〇一〇年までには安保に期限をつけるという遠大な「戦略」を構想していたとしたら、普天間問題でこれだけ民主党政権がていたらく振りを露呈することはなかっただろうし、二〇二〇年あたりには完全撤退する日米合意を取りつけることも、決して不可能ではなかったはずである。

しかし、日米両政府は安保条約の見直し→改定さえ行おうとせず、日米同盟の政治宣言によって条約の明文改定なき実質改定を行ってきた。かつて野党時代の民主党はこれを捉えて「安保条約違反」と自公政権を批判し、安保改定を要求したが、その民主党が政権を取るや否や、かつての自公政権とまったく同じことをくり返しているのである。ただし、ここで注意しなければならないのは、米国が定義する「アジア太平洋地域の平和と安定」に「貢献」する形で安保のプログラムが書き換えられてきたとは言え、安保条約には依然として極東条項が存在していることだ。もしも一九五三年の朝鮮戦争の休戦協定以後、いわゆる「朝鮮国連軍」を率いた戦争当事国としての米国が戦争状態の終結に向けた努力を真剣に行い、日本もそのプロセスに主体的・能動的にコミットしていたなら、朝鮮半島における冷戦状況はとうの昔に終わりを告げ、安保条約締結時の在日米軍駐留の「条約上の根拠」はまさにその時点で消滅していたことになる。極東条項が無効だというもう一つの、しかも本質的な理由はここにある。「安保条約の論理」に再度触れながら、問題を整理しておこう。

朝鮮戦争と極東条項

安保条約の論理は、①極東（朝鮮）有事を日本有事に直結させ、米軍が日本に駐留することによって有事に備える「抑止力」とし、「いざ」というときには米軍が日本を守る、というものだ。しかも、②米軍の日本配備によって国連の集団安全保障を「補完」する、すなわち米軍が「国連軍」に成り代わって日本の「平和と安全」を守る、とされている。①は休戦状態にある日本国外の戦争＝平和を日本の「平和と安全」に一体化させ、そのために日本における外国軍（米軍）の無期限配備を正当化するという点において、②は特定の国益と軍事戦略を持つ米国という一国の軍隊に「国連軍」を代表するかのような位置づけを与えている点において、ともにかなり無理のあるコジ付け論になっている。

①について言えば、「極東」の「平和の安全」のために米軍が日本に駐留するという論理をひっくり返してみれば、なぜ朝鮮戦争の停戦合意以降六〇年近くにわたり朝鮮半島の戦争状態が続き、軍事的緊張が緩和されなかったのか、その理由の一端が浮かび上がってくる。米軍が日本に基地を持ち、自由にそれを使用できるためにこそ、「極東」の「戦争状態と不安全」が欠かせなかったのである。

米国にしてみれば、それがどのような政治的プロセスを経るのであれ、朝鮮半島が統一され南北分断が解消されるなら、日本のみならず韓国からも米軍撤退を余儀なくされる。日本と韓国に軍隊を駐留させる「根拠」を失ってしまうからである。もしもそんなことになれば、米国の国益と安全保障戦略に巨大な空白地帯ができてしまう。裏返して言えば、米軍基地を日本と韓国に半永久的に保持し、自由に使えるようにするためにも朝鮮半島が半永久的に「不安定」で、北朝鮮が「脅威」であってもらわねばならないことになる。世界最大の核軍事大国米国の軍事的プレゼンスそのものが極東・朝鮮半島の「平和と安全」を阻害する要因になってきたというのに、自らが招いてきたこの地域の「不安定」を根拠にそこに存在し続けることを正当化するという、何とも米国のみに都合がよい屁理屈、それが極東条項であり、それを日本が米国に請い願うという形で結ばれているのが安保条約なのだ。

旧安保条約と新安保条約の決定的違い

ところが、同じ安保条約でも新旧二つの安保条約には決定的違いがある。それは、「片務条約」だった旧条約が条約改定によって「双務条約」になった（岸信介）などという問題ではなく、旧条約締結時の米国の極東戦略と安保改定時のそれとの違いに関係している。すなわち、朝鮮戦争のさなかに結ばれた旧安保条約の極東条項の目的が、日本を米軍の朝鮮出撃拠点とすることにあったのに対し、朝鮮戦争休戦協定以後に改定された新安保条約のそれは、朝鮮半島情勢が北緯三八度線で南北が対峙する本格的な「冷たい戦争」の時代に突入したことによって、北朝鮮を軍事的に封じ込めつつ、韓国の反共・親米政権の「安定化」をはかるものへ変化したことである。つまり、休戦協定以降、安保体制は朝鮮半島の南北分断固定化を「後方」からバックアップするための「体制」へと変質したのである。

朝鮮戦争の休戦協定には、朝鮮半島からの外国軍の撤退条項がある。協定調印時のジュネーブ会議ではこれをめぐり紛糾を極めたが、いずれにせよ朝鮮半島から「朝鮮国連軍」と在韓米軍が撤退しないかぎり、休戦協定を終戦協定へと交渉を前進させる条件は整わない。もともと旧ソ連は朝鮮戦争に軍隊を派遣していないし、中国の「義勇軍」はとっくの昔に撤退している。残るは朝鮮戦争時に結成された「朝鮮国連軍」と在韓米軍のみである。この二つの軍隊の撤退とセットで終戦協定が結ばれるそのときが、朝鮮半島の本当の意味での「雪解け」、南北分断固定化の終わりの始まりである。そしてさらにそのときに初めて、朝鮮半島の統一問題（統一しないことを含めたそれ）が、より具体的・現実的に南北間で議論される政治空間を開きうることになる。北朝鮮と国連（＝米国）との間の朝鮮戦争終結宣言→北朝鮮と「連合国」との平和条約の締結→「朝鮮国連軍」の解除・撤退と在韓米軍の撤退は、「極東における平和と安全」のために必要不可欠な政治的プロセスなのである。

　ところで、一般にはあまり知られていないが、北朝鮮は韓国内の反共・反北朝鮮勢力の暴発を封じ込めるために、休戦協定後の「朝鮮国連軍」と米軍の韓国駐留を認めていた。この事実は、一九五三年以降、北朝鮮の側から休戦協定に違反し、「第二次朝鮮戦争」を自ら起こすことなど、現実にはありえなかった状況を示唆している。また、一説によれば、朝鮮戦争の犠牲者はゆうに三〇〇万人に越え、南北双方で家族と離散した人々の総計は一〇〇〇万人にも上るとされている。冷静かつ客観的に休戦協定後の韓国と北朝鮮が置かれていた状況を判断するなら、同一民族間で相互絶滅戦をくり返すような愚行はおろか、それをなしうる国力も国家意思も、いずれの側も持ち合わせていなかったことが明らかになる。佐藤栄作が「三矢研究」（二二五頁参照）の暴露に際し、いみじくも認めたように、「北の脅威」論に基づく極東（朝鮮）有事という観念そのものが、あまりにも非現実的な反共・反北パラノイアであると言わねばならず、日本と韓国への米軍配備の継続を正当化するための方便にすぎなかった（ない）ということである。

極東条項と日本の〈戦後責任〉

日米安保に極東条項があるかぎり、朝鮮戦争は終戦を迎えることができない。よって、朝鮮半島の冷戦は終わりようがない。極東条項の存在は、朝鮮半島の冷戦状態をいたずらに長期化させ、南北分断を固定化し、この地域の軍事的緊張を不断に生み出す要因を作ってきた。忘れてならないのは、極東条項が今も残っていることだ。今後米国の判断次第でこれが発動され、米軍が朝鮮半島に軍事介入することも可能性としてはゼロではないのである。

極東条項の存在が、実は朝鮮半島の冷戦終結→統一へと向かう南北対話の促進の阻害要因になってている。この認識を基点にすると、おのずとそこから日本が果たすべき外交上の役割も明らかになってくる。第一に、朝鮮戦争の国際条約上の終結に向けた調停役を日本が積極的に担うこと、第二に、そのためにも日朝国交正常化をできるだけ早く実現することである。「六カ国協議」（韓国・北朝鮮・米・中・日・ロ）が目的としながら未だに実現できない「朝鮮半島の非核化」と、日本政府が「最大の懸案事項」としながら九八年間も何の進展すらみられない拉致問題、これらを解決するためにも、この二つの〈平和外交〉の展開によって朝鮮半島情勢の膠着状況を突破することが求められている。何かにつけ「北の脅威」を煽り、拉致問題の解決と称して北朝鮮への制裁の徹底化と日米同盟の強化を主張する人々は、既存の「六カ国協議」の枠組ではなぜ核も拉致も解決できないのか、一度真剣に総括すべきである。

その総括のためには、占領統治時代の日本が朝鮮戦争に掃海艇派遣・機雷除去を通じて参戦した一八番目の「戦争当事国」であったこと、また「朝鮮特需」の恩恵を最も受けた国であった史実の確認から始める必要がある。

戦後「平和憲法」の下、米軍の指揮下で在日朝鮮人を含む一二〇〇人の非軍人部隊が朝鮮戦争に参加していたことは、三〇年間に及ぶ史実の隠蔽の後に明らかになっている。国会でもこの事実は何度か問題になったが、今ではその全貌を海上自衛隊の「掃海隊群」のサイト（www.mod.go.jp/msdf/mf/）にある「朝鮮動乱特別掃海史」で知ることができる。また、二〇〇〇年に「朝鮮戦争ぼっ発50年」を特集した中国新聞のインターネット版には、「吉田茂首相（当時）は憲法に抵触する可能性から、犠牲者が出た事実はもちろん日本特別掃海隊の存在すら公表せず、隊員たちにもかん口令が敷かれた」ことが、作戦に参加した人々の証言とともに暴露されている（www.chugoku-np.co.jp/abom/anpo/t000620.html）。

一方、日本が受けた「朝鮮特需」の恩恵がいかに大きなものであったかについては、二〇〇三年九月号の文藝春秋に掲載された「ザ・ハウス・オブ・トヨタ」の中で、トヨタの当時の社長（石田退三）が談話として生々しく伝えている。

「朝鮮戦争勃発後の」この数ヶ月、ワシは夢を見ているようだ。トラックも四輪駆動車もろくに塗装もせずとも、羽が生えている鳥みたいに（韓国の米軍基地を目指して）飛んでいく。中国の義勇兵がプサンまで攻め込んできたときは、値段もへったくれもなかったで。よこせ、よこせの矢のような催促じゃった。ワシも長いこと商売をやってきたが、あの時ほどボロ儲けしたことはなかったわ。戦争直後のときも（豊田自動）織機は信じられないくらい儲けたが、今度はケタが違う。

ここで問題にしたいのは、日本が朝鮮戦争の当事国であったことや日本の基幹産業が「ケタが違う」「ボロ儲け」をしたことではない。むしろ問題は、朝鮮戦争休戦以降の日本の対朝鮮半島政策にある。朝鮮戦争で「味をしめた」日本は、二匹目、三匹目の「柳の下の鰌」をベトナム戦争と朝鮮半島に求め続け、一九五〇年代から六〇年代の「高度経済成長」の基盤を形成し、さらには一九六五年の日韓基本条約の締結から八七年の「民主化」実現まで韓国の独裁政権に対する経済援助・資本投下を通じて、朝鮮戦争の継続状態と南北分断固定化の責任当事国としての役割を担ってきた。その〈戦後責任〉を、日本はまだ清算していない。日韓関係では政府間レベルではなく韓国の人々と日本政府との関係において、また日朝関係では戦前の植民地支配の未清算に加え、戦後の国交断絶状態が今も続いているという意味においてである。とくに北朝鮮の人々との間では「戦後」の日朝関係を話し合うも何も、政府間レベルでの問題解決すら何もなされていないのが現状である。

ここに、一九六九年一一月二二日付の朝日新聞がある。一面トップを飾るのはニクソン大統領と佐藤首相の共同声明である。共同声明を報じる記事の小見出しをつなげてみると、「極東の安全」を「米軍が支え」、「韓台の平和」が「日本に［とって］重要」であり、日本政府は「沖縄の局地防衛の責務」を確認した、となる。佐藤は「現在の情勢においては米軍の極東における存在がこの地域の安定の大きなささえとなっているという認識」を示し、両首脳は「韓国の安全は日本自身の安全にとって緊要である」ことを「確認」した。これが、かの悪名高き「韓国条項」と呼ばれるものだが、この日米「共同声明」こそ、半年余り後に控えた安保の自動延長を前に、「極東」の「平和と安全」の「危機」を煽り、延長後も無期限に在日米軍を駐留させるための政治宣言であった。

南北和解・統一の挫折と極東条項

問題はここからだ。実は、一九七〇年を境に、韓国と北朝鮮は日米の思惑を離れ、独自に南北の和解と統一への道を模索しはじめていた。

一九七〇年六月の安保の自動延長の直後、韓国の朴正熙大統領は「八・一五平和統一構想」を発表し、北朝鮮との対話を初めて呼びかけた。翌七一年の四月、北朝鮮の最高人民会議が「南北統一会談」を提案し、九月には板門店で第一回「南北赤十字会談」が開始される(その二カ月後に「日朝友好促進議員連盟」が発足し、日朝国交正常化の機運が日本でも起こっていたことに着目したい)。翌七二年七月には、南北首脳級会談が行われ、「平和統一促進」に関する「南北共同声明」が発せられ、朝鮮半島の「雪解け」機運はさらに続く。

一九七三年五月、北朝鮮が初めて国連の世界保健機関(WHO)に加入する。同年六月には、韓国が共産圏諸国への「門戸開放政策」を打ち出した外交宣言を発し、北朝鮮へのいっそうの柔軟姿勢を示した。また、これらの動きに拍車をかけるように、同じく六月には「六・二三平和統一宣言」が発せられ、韓国側は国連への南北同時加盟など七項目を、北朝鮮側は「祖国統一の五代方針」により単一国家「高麗連邦共和国」のビジョンを打ち出し、その後の国連加盟を提唱したのである（韓国と北朝鮮の国連同時加盟は一九九一年に実現）。

しかし、日米両政府はこうした南北の和解・統一に向けた政治的機運の高まりに対して、安保の自動延長、極東条項および韓国条項の確認によって応えた。米国の手を離れて南北が和解・統一に向けて一挙に動き出せば、韓米安保解消・在韓米軍撤退のみならず日米安保解消・在日米軍撤退問題へと事態が発展することは避けられない。日本に関して言えば、日韓基本条約（一九六五年）の締結以降、対韓投資・貿易は年を追うごとに急増し、「韓国の安全は日本自身の安全にとって緊要」というよりも「南北分断固定化は日本の経済成長にとって緊要」とでも言うべき状況が作り出されていた。一九七〇年の米国と日本の対韓直接投資額はそれぞれ三九七〇万ドル、一五五〇万ドルと米国の方が上回っていた。しかし七二年にはこれが逆転し、米国が一二五〇万ドルへと減少、日本は何と七〇年比で二〇倍近くにのぼる二億九二七〇万ドルにまで増加していたのである。

本来であれば、日米両政府は朝鮮戦争の当時国として、冷戦時代の只中で模索されていた朝鮮半島の「雪解け」機運を側面から支援し、これを促進する立場にあった。しかし現実には、むしろそれを外部から抑圧し、逆行させる役割しか果たさなかったのである。

その後、今日まで朝鮮半島の分断固定化は続くことになるのだが、一九八〇年代末期から九〇年代初期の冷戦崩壊期に再燃した和解・統一運動が再び抑圧された史実は、ただの偶然とは言い切れない何か強烈な圧力が安保・米軍基地存続のために作用していたと感じさせてあまりあるものがある。

一九八八年、韓国では二七年間続いた軍事独裁体制に終止符が打たれ、本格的な「民主化」のプロセスが始まる。ソウルオリンピック開催直前の同年七月、盧泰愚大統領はいわゆる「七・七宣言」(統一のための特別宣言)を発し、翌八九年には南北間で「韓民族共同体統一方案」がまとめられた。これに基づき、「民間人交流・不可侵宣言・外国軍撤収・朝鮮半島非核化」などを謳った、統一に向けた障害物を一つずつ除去する共同作業についての政府間合意が成立する。

こうした一連の流れを受けて、日本と北朝鮮との間でも一九九〇年九月に日朝国交正常化交渉が開始される。朝鮮労働党、自民党、社会党による「日朝関係に対する三党共同宣言」の発表に基づき、翌九一年一月からは国交正常化のための政府間会談が始まり、同年一一月まで全八回にわたり交渉が続けられた。

一九九一年九月には国連総会で南北の国連加入決議案が満場一致で採択された。これに続く同年一二月の第五回南北高位級会談では「南北間の和解と不可侵および交流・協力に関する合意書」が署名された。そしてこの合意書がその年末に発表される「朝鮮半島の非核化に関する南北共同宣言」への飛躍台となったのである。

しかし周知のように、結局、一九八七年の韓国の独裁政権時代の終焉に始まった朝鮮半島の南北分断固定化の廃絶と日朝国交正常化に向けたあらゆる努力は水泡に帰してしまった。それを北朝鮮の核開発のせいにすることは問題の一面を捉えるものでしかない。むしろ日米安保との関連において問われるべきは、①なぜブッシュ(父)政権はゴルバチョフとの冷戦終結宣言を「極東」にまで拡げようとしなかったのか、②なぜ日米両国は韓国・北朝鮮間で合意された「外国軍撤収」に向け、まさにその当事国としての責任を果たそうとしなかったのか、さらに③八回にも及んだ日朝国交正常化に向けた日朝外交がなぜ突如として息絶えてしまったのか、その背後にはどのような〈権力〉が作用していたのか――などの、歴史が未だ解き明かしていない問題の数々である。

ベルリンの壁の崩壊後、米ソ冷戦終焉宣言の興奮と衝撃が冷めやらぬ間に湾岸危機が起こり、一九九一年一月に湾岸戦争が勃発する。しかしなぜこんなにも都合よく、戦争のない世界への流れを逆転させる事態が起こったのか。歴史的事実が教えるのは、湾岸危機のはじまり以前にブッシュ（父）政権が「新世界秩序」を宣言し、それまで国連を無視し続けていた米国が、いきなり「国連主義」や「人権尊重」を主張しはじめ、その一方で日米安保の見直しと極東‐朝鮮半島からの米軍撤収の声を一挙に封じ込めてしまったことである。

日本はどうだったか。次節で詳しくみるように、湾岸戦争を「平和回復のための武力行使」と定義した海部政権（一九八九～九一年）は、総額一三五億ドル（当時の為替レートで約一兆七〇〇〇億円）にのぼる戦争資金を「湾岸平和基金」に拠出したが、その大半は米国の国庫に流れた。日本の戦争協力はそれでは収まらず、ペルシャ湾での機雷除去のために史上初の自衛隊（掃海艇）の海外「派遣」が強行され、さらには自衛隊の「国際貢献」という新手の論理が登場し、国連平和維持活動（ＰＫＯ）への自衛隊参加を決定した「国際平和協力法」が制定される。日本は、「戦前」における朝鮮植民地支配、戦争責任の清算はもとより、朝鮮戦争の〈戦後責任〉をも放棄し、ポスト冷戦時代の日米安保の再編・強化と「国際平和協力」の名による海外派兵への道を走りはじめたのである。

この時期、湾岸戦争への自衛隊の参加問題をめぐり国論を二分した護憲／改憲論議は、相変わらず死文化した憲法九条を守る／廃止するといったレベルで争われ、朝鮮半島における和解・統一、米軍撤去に向けた政治的機運とは無縁なところでなされていたと言ってよい。当然、「極東条項が朝鮮半島の冷戦構造を温存させる」という認識に基づいた安保解消論議が日本国内で高まることもなかった。

こうした当時の憲法論議とともに、今、改めて思い出すのは、ポスト冷戦時代の核廃絶論や朝鮮半島の「非核地帯化」論が、日米同盟論の既成事実化や政党政治による安保解消の展望の喪失と相まって、冷戦時代にも増して日米安保と切り離された形で論じられる傾向を強めていったことだ。北朝鮮に核武装を断念させるためにこそ、北朝鮮にとっての「脅威」を取り除く交渉（＝在韓米軍と在日米軍の段階的撤退をテーブルの上に載せた交渉）が不可欠だったというのに、北朝鮮の核開発と核実験に反対する日本国内の「世論」は、日米の〈戦後責任〉を免罪し、むしろ「北の脅威」キャンペーンに絡めとられてしまったという印象が拭えない。朝鮮半島の非核化を真剣に実現しようとするのであれば、北朝鮮が核開発に乗り出すに至った歴史的過程を踏まえての冷静沈着な議論が必要である。

二〇一〇年三月二六日、普天間問題であわや米軍再編計画が頓挫しかねないといった状況の中で、突如として起こった韓国海軍哨戒艦「天安」沈没事件。韓国はこれを「北朝鮮製の魚雷」攻撃によるものと断定し（同年、五月二〇日）、北朝鮮はそれを「捏造」とした。しかし、事件をめぐる不審・不明な点があまりに多く、未だ真相は明らかになっていない。

ただ、一つだけ明らかになったことがある。それは、米軍再編と普天間問題の「見直し」を宣言していた鳩山元首相がこの「事件」を機に、「抑止力」としての在日米軍の存在意義を強調しはじめ、普天間問題が在日米軍の存在理由を根本から問い直す議論へと発展する可能性を自ら封印してしまったことである。そのために鳩山は、自公政権時代と変わらない「北の脅威」論を語り出す。これにより「政権交代によって、もしかしたら自公政権時代の安保政策と対朝鮮半島外交の何かが変わるかもしれない」という淡い期待は、完全に打ち砕かれることになる。

菅政権が、自公政権時代の北朝鮮に対する対話なき制裁政治に舞い戻ったところで、拉致問題の解決と朝鮮半島の非核化がともに実現できないことは、すでに歴史が証明したことだと言わねばならない。日米韓の現政権は、さまざま口実を作っては北朝鮮との直接交渉を引き延ばし、金政権が自壊寸前にまで弱体化するのを待ち望んでいるのかもしれないが、北朝鮮を軍事的に挑発し、制裁政治を強化すればするほど、「自衛」の名による北朝鮮の核武装に口実を与えるだけである。

常識的理性と歴史が教える教訓に基づいた、極東条項の無効性を問う議論が今ほど求められているときはない。

2　米軍協力としての「国際平和協力」を事業仕分けする

安保と米軍駐留の期限化を構想するときに、極東条項の無効性の次に欠かせない論点は、日本の「国際平和協力」論の抜本的見直しである。なぜなら、冷戦崩壊と同時に登場した日本の「国際平和協力」は、当初より米国（米軍）の世界戦略を補完（後方支援）する役割を負わされてきたからだ。裏返して言えば、安保と米軍駐留の無期限状態が続くかぎり、日本の「国際平和協力」は米国の世界戦略を補完する「宿命」にある。そんなことが半永久的に続くなら、第一に、「国際の平和と安全」は永遠の彼方に追いやられ、第二に、税金の無駄、儲けるのは米国を拠点としたグローバル軍産複合体のみとなり、

自衛隊による国際平和協力活動

国際平和協力活動

- **イラク国家再建に向けた取組への協力**
  「イラクにおける人道復興支援活動及び安全確保支援活動の実施に関する特別措置法」に基づく活動（本年［2006年］２月終結）
- **国際テロ対応のための活動**
  「テロ対策海上阻止活動に対する補給支援活動の実施に関する特別措置法」に基づく活動
- **国際平和協力業務**
  「国際連合平和維持活動［PKO］等に対する協力に関する法律」に基づく活動
- **国際緊急援助活動**
  「国際緊急援助隊の派遣に関する法律」に基づく活動
- **拡散に対する安全保障構想（PSI）への取組**

※　PSI：Proliferation Security Initiative
凡例：［網掛け］は限時法、［白抜き］は恒久法に基づく活動を示す。

出典：2009年度版『防衛白書』より。

第三に、一般市民が今以上に、殺されるだけである。

「国際平和協力」と聞けば、誰もが「国連の平和活動に日本が非軍事的な協力をすること」と理解しがちになる。しかし、二〇〇九年度版『防衛白書』は、そのような理解がいかに現実とかけ離れたものであるかを教えてくれる。

「国際平和協力」とは何か

もともと日本の「国際平和協力」活動は、国連ＰＫＯへの協力活動をさす概念として登場した。しかも当初は、自衛隊と切り離した別組織を作り、その組織が担う活動とされていた。

しかし、右の図をみると日本政府・防衛省が「専守防衛」の域を超えた自衛隊の海外展開の総体を「国際平和協力」活動と呼び、国連ＰＫＯに対する支援活動は単にその中の一つにすぎなくなっていることがわかる。今日の「国際平和協力」は、米国の対テロ戦争や（イラクやアフガニスタンのように）対テロ戦争による政権転覆後の国家再建（復興）への協力など、米軍および多国籍軍の軍事作戦への協力に重点が置かれている。この図は、ちょうど政府開発援助（ODA）の「戦略的活用」による日本の「経済協力」が外交面において米国の世界戦略を補完するものへと変質してきたのと同様に、「国際の平和と安全」に対する日本の「国際貢献」がいつの間にか「対米貢献」に変質してしまったことを示している。「自衛隊の、自衛隊による、米軍のための協力活動」、それが今日の日本の「国際平和協力」なるものの実態だと言っても過言ではない（なお、図にある「拡散に対する安全保障構想」（PSI）とは、ブッシュ政権が二〇〇三年五月、大量破壊兵器・ミサイルおよびそれらの関連物資の「拡散」を阻止するために、NATO主要国や日本を含む一〇カ国に呼びかけたもの。「国際緊急援助活動」に関しては、一九八七年の「国際緊急援助隊派遣法」制定時には自衛隊の「自」の字も出てこなかったものが、一九九二年の「国際平和協力法」制定に伴う同年の法改正により「国際緊急援助隊」への自衛隊の参加が合法化された。詳細は外務省のウェブサイト、www.mofa.go.jp/mofaj/gaiko/fukaku_j/psi/psi.html を参照のこと）。

『防衛白書』は、自衛隊の「国際平和協力」活動を、その第Ⅲ部（「わが国の防衛のための諸施策」）第3章「国際的な安全保障環境の改善」の第一節に置いている。一見、このことは私たちのような素人の目にはどうでもよいことのように映るが、きわめて重大な問題をはらんでいる。なぜなら、ここでは日本の「平和協力」が「安全保障環境の改善」という安保戦略の一環として位置づけられているからである。これに関連し、日米安全保障協議委員会（「2＋2」）が二〇〇五年一〇月二九日に発表した「日米同盟：未来のための変革と再編」（www.mofa.go.jp/mofaj/area/usa/hosho/index.html）の「概観」にある、次のくだりに注目しておこう。

〔日米〕同盟に基づいた緊密かつ協力的な関係は、世界における課題に効果的に対処する上で重要な役割を果たしており、安全保障環境の変化に応じて発展しなければならない。以上を踏まえ……、日本及び米国は、日米同盟の方向性を検証し、地域及び世界の安全保障環境の変化に同盟を適応させる。

民主党流に言えば、これこそが「日米同盟の重層的深化」の内実である。

『防衛白書』の第3章「国際的な安全保障環境の改善」の「改善」とは、「日米同盟：未来のための変革と再編」が打ち出した、「日米同盟の方向性」に沿った「改善」のことである。理念上は「国際の平和と安全」のための「協力」であったはずの「国際平和協力活動」が、『防衛白書』では「再編と変革」の内容を踏まえ、「世界の中の日米同盟」軍が「世界における課題に効果的に対処する」ためのものへと様変わりしているのである。これを裏づけるように、自公政権時代より検討が進んできた新「国際平和協力法」案（「石波試案」）では、国連安保理決議に拘束されない（ロシアと中国の拒否権発動に左右されない）自衛隊の海外出動が構想されている。そこでは「国連中心主義」さえかなぐり捨てた日米同盟中心主義の「国際平和協力」活動が謳われ、民主党政権下で、野党自民党による法案提出によってその法制化が目論まれているのである。なぜ、こんなことになってしまったのか？　それを理解するためには、一九九〇年のイラクによるクウェート侵攻に端を発した湾岸危機、そしてその翌年一月に勃発した湾岸戦争にまで遡る必要がある。

湾岸戦争と「国際平和協力」

湾岸戦争は、米軍を中心とする多国籍軍とイラク軍との間の戦争だった。それはクウェートからの撤退を求めた国連安保理決議にイラクが従わなかったことを理由に、「あらゆる必要な措置を講じる」ことを新たに宣言した安保理決議によって正当化された、有志連合軍による武力行使だった（少数派ではあるが、当時乱発されていた安保理決議によっては多国籍軍の形成もその武力行使も国際法的には合法化できないと主張する研究者がいることは明記しておきたい。しかしここでは、具体的な論点について立ち入る余裕はないので、その事実確認のみにとどめておく。私自身は湾岸戦争の国際法的違法性の問題もさることながら、有志連合軍によるこの武力行使が、冷戦終焉後の「新世界秩序」を全世界に宣告するために米国によって周到かつ巧妙に仕組まれた戦争だったという認識に立っている）。

日本における「国際平和協力」をめぐる議論は、この湾岸危機が戦争に転化しようとしていたまさにその真っ只中で急浮上する。具体的には、国連から武力行使を授権された（と解釈された）有志連合軍に自衛隊が「参加」できるかどうか、またできないとしても「協力」ならできるかどうか、をめぐる論争として展開された。

論争の第一ラウンドは、一九九〇年一〇月、ときの海部政権が提出し、現在の「国際平和協力法」のモデルとなった国連ＰＫＯ法案をめぐる攻防だった。しかし、自衛隊を任務主体とし、国連平和維持軍（ＰＫＦ）への参加も認めたこの法案は審議開始後一カ月も経ずして廃案になる。その要因は、自民党サイドから言えば、公明党と民社党を国会審議開始以前に抱き込んで野党第一党の社会党から切り離す工作に失敗したことにある。それを総括した自民党は廃案にあたり、公明、民社との「三党合意」を取りつけ、法案再上程→早期制定の足掛かりを何とか残すことに成功する。その合意内容とは、次の六点である。

一、憲法の平和原則を堅持し、「国連中心主義」を貫く。
二、国連に対する協力は資金や物資だけでなく、「人的な協力」も行う。
三、そのため自衛隊とは別個に、国連の平和維持活動に協力する組織を作る。
四、その組織は、国連平和維持活動への協力と、国連決議に基づいた人道的救援活動への協力を行う。
五、その組織は、国際緊急援助隊派遣法（一九八七年制定）に従い、災害救助活動に従事できる。
六、以上の合意に基づき、立法作業に着手し、早期成案をめざす。

ここで注目すべきは、自民党が最大の妥協点とした三である。「自衛隊とは別個」の組織とは「国際平和協力隊」と呼ばれるもので、自民党の狙いは、この「協力隊」を形式的には自衛隊と「別個」に組織しつつも、実態的にはその主力部隊を陸上自衛隊に担わせ、海上自衛隊と航空自衛隊にこれを補給・輸送活動面からバックアップさせることにあった。

しかし実際には、自衛隊が直接担うことになろうが間接的に担うことになろうが、どちらでもよいことだった。要は、冷戦時代にタブーとされてきた自衛隊の国連PKOへの参加を法的に可能とする状況をまず作ること、そして何が何でも法案を通すことにあったからである。妥協しようが何をしようが、野党の統一戦線を分断し、いったん法を通しておけば、あとは政治工作によってどうとでも対処できる。事実、「三党合意」の三カ月後に湾岸戦争が「終結」し、自衛隊を出しても「武力行使はしない」と主張できるようになると、自民党は即座に合意を反故にし、再び自衛隊を中心にした法案の策定に動き出したのである。

こうして一九九二年六月、湾岸戦争の「終戦」から一年余りを経て、**一度は反対した公明、民社が賛成に転じる中で**、国連ＰＫＦへの参加を一時「凍結」しつつも、自衛隊を主体にした現在の「国際平和協力法」が制定される。事実上の五五年体制の終焉、安保・防衛族が大勝利を記した歴史的瞬間だった。

ではなぜ、当初、国連ＰＫＯ（米軍や多国籍軍ではないことに注意）に対する日本の協力は自衛隊とは別組織が担うべきだとされたのか。「国際平和協力法」に反対した菅直人、現内閣総理大臣（二〇一〇年九月現在。当時、進民党）の説明を聞いてみよう。

> なぜ別組織でなければならないのか。これは言うをまたないのでありますけれども、これまで日本の憲法との関係の中で、自衛隊について私どもは、固有の自衛権、つまりは、専守防衛という考え方の範囲で我が国の領域保全のための最小限の部隊、こういう意味づけで自衛隊というものの存在を私ども自身認めてきたところであります。そういった意味で、ＰＫＯ活動が一般的な意味で重要であるということと、この自衛という言葉に象徴されるように専守防衛という限定をもって認められた自衛隊という存在とを結びつけることが憲法上の制約を含めて困難であるという考え方から、別組織という考え方が浮上してきたのではないでしょうか。（一九九二年六月一三日、衆院本会議）

その通りだ。なのになぜ、自民党は自衛隊にこだわったのか。再び、菅直人に訊いてみよう。

自民党の諸君の中には、いわば、自衛隊の縮小に反対をしたい、**自衛隊の行革**に反対をしたいというために別組織に反対をしてきたという背景が見え隠れしているからであります。つまり、今日の米ソ二極構造の崩壊は、ソ連を仮想敵国とした我が国の防衛政策の変更が必要なことは、だれの目からも明らかであり、自衛隊の縮小を行わなければならないことは、言うをまたないところであります。そういう中にあって、**本来自衛隊の職務ではなく、また、憲法上の制約から考えても参加することのできないPKO活動**について、別組織で一たん合意をしながら、自民党のいわゆる防衛族と言われる皆さんがそれを逆の方向に骨抜きをし、そして自衛隊そのものを部隊編成で出していこうとしている。

（同右）

これもまったくその通りだろう。冷戦は終わった。しかし日本に武力攻撃も核攻撃もなかった。あれだけ旧ソ連、中国、北朝鮮の「脅威」を煽り、今にも「極東有事」「朝鮮有事」が起こるかのようなパラノイアを振りまき、安保条約を結び、自衛隊の軍備増強をはかったが、冷戦時代につぎ込まれた納税者の血税総額、言わば日本の「平和と安全」を守ると称して出させた掛け捨ての「保険金」はあまりにも高くついた、ということになる。

であるなら、菅が言ったように、バブル崩壊後の「失われた一〇年」の惨劇が日本全土を襲う前に、自民党政府は安保と自衛隊の「事業仕分け」を徹底して行い、〈安全保障の聖域なき構造改革〉に着手すべきだったのである。しかし、自民党の安保・防衛族と外務・防衛官僚はそんなことはいっさい意に介さず、冷戦仕様の安保をポスト冷戦仕様のそれへとモデルチェンジすることにやっきになった。はたして、それに成功するかどうか。「国防」を超える自衛隊の任務を新たに定義した「国際平和協力法」の制定は、まさにその試金石としてあったのである。

掃海艇のペルシャ湾「派遣」

湾岸戦争をふり返るときに、もう一つ見過ごすことができないのは、海部政権が海上自衛隊（掃海艇）のペルシャ湾「派遣」を新法制定によるのではなく、自衛隊法の拡大解釈によって強行したことである。

一九九一年四月二四日、湾岸戦争を「平和回復のための武力行使」と定義した海部内閣は、戦後処理の一環として掃海艇をペルシャ湾に「派遣」し、機雷除去のための活動にあたることを決定した。湾岸戦争前からこの話は持ち上がっていたが、第一次国連PKO法案が廃案になった以上、一旦テーブルの下に隠すしかなかった。ましてや、自衛隊を戦時に出すわけにはいかない。「［多国籍軍の］武力行使との一体化」という話になるからだ。しかし、思った以上に湾岸戦争は早く「終結」し、イラクが停戦を受諾する。先述したように、「戦時」が「戦後」になったという中東情勢のこの変化が、自衛隊の海外出動をめぐる議会の論戦の形勢とメディアの論調を一挙に変えてしまったのである。

掃海艇「派遣」は、ちょうど自民党が「三党合意」を反故にしようとしていた、まさにそのときに行われた。これによって日本政府は、「国際平和協力法」の制定以前に自衛隊を海外に出すことに成功したわけだが、これを「暴挙」あるいは「快挙」のいずれで呼ぼうと、自衛隊初の海外出動を実現したという意味において、戦後史を画する大事件であったことは誰もが認めるところだろう。

最も重要なのは、これが憲法九条の下で、自衛隊法の拡大解釈によって行われたことだ。自衛隊創設に際し、「現行憲法の条章と、わが国民の熾烈なる平和愛好精神に照らし、海外出動はこれを行わないことを……確認する」とした参院決議（一九五四年六月二日）や、これを受けて同日発せられた「政府所信」（「自衛隊に海外派遣という目的はない」と公言したこと）を翻し、安保政策の一大転換が改憲もせずに行われたのである。

海部は掃海艇の出動を、中東で「回復」された「国際の平和と安全」を「維持」するという「平和的、人道的な目的」のために決断したと言い切った。

国際社会において大きな責任を果たすことが求められている我が国としては、資金、物資の面での支援のみならず、これらとあわせて人的な支援を行っていくことが必要であることは広く御理解をいただいているところでありますが、今回の措置は、船舶の航行の安全の確保及び被災国の復興という平和的、人道的な目的を有する人的貢献策の一つとしても、意義を有するものと考えます。（一九九一年四月二六日、衆院本会議）

しかしこの答弁では、なぜ自衛隊の出動が「人的な支援」となるのか、またなぜ湾岸戦争の直接的当事国ではない日本が戦争当事諸国によって処理されるべき機雷除去という軍事的作業を請け負わねばならないのか、ともに理解することができない。しかも、自衛隊がペルシャ湾に向かったときには、機雷除去の作業はすでに米国、サウジアラビア、イギリス、ドイツなどによってほとんど終わりかけていたのである。とりわけこのことは、日本政府が掃海艇「派遣」を合理的根拠に基づいて検討したのではなく、「はじめに派遣ありき」「とにかく自衛隊を出す」という意思の下で決定したことを示している。それは「世界の平和勢力」を束ねようとした米国版「新世界秩序」という名のバスに乗り遅れないことだけを目的としたアリバイ工作だったと言うほかはない。

自衛隊法第九九条が規定する「機雷等の除去の権限」とは、「アジア・太平洋戦争」において米軍と旧日本軍が瀬戸内海や全国各地の港湾周辺に設置した総計二万個を超える機雷の除去任務を想定したものであり、当然、日本の領海外で起きた戦争で設置された機雷除去は想定外になる。実際、一九八七年、米国レーガン政権からイラク・イラン戦争で設置された機雷除去の要請を受けた中曽根政権が閣議で掃海艇「派遣」を検討した際にも強い反対があり（閣議決定は一人でも反対があると成立しない）、日本政府として「派遣しない」という決定を下していた。だから、掃海艇「派遣」が憲法九条ばかりか自衛隊法にも抵触する行為であるのは、政府自身が認めていたことだったのである。

にもかかわらず、一九八七年には「憲法上許されない」としていた行為が、それからたった四年後の九一年にはなぜ許されるようになったのか。海部政権付きの外務・法制官僚たちは、「公海であれば掃海艇は機雷除去の任務につける」という新解釈を打ち出し、次に「公海」概念から地理的制限をはずしたのである。実際に官僚が行った「措置」はこれだけである。「戦後」初の自衛隊の海外出動、その法解釈上の一大転換は、タネ明かしをすればきわめて単純な霞が関イリュージョンによって、実にあっけなく処理されたのである。

自衛隊法九九条に基づく海上自衛隊の機雷等の除去の権限につきましては公海にも及び得るが、具体的にどの範囲にまで及ぶかについては、そのときどきの状況等を勘案して判断されるべきであり、一概には言えない。（一九九一年三月一五日、衆院外務委員会における政府答弁）

安保条約であれば、その適用対象領域は「日本区域」や「極東」という制限があるが、機雷除去という軍事作業には地域的制限がない。ペルシャ湾であろうがどこであろうが、政府の「勘案」次第で自衛隊を「派遣」できるという、「画期的」な新解釈だった。これによって日本政府は、時限立法や個別法の制定によらず、自衛隊法それ自体の拡大解釈によって自衛隊を世界のどこにでも「派遣」できるという前例を作ることに成功する。しかも、その決定に国会での審議など必要ない。国会審議など、ただいたずらに「政局」を混乱させるだけだからだ。内閣総理大臣が「安全保障会議」と臨時閣議を開き、そこで行えばよい。内閣法制局によれば、これとて違憲行為ではない。「憲法によって内閣が授権する法的権限に基づいた行為」ということになる。

五五年体制崩壊の序曲

五五年体制を支えた野党はこれにどのように対応したか。社会党と共産党が「派遣」に反対したことは容易に推測できる。では、自民党と「三党合意」を結んだ公明党と民社党はどうだったのか。意外なことに（?）、社共とともに「断固反対」したのが公明党、そして奇妙な立ち振る舞いをしたのが解党寸前の民社党である。

公明党はこのように言った。「防衛政策の根本的変更とも言うべき自衛隊の海外派遣について、国会の立法措置も経ずに政府限りの措置で済まそうとする姿勢は、まさにシビリアンコントロールを無視するものであり、民主主義の否定につながりかねない危険なものと言わざるを得ない」（一九九一年四月二六日、参院本会議における太田淳夫の発言）。

「世界の中の日米同盟」主義者となり、「行動する平和主義」を主張するようになった現在の公明党からは想像もつかない発言ではあるが、ただしここで公明党が問題にしているのは「法治主義」に立脚した「手続き的民主主義」の一般原則であって、掃海艇の「派遣」そのものに対する賛否ではないことに注意したい。公明党は、第一章でみた民主党の仙谷発言（六〇〜六一頁参照）と同様に、掃海艇「派遣」を違憲だと言っているのではない。仙谷がイラク復興支援を安保改定や改憲をしてからやれと言ったように、公明党は「立法措置」をとってからやれと言っているのだ。けれども、「防衛政策の根本的変更」が「立法措置」さえとれば許されるのか。その場合、主権者の意思、その総意を公明党はどう判断すると言うのだろう。

その後、「現実主義」路線にますます傾斜してゆく「平和の公明党」は、自民党と連立政権を組み、「国会の立法措置」による連続的な解釈改憲を行う側になるわけだが、気になるのは自公政権時代の当の公明党が「世界の中の日米同盟」宣言を「国会の立法措置も経ずに政府限りの措置で済ま」し、「民主主義の否定につながりかねない危険な」決議を重ねてきたことを、党としてどのように総括しているのかということだ。

一方、解党寸前にあった民社党は、「時限立法抜きの派遣決定には反対するが、しかし派遣には賛成する」という奇妙な役回りを演じた。「我が党は、政府の今回の措置は当然であり、妥当なものと評価するものであります。……この際掃海艇の派遣を機に、世界の平和と安全を守るために我が国が何をすべきかについて国会で論議を深め、要すれば法律改正を行うなどの手順を踏んで、必要な体制整備を図ることこそ国際国家日本の喫緊の課題である」（同じく一九九一年四月二六日、参院本会議における寺崎昭久の発言）。

野党とは言え、当時の民社党は、改憲ばかりか日本の核武装をも主張しはじめるようになっており、自民党の「保守本流」路線を右から乗り超えようとしながら、結局、それも叶わずこの二年後に解党してしまう。そうなってしまった根拠の一端は、右の発言の中にすでに示されていたと言うべきかもしれない。

「米国にどれだけ圧力をかけられようと、憲法九条があるかぎり、いきなり自衛隊の海外派兵なんてできるはずがない。その代わりに日本は「平和回復のための武力行使」協力金と称して、一三五億ドルもの血税を拠出する羽目になったのだ」と思い込んでいた人々は、「戦後」初の自衛隊「派遣」決定にア然とした。冷戦時代にはできなかったことが、子どもだましのような霞が関イリュージョンによってあっけなくひっくり返ってしまうのが日本の議会制民主主義の実態だったことを、当時はまだ見抜けていなかったのである。

「新世界秩序」の中の自衛隊

自衛隊のペルシャ湾「派遣」、そしてPKO参加をめぐる論議は、安保の存廃と自衛隊の行財政改革をめぐる政策論議を、ほぼ完璧に素通りしながら展開された。このことがその後の宮沢、村山、橋本政権へと続く「安保の再定義」を容易ならしめる政治的土壌を形成することになる。かくして、湾岸危機で始まり「周辺事態法」の制定で終わる一九九〇年代は、冷戦崩壊後の日本の「国際貢献」なるものが、結局は、日本（自衛隊）が米国版「新世界秩序」形成の一翼を担い、対テロ戦争における米軍・多国籍軍の後方支援を行う体制を整備する一〇年間となった。しかし実は、そのことは湾岸戦争後初の「先進国首脳会議」、一九九一年七月に開かれたロンドン・サミット（G8）の段階ですでに既定の方針として決まっていたのである。

G7＋1（ロシア）の首脳会議となったロンドン・サミットの「政治宣言」において、「共通の問題を解決するため多数国間の取組みを強化しなければならず、国際連合がその憲章に基づき正に中核となる国際体制を強化するため尽力」し、「平和に対する脅威に対抗し及び侵略を鎮圧するために、集団的措置をとること」が確認された（「政治宣言」全文は外務省ウェブサイト、www.mofa.go.jp/mofaj/gaiko/summit/london91/j17_b.html を参照）。

「政治宣言」が言う「多数国間の取組み」「集団的措置」とは、国連軍ではなく多国籍軍（有志連合）による武力行使＝戦争のことだ。日本国憲法の常識的理解では、日本が改憲抜きにこの「政治宣言」にコミットできるとは思えないが、海部政権付きの外務省は、内閣総理大臣に国内向けの顔と対外（米国）向けの顔を使い分けさせ、宣言に署名させた。外務省はすでに、このロンドン・サミット以前から国連PKOへの参加のみならず、将来的には多国籍軍（米軍中心のそれ）による戦争の「後方支援」を自衛隊が担えるようにすることを方針化していたのである。

サミット直前の六月、自民党は「国際社会における日本の役割に関する特別調査会」（座長＝小沢一郎自民党幹事長・当時）を立ち上げる。サミット後の九月に調査会がまとめた「たたき台」は、「日米安保条約の今後」について、次のように書いている。

冷戦後における新たな日米安保条約の在り方を検討する必要がある。その方向の一つとしては、現在の片務性から双務性に移行させ、条約の及ぶ範囲の見直しを行い、日米両国間の互いのグローバル・パートナーシップを目指すことが考えられる。その際は、集団的自衛権を認めない現状の憲法第九条解釈をクリアーしなければならない。（『海を渡る自衛隊』佐々木芳隆著、岩波新書、一九九二、一六三頁）

「同盟」とはとても言えない二国間関係から、「双務」的で集団的自衛権が行使できる同盟関係へと日米関係を移行させ、日米の「グローバル・パートナーシップ」を目指すとする「たたき台」は、先に触れた二〇〇五年の「日米同盟：未来のための変革と再編」を先取りするものであるが、そのシナリオは湾岸戦争直後に書かれていたのである。

よくよく考えてみれば、自衛隊の海外「派遣」が安保体制の再編に沿って行われ、その中に日本の「国際貢献」が位置づけられるのは、必然的なことである。なぜなら、安保の歴史は自衛隊の歴史に先行し、自衛隊は米国の安保戦略を担うものとして創設され、発展してきたからである。自衛隊とは、言わば「安保の子」であり、安保が存続するかぎり、その「出生の秘密」を隠すことはできない。「在日米軍の抑止力」なる幻影に惑わされ、安保を「日本の安全保障の基盤」とし続けるかぎり、米軍なくして自衛隊は「国防」の役割さえ果たすことができない。自衛隊とは、そもそもそういう風にして創られたてきた「実力」組織なのである。

であるなら、「国際平和協力」を語り、そのために日本に何ができるかを検討するにあたっては、その大前提として「安保をどうするのか?」という問いを先行的に整理せざるをえなくなる。そうでないと日本の「国防」とは何か、何が「脅威」なのか、それらへの「対処」のために自衛隊をどのように動かす/動かさないのか、といった一連の議論自体成立しなくなり、「国際平和協力」に自衛隊をどのように動かす/動かさないのかなど、構想しようもない。それが構想できないから、「国際平和協力」は必然的に「対米軍協力」になってしまう。不幸なことに、日本の「国際平和協力」は、当初から安保によって歪められてきたと言うしかない。しかし、これらはすべて自民党が権力を握っていた過去のことである。問題は今、民主党政権が何をしようとしているかにある。

民主党は、二〇〇九年の衆院選挙前に公表した「政策集」の「国連の平和活動」において、次のような政策方針を掲げた。

> 国際社会における積極的な役割を求める憲法の理念に合致し、また主権国家の自衛権行使とは性格を異にしていることから、国連憲章第四一条および四二条によるものも含めて、国連の要請に基づいて、わが国の主体的判断と民主的統制の下に、積極的に参加します。［国連憲章第四一条とは国連の「非

軍事的措置」、第四二条は「軍事的措置」を定めたもの。国連の「集団安全保障」はこの二つによって「保障」されるとされている」

民主党は「日米同盟の重層的深化」の中に、先にみた自衛隊の「国際平和協力」活動全般を位置づけ、これに「主体的・積極的に取り組む」と言う。その一環として菅政権は、ソマリア沖・エデン湾における自衛隊の「海賊対策」活動の一年延長を閣議決定し（二〇一一年七月二三日まで）、ソマリアに隣接するジブチ共和国の国際空港内に海自・陸自共同の「海賊対策」拠点（隊員宿舎、駐機場、格納庫）の建設も決定した。海自が国外に活動拠点を建設するのは初めてのことであり、しかもそれがブッシュ政権期の二〇〇八年に創設された米軍のアフリカ司令部（アフリカ大陸における米軍の作戦司令部かつ対テロ戦争拠点）が置かれている国に建設されることは、ここで明記しておく必要がある。

菅政権はさらに、右の決定と時を同じくして、自衛隊と米軍が相互に燃料や食料などを提供しあう「日米物品役務相互提供協定」（ACSA）を「国際緊急援助活動」にも拡大し、これに伴う自衛隊法の改定を決定した。この措置は、自公政権が二〇〇四年、ACSAの対象を①日米共同訓練、②国連PKO及び「人道的な国際救援活動」、③「周辺事態」などに加え、④「武力攻撃事態等」、⑤「国際の平和及び安全に寄与するための国際社会の努力の促進、大規模災害への対処その他」にも適用した法改定を踏襲するものであるが、自衛隊法が新たに改定されると、それに伴いおよそすべての自衛隊の海外「派遣」活動において米軍への「後方支援」が可能になる。「国際連合がその憲章に基づき」「平和に対する脅威に対抗し及び侵略を鎮圧する」体制を米欧（米軍とNATO軍）が構築し、それに日本（自衛隊）

が参加し、「集団的措置をとる」というロンドン・サミットの共同声明の内容が、民主党政権の下で現実のものになろうとしているのである。

3　安保の期限化を国連安保理改革と一体のものとして考える

日本の「国際平和協力」が、いったい何ゆえに「米軍と米軍を中軸とする多国籍軍に対する協力」になってしまうか。それは安保が、「冷戦仕様の国連憲章の産物」からポスト冷戦仕様のそれへと体制を変えてきたからである。

日本政府が言う「国際貢献」や「国際平和協力」を問うためには、もう一度、ベルリンの壁の崩壊時点に遡り、ポスト冷戦時代の「世界の平和と安全」のあり方や国連の「かたち」をめぐる議論をやり直さざるをえない。そこでは、冷戦時代の戦争＝平和を招いた国連安保理の責任問題とその改革論議、さらには外務省主導の「国連改革」の総括論議を欠かすことはできないだろう。

民主党は、先に触れた「政策集」の「国連改革」中で、①「国連改革に主体的・積極的な役割を果たす」、②「膠着した国連改革を抜本的に立て直し、安保理の構成や拒否権の見直し、敵国条項〔国連憲章第一〇七条〕の撤廃を求める」、③「国内世論と加盟国の支持を前提にわが国の常任理事国入りを目指します」と高らかに宣言した。

しかし、政権交代後丸一年を経ても、民主党が国連改革の何を「抜本的に立て直」すのか、安保理常任理事国（Ｐ５）の「拒否権の見直し」をどのように進めるのか、また日本もその対象に含まれる「敵国条項の撤廃」をいつ国連に要求するのか、何も明らかにしていない。民主党が「国連改革」にどのような「主体的・積極的な役割」を果たすのか、何も見えてこないのである。

バンデンバーグ決議、ふたたび

民主党が言う通り、国連安保理は「抜本的に」改革されねばならないし、その帰趨を決めるのはP5の「拒否権の見直し」である。これらを実現しなければ「国際の平和と安全」の名による武力行使が行われない世界は訪れない。安保にいつか期限をつけるために、この二つが必要不可欠であることは、第二章でみたバンデンバーグ決議（八三頁参照）をもう一度読めば明らかになる。

冷戦時代に米国を中心に形成されたすべての個別的・集団的安全保障体制は、一九四七年に米国上院で採択され、今日でも有効なこのバンデンバーグ決議に基づいている。日米安保も、きわめて「変態的」（岡崎勝男元外相。九四頁参照）ではあるが、その例外ではない。バンデンバーグ決議は、米国中心の軍事同盟網の形成を、国連を「強化」する一環として位置づけていたのである。

重要なのは、旧ソ連や中国もまた、国連憲章の規定に従って軍事同盟を形成し、国連憲章第五一条に則って集団的自衛権の行使を正当化したことである。つまりバンデンバーグ決議は、冷戦時代や「西側」の軍事同盟のみに限定されない、世界のすべての軍事同盟条約と国連システムおよび国連憲章第五一条との一般的関係を示しているのである。一九七〇年の安保の自動延長を前に、民社党の曽弥益は「[安保条約は] 世界のあらゆる軍事同盟と同様に、相対抗する軍事同盟とともに」国連の「理想的な安全保障体制にだんだんと融合、解消されるべき」と語ったが（一三七頁参照）、それは現存するすべての軍事同盟機構についてもあてはまることなのである。

とすれば、バンデンバーグ決議の一から六を次のように書き直すと、国連憲章の精神に則り、国連憲章および国際法の規定と手続に従って、世界から軍事同盟をなくす手順がみえてくるはずである（文中の括弧内が元の決議の内容。元の決議に冷戦時代を想起させる表現がいっさい存在しないことに注意したい）。

一、国際紛争やそれに類する事態の解決、および〔国連〕新加盟国の加入を含むすべての取極に関して、安保理常任理事国の自発的合意により拒否権を行使しないようにする。

（国際紛争やそれに類する事態の解決、および〔国連〕新加盟国の加入に関しては、〔安保理〕常任理事国の自発的合意により拒否権を行使しないようにする）。

二、国連憲章の目的、原則、条項に則った、個別的および集団的自衛のための地域的その他の集団的安全保障の取極を漸進的に解消する。

（国連憲章の目的、原則、条項に則った、個別的および集団的自衛のための地域的その他の集団的安全保障の取極を漸進的に発展させる）。

三、憲法の手続きに従った、地域的および集団的安全保障の取極の漸進的解消は、継続的な軍縮と軍事援助の即時中止と併せて、世界中のすべての人々の平穏な暮らしの実現に資するものでなければならない。

（憲法の手続きに従った、地域的および集団的安全保障の取極への米国の参加は、継続的かつ効果的な自助と相互援助に基づくと同時に、国家安全保障に資するものでなければならない）。

四、個別的自衛権と集団的自衛権の名による武力攻撃が起こらないように、国連憲章前文を死文化させる第五一条を廃止する。

（国家安全保障に影響を与えうる武力攻撃が起こった場合には、国連憲章第五一条に基づく個別的および集団的自衛権の行使を明確にしつつ、平和維持に貢献する）。

五、国連軍を配置しなくてすむように、軍備および武器生産の厳格な規制および早急な縮小に向けた国際的合意を得るために最大限の努力をする。

（国連軍の配置と、普遍的な軍備の規制および縮小に向けた合意を得るために最大限の努力をする）。

六、武力行使のない世界に向けた以上の努力を重ねるために、直ちに国連憲章第一〇九条の規定あるいは国連総会の呼びかけにより全体会合を開き、国連憲章の抜本的な再検討を行う。

（国連の強化に向けた適切な努力を重ねた後に、必要であれば、国連憲章第一〇九条の規定あるいは国連総会の呼びかけにより全体会合を開き、国連憲章の再検討を行う）。

武力行使のない世界を創造するために、まずはP5の拒否権を廃止する。次に、世界から個別的・地域的な軍事同盟機構の解消と国連憲章第五一条の廃棄を実現し、「核なき世界」から「武器なき世界」への本格的な移行をはかる。そのために国連憲章の規定に従い、国連総会を開催し、国連憲章の「抜本的な」「再検討」向けた国際的議論を開始する――。「安保の期限化を国連安保理改革と一体のものとして考える」とは、要するにそういうことなのだ。

本来であれば、政府の公式見解として「いかなる国とも軍事同盟を結ばず、集団的自衛権も行使しない」と宣言してきた日本こそが、もっと早く国連の舞台でそのための「主体的・積極的な役割」を果たすべきだった。日本の納税者が米国と並んで加盟国最大規模の拠出金を国連に出し、これまで国連財政に多大の貢献してきたのは、外務官僚に国際機関への天下り先を保障するためではなく、まさにそうした国連外交の展開を日本政府に期待していたからではなかったか。ところが、ポスト冷戦時代の外務省主導の国連外交は、冷戦時代の戦争＝平和を総括し、武力行使のない世界の創造に貢献するどころか、ますます「対米追随」路線を深めてきた。そもそも外務省が、P５との個別外交や国連外交において、拒否権の廃止を提案したことなど、一度としてなかったのである。

自公政権以降、外務省は日本の「常任理事国入り」を戦略目標にすえた国連外交を精力的に展開してきた。しかし、日本だけが新たな常任理事国になることを国際社会が認めるはずがない。そこで外務省は、ドイツ、ブラジル、インドとグループを組み（G４）、常任・非常任理事国双方の定数枠の拡大という「改革」プランを打ち出した。P５の拒否権保持を容認したまま、新常任理事国の拒否権は「一五年間凍結する」というプランである。

常任理事国の数を増やし、そこに日本が潜り込む。ただし、拒否権付きとなれば反対する国が増えるので、当面一五年間は行使しないことにする。そしてその間の拒否権をめぐる議論の行方を見守る、ということにする。しかし、P５が拒否権を自発的に放棄することはありえない。その結果、常任理事国の拒否権制度は存続する。そうなれば日本は、一五年先には拒否権を行使できる常任理事国になれる――。

小泉政権下の外務省は、この安保理「改革」案を携え、国連最大の票田、アフリカ連合（ＡＵ）の票を狙い、ＯＤＡの倍増、バラ撒きによって金で票を買う攻勢的な「紐付き外交」の賭けに打って出た。けれども結局、公式・非公式の政治工作を通じたＡＵの巻き込みにも、その他の国々の支持の取り付けにもことごとく失敗し、長年の外務省としての「悲願」を果たせぬまま、二〇〇九年秋の政権交代を迎えたのである。

常任理事国の拒否権問題を棚上げにしたまま常任・非常任理事国の定数をいくら拡大しても、安保理の表決方式が構造的にはらんでいる問題の改革にはつながらない。また、普天間問題さえ解決できない日本や、拡大ＮＡＴＯの中で軍事的役割を積極的に担ってきたドイツが、万が一にも常任理事国になったところで、安保理の政治は変わりようがない。「ブッシュの戦争」から「オバマの戦争」へと変わった対テロ戦争は、米英軍とドイツ軍を含むＮＡＴＯ軍を中心に戦われているのであり、そのＮＡＴＯ軍と自衛隊が「パートナーシップ」を深めるという「安全保障」論議が進行過程にあるのだから、Ｐ５が武力を行使しない世界の実現は遠のくばかりになる。

安保理の抜本的構造改革を放棄し、常任理事国入りのみを戦略化する外務省は、「国連中心主義」と「日米同盟主義」の両輪で対米軍事協力を「重層的に深化」させ、対テロ戦争時代の対米追随路線をひた走ろうとする。それを従来の憲法解釈を変更して行うか、それとも明文改憲によって行うかは、外務官僚にとっては基本的にどうでもよいことだ。明文改憲の機が熟すまでは、霞が関文学を駆使し、ひたすら解釈変更によって突っ走るだけである。民主党政権が長く続こうが、思ったより早く倒れようが、それとて大した問題ではない。要は、「戦後」六五年かけて営々と築き上げてきた外務省としての省益を死守し、この国で最も貴族的な政治エリートとしての法的地位を末代にまで残すことである。「対米追随」と何と言われようと、米国が世界のスーパーパワーであることに変わりなく、「私ども」は一九五一年九月八日に旧安保条約を結んだ段階で地獄の果てまで米国と命運をともにすることを決めたのである。

民主党の国連外交、安保理「改革」を問う

一九九〇年代から安保理常任理事国入り（のみ）を戦略化してきた外務省の「国連外交」とその破産を知る者の多くは、民主党が「政策集」（「国連改革」の項）の中に「膠着した国連改革」を「抜本的に立て直」すことや「拒否権の見直し」を盛り込んだことを、疑心暗鬼と期待感とが混じりあった思いで注目したはずである。疑心暗鬼とは「民主党にそんなことができるのか」という思いであり、期待感とはそれでも外務省の既定の方針を転換しなければ、事態は何も改善しないことは明らかであり、政権交代に「期待せざるをえない」という思いである。

ところが、民主党は政権交代にあたって外務省路線の何を総括し、具体的に何をどのように転換するのか、肝心要の政策方針を詰めてはいなかった。その結果、二〇一〇年七月の参院選挙のマニフェストでは、外務省路線の抜本的見直しではなく、自党の「政策集」の抜本的見直しを余儀なくされたのである。マニフェストでは、「政策集」で誇らしげに宣言した、①「国連改革に主体的・積極的な役割を果たす」、②「膠着した国連改革を抜本的に立て直し、安保理の構成や拒否権の見直し、敵国条項の撤廃を求める」は跡形もなく消え去り、それに代わって、①「アフガニスタンなどの平和構築に役割を果た

すため、ＰＫＯ活動などでの自衛隊および文民の国際貢献活動のあり方について検討するとともに、安保理常任理事国入りをめざします」、②「アフリカなど途上国支援を強化するため、国際機関やＮＧＯと連携するとともに、ＯＤＡのあり方を見直し、質・量ともに強化します」と、自公政権時代の外務省が「既定の方針」として確定した内容に舞い戻ってしまったのである。つまりは、普天間問題や消費税問題でみられた官僚からの巻き返しによる「ブレ」が「国連改革」においても再現し、「官僚主導から政治主導へ」とは逆のコースに向かう路線修正が施されたのである。

考えてみれば、民主党の原型は、冷戦崩壊によって分裂した自民党グループ（小沢派その他）と、日米安保と日米同盟の容認に転じた旧社会党系グループ、そして解党した民社党からの移行グループの混成体である。もちろん、混迷をきわめた冷戦崩壊後の政界再編の軌跡を年代順に辿って記述するなら、さらに細かく分類することも可能だが、五五年体制との対比でみた場合に民主党のルーツが右の三党にあることに変わりはない。その民主党が、民主党に先駆けて安保容認・日米同盟主義者に転じた公明党と元祖安保堅持・日米同盟主義者の自民党を神輿に担いだ外務官僚の戦略下で、彼らによって敷かれたレールの上を難なく走れるのは、当然と言えば当然である。民主党政権という名の鞍に跨り、その手綱を引いているのは依然として「政」ではなく「官」の方であることを、しっかり見極めておかなければならない。

野党となった自公両党は、与党としての民主党をとりあえずは攻撃してみせる。しかし、三党の間に安保・外交面における路線上の違いはない。「行動する平和主義」を標榜する公明党は、「古い自民党」よりはむしろ民主党に近いとさえ言うことができる。民主党は野党時代、「政権が変わっても外交・安保は継承する」と語っていたが、継承するも何も本質的な違いなどもともと何もなかったのである。

もっとも、ネオコン単独行動主義の「ブッシュの戦争」が全世界を引っかき回していた時代においては、民主党の自公政権批判や「国際協調主義」にもそれなりの説得力があった。しかし与党となった民主党は、民主党と同じ「国際協調」を語り、「対話」によって全世界を「テロとの戦い」に巻き込もうとする「オバマの戦争」に対して、異論を挟むことができないでいる。「国際の平和と安全」のために日本が「貢献」することは日本国憲法の理念に合致しており、自衛隊がそのために海外で武力行使したとしても憲法違反にはならない、という立場に立つ民主党の「国際協調主義」は、自公政権と同様に対テロ戦争におけるP５の武力行使を「問題なし」とし、日本国憲法の「平和主義」と国連安保理の「平和主義」とを同一化してしまうのである。

「右翼」「左翼」という冷戦時代の政治的スペクトラムで言えば、民主党は「護憲・保守リベラル」を正系とする五五年体制期の自民党の「限界」を「国連中心主義」を押し出すことによって「右」から突破し、そうすることによってあわよくば「日米同盟主義」を少しでも相対化し、自民党との差異化をはかろうとした。しかし、日米安保を堅持し、強化するという民主党の「国連中心主義」は必然的に自民党と同じ「対米追随」路線に帰着することになる。米国との「対等な関係」を主張してきた民主党のこの二重基準、二枚舌を政策論的に批判することが「国政の主権者」に問われているのである。

「国連は創り直されねばならない」——元国連総会議長の提言

第六三会期（二〇〇八年九月～二〇〇九年九月）の国連総会議長を務めた、ニカラグア出身のミゲル・

デコスト神父は、「国連は改革などできない。創り直されねばならない」と語った。これは二〇一〇年四月に米国のインターネット・メディア、Democracy Now! のインタビューに答えての発言だが、国連改革をめぐる民主党のなし崩し的方針転換がいかに誤ったものであるかを理解するために、国連における安保理改革論議の現段階をここで確認しておこう。

安保理を舞台に展開されてきた核パワー・ポリティクスのゲームのルールを「抜本的に」変えるなら、国際政治の基本構造も変わる。たとえどんなに困難を極めようと、これが安保理改革を論じるにあたっての大原則である。デコストが「国連は創り直されねばならない」と言ったのは、「戦争＝平和」ではない世界を築こうとする冷戦崩壊後の国連の努力が、Ｐ５によってことごとく挫かれるのを現場で目撃してきたからである。

たとえば、一九八九年から二〇〇八年七月までの二〇年間に、Ｐ５は総計一二八回にわたって拒否権を発動した。その内訳は、米国が最多の二〇回、ロシア五回、中国四回、英仏はともに二回となっている。米国の二〇回の内、一五回までもがイスラエルのパレスチナ占領政策に関する安保理の非難決議をブロックするためのものだった。この事実をみるだけでも、冷戦時代と同様に、中東和平を含むポスト冷戦時代の「国際の平和と安全」の巨大な障害物となってきたのは、ほかでもない米国とその他のＰ５であったことが確認できるだろう。だからこそ、拒否権の見直し→廃止は安保理改革と切り離して論じることはできないのである。

デコストは、二〇〇九年八月の広島平和祈念式典に国連総会議長として参加し、こうも発言している。「私は日本こそが最大限の道義的権威を持って、核保有国をこの象徴的な平和都市である聖なる広島に招き、世界に核兵器を一切許さない「ゼロ・トレランス」への道を進みはじめることにより、世界が正気を取り戻すプロセスに真剣に着手することのできる国であると信じる」――。デコストの二つの発言をつなげると、「世界が正気を取り戻すために、国連を創り直さなければならない」となる。そしてデコストは、日本こそがその「最大限の道義的権威を持って」いると述べた。まさに至言、と言うべきである。

「国連は創り直されねばならない」。そのためにはP5の「拒否権の見直し」が欠かせない。しかし、デコストは「それだけではない」と言った。彼が問題にしたのは、国連総会と安保理との関係性である。安保理の「狂気の沙汰」を国連総会の力によって「正気」に変えることをデコストは提唱し、自らの任期期間中にそれを実地に移そうとしたのである。具体的には、次のようなことである。

国連安保理では、「イスラエル問題」は米国の専権事項であるかのような扱いがされている。米国以外のすべての安保理構成国がイスラエルのパレスチナ占領政策や武力行使の中止を求める決議に賛同しても、米国の一存で決議は否決されてきた。そこでデコストは、「国連で最も民主的な機関としての国連総会の再生」をかけて、米国の拒否権発動によって否決された安保理決議を総会の場で再審議し、採決し直すという方法を提唱し、実際にそれを実行したのである。これはいわゆる「国連総会に対する安保理の優越」に挑戦する、きわめて大胆な試みだった。

二〇〇九年一月、総会の緊急特別セッションが開かれた。イルラエルとハマス（パレスチナ）との間の戦闘行為の即時停止と、イスラエルによる国境封鎖解除を求める安保理決議一八六〇を再度討議し、決議をあげるための二日間のセッションだった。そして賛成一四二、反対四、棄権二〇の投票結果により圧倒的多数によってこの決議案は支持された。安保理（米国）の意思と加盟国全体の意思がいかにかけ離れているか、これが改めて明らかにされた瞬間である。

現行の国連憲章に従うなら、総会の決議が安保理の決定を覆すことはできない。しかしそのことは、国連憲章自体がはらんでいる問題を逆に浮き彫りにする。つまり、総会の権限を拡大し、総会決議の実効性が担保されるように憲章を改定するなら、それだけでＰ５が国連全体の意思決定を左右している現状を変えることができる。デコストの挑戦は、実はそうした国連総会と安保理との関係を抜本的に見直そうとする改革論議の高まりを反映したものだったのである。

二〇〇九年九月からの第六四会期を通じ、国連における安保理改革論議は、①理事会構成のあり方と定数、②拒否権の見直し、③常任・非常任拡大枠の地域配分、④総会と安保理の関係、などのアジェンダを項目化し、これらに対して加盟国がそれぞれの立場を具体的に表明する段階にまで進展をみせた。

特筆すべきは、これらの改革項目をめぐる各国の主張が文書に網羅され、それに基づき第六五会期以降の政府間交渉が行われるようになったことである。無論、Ｐ５がおとなしく特権を放棄することは考えられない。今後もＰ５の巻き返しや紆余曲折は十分に予想される。実際、安保理の「民主化」に向けて拒否権の廃止を含む国連憲章の改定をめざそうにも、一九六五年に非常任理事国の定数が現在の一〇カ国に拡大されて以降、Ｐ５の既得権を侵害するあらゆる改革案はＰ５の拒否権発動の恫喝や政治工作によって次々と廃案に追い込まれてきた。しかしその一方で、Ｐ５は、すでに文書化された数々の安保理改革構想を反故にすることはもはやできないし、論議をゼロからやり直すように仕向けることもできない。このように二〇一〇年秋段階における安保理改革論議は、日本の方向性、つまり外務省と民主党内の「外交族」の政治工作によって民主党が方針転換したような方向性とは、まさに逆の方向に向って煮詰まっているのである。

こうした安保理改革論議の煮詰まり状況の中で、外務省は相変わらず、そして性懲りもなくG４グループとしての結束を固めながら、AUの巻き込みをもって常任理事国入りをめざそうとしている。しかし、抜本的な安保理の構造改革論議との関係で言えば、日本が常任理事国になるかどうかなど、取るに足らない些細な問題でしかない。常任理事国入りはこの国の官僚と政治家の病とも言える大国願望を体現し、白人（アングロサクソン）コンプレックスの代償となるだけに、また、同じ病に冒されたメディアにおいてもこの問題がほとんど批判的に扱われることがないだけに、「国政の主権者」としては「国連は創り直されねばならない」と言ったデコストの言葉を常に想起しながら、これから外務省が何をやるか／やらないかを監視し、チェックしてゆく必要があるだろう。

対テロ戦争の「狂気」から覚醒し、世界に「正気」を取り戻す

世界が「正気」を取り戻すその第一歩は、「国際の平和と安全」を守る歴史的使命を負った国連安保理が対テロ戦争の世界的拡大をもたらしたブッシュ政権時代の負の遺産を清算し切ることである。最後に、簡潔にこの問題に触れておきたい。

「テロリズム」に対する立場の違いを超えて、誰もが認めざるをえない事実が一つだけある。それは、アルカーイダ、タリバーンなどの「イスラーム原理主義」「人類共通の敵」は米軍やNATO軍の最新鋭の軍事力をもってしても結局は「抹殺」することができなかった、という事実である。その理由はと

ても単純である。特定の宗教的・思想的教義を持つ世界を外部から軍事的に解体することなど不可能であるからだ。しかも、彼／彼女たちは、イスラーム世界や自国の領土を米軍等の外国軍隊が侵略し、基地を作り、駐留し続けるかぎり、武装闘争を放棄しないと宣言している。ところが、国連も日本政府もこの事実を直視しようとしない。彼／彼女らの主張に耳を傾けようともしない。国連、そして日本は「ブッシュの戦争」を総括することなく、なし崩し的に「オバマの戦争」へと雪崩れ込んでしまい、未だにそこからの出口を見出せずにいるのである。

なるほど、政権交代直後のオバマ政権は、ブッシュ政権八年のネオコン軍事至上主義からの転換をもって、何とか米国のイスラーム社会に対するイメージアップをはかろうと腐心していた、と言えなくもない。しかし、「終わりなき戦争」としての対テロ戦争は、ブッシュからオバマに変わっても、その主戦場がイラクから再びアフガニスタンへ戻っただけである。「テロリスト」を殺し尽くし、国土を破壊し尽くし、後は国際社会を巻き込んで「復興」「開発」「人道支援」を行う、これがオバマ政権になっても何も変わらない対テロ戦争の基本戦略なのである。

オバマ政権はこの二年間、アフガニスタンとパキスタンで飛躍的に勢力を増大させてきたタリバーンの「穏健派」と「過激派」を分断し、「穏健派」の政治的取り込みをはかり、それによってアフガニスタンを中央アジアにおける反イスラーム原理主義・親米の砦としようとしてきた。しかし、それもことごとく失敗に終わった。軍事・開発・民生部門全体にわたる莫大なドルのバラ撒きを通じ、アフガニスタンを中央アジア最大の米軍の中継拠点と化し、かの地の大地に眠る鉱物資源の採掘権を握ろうとするのがオバマの「アフガン包括的新戦略」の中身だが、国連、ＥＵ、日本もこの「新戦略」なるものが

「世界の平和と安全」、自国の「国益」と「安全保障」に叶うということにして、これに全面的な支持を表明してきたのである。

問題はどこにあるのか？　それは、「テロとの戦い」においては、国家の内戦的事態に対する国連や第三国の「中立的関与」という大原則が見失われていることにある。たとえ一〇年、二〇年かかろうと、あくまで武力行使に反対し、粘り強く「紛争」の「調停」あるいは「仲介者」として関与し続けるという大原則を国連も第三国も放棄していることが問題なのである。外部からの軍事介入や外国軍による武力行使を国連や第三国が容認／黙認してしまえば、事態はいっそう悪化し、「紛争」は長期化するだけだ。国連も日本も、この最も基本的な事実から目をそらし、見て見ぬ振りをする。国連の場合この傾向は、ブッシュの時代よりオバマの時代になって以降の方が強く、日本の場合には、「アフガニスタンなどの平和構築に役割を果たすため、ＰＫＯ活動などでの自衛隊および文民の国際貢献活動のあり方について検討するとともに、安保理常任理事国入りをめざします」とマニフェストに謳った民主党政権の時代になってから、より顕著になっている。

こうして二〇一〇年現在の国連は、「テロ対策」を戦争化する米国の戦略を黙認し、「中立的関与」という大原則をかなぐり捨て、紛争国家の政権を支援するという明確な政治目的をあらかじめ持ちながら、「難民支援」「平和構築」「人間の安全保障」等々といった美名の下に、自らが当事者となってアフガニスタンという国に介入している。さらに国連のこの介入に、自国に深刻な「民族問題」とイスラーム武装勢力を抱えるロシアと中国が、黙認あるいは支持し、「連携」している（中国はアフガニスタンの「平和維持」に人民解放軍を派兵することまで表明している）。日本はと言えば、常任理事国入りの実現をひたすらめざし、「アフガニスタンなどの平和構築に役割を果たすため、ＰＫＯ活動などでの自衛隊および文民の国際貢献活動」をいっそう強化しようとしている。常任・非常任を問わない安保理を構成する国家、そして日本などの第三国が「ブッシュの戦争」で犯した同じ誤りを「オバマの戦争」においてもくり返しているのである。

世界の政治エリートたちの筆舌に尽くしがたい欺瞞、詭弁、偽善が現実の国際政治を支配する中で、その矛盾のすべては多国籍軍と武装勢力の戦闘行為に巻き込まれ、殺され、負傷し、難民となる一般市民の犠牲という形になって現れる。この状況を変えねばならないからこそ、デコストは「国連は改革などできない。創り直されなければならない」と語ったのである。

沖縄の海兵隊が特殊作戦部隊としてアフガニスタンに派兵されていることは周知の事実だが、この一点だけを取りあげてみても、安保と米軍駐留にいつか期限をつけることが世界の人々の平穏な暮らしの実現といかに密接な関係にあるかがわかるはずだ。日米同盟を再考し、安保に期限をつけることは、こうした対テロ戦争の現実を少しでも変え、私たちと同じようにごく普通に生きている、かの地の人々の受苦を減らすことと有機的に関係することなのである。

「人類共通の敵」に対して武力行使をくり返し、数え切れないほどの無辜の人々の犠牲を生み出してきた米国。そしてそれを追認する国連安保理の「平和主義」と日本の「平和主義」の暴力性。どれだけ長い年月がかかろうと、この平和の暴力性、平和のテロルを無化するためにも「安保の期限化」が私たち共通のアジェンダとなる日を実現しなければならない——、そのことを本書の結語としたい。

あとがき

1

本書は、『国家・社会変革・NGO』（新評論、二〇〇六）と『制裁論を越えて――朝鮮半島と日本の〈平和〉を紡ぐ』（同、二〇〇七）に掲載した私の論文の「続編」である。前者には「人間安全保障・植民地主義・NGO」を、後者には「安保を無みし、〈平和〉を紡ぐ」を書いた。この二冊と二つの論考に目を通してくださるなら、本書の趣旨をいっそう明確に理解していただけるものと確信している。以下では、日米関係や安保問題の専門家でも何でもない私が、本書を書くにいたった個人的動機と本書に収め切れなかった内容について、簡単に記しておきたい。

私は、一九六〇年代を小学生として過ごした世代の人間である。だから、「六〇年安保」の記憶はカケラもなく、「七〇年安保」についても、生まれ、育った大阪の街を労働者や学生たちが「安保粉砕」「安保廃棄」を掲げてデモ行進していた風景がかすかに記憶に残っている程度である。これはちょうど、今、二〇歳前後の人々が、「冷戦崩壊の記憶のカケラもなく、「九・一一」の映像が記憶にかすかに残っている程度」というのに似ている。

そんな私が、冷戦崩壊の記憶のカケラもない人々に向かって、冷戦時代に結ばれ、「九・一一」後の対テロ戦争を通じて大きく変質した安保について何をどう語るか。考えあぐねた末に、この国で最も権威があるとされている政治家や官僚が、安保について何をどう語ったかを、その論理展開も含めて読者が理解できるように記録することに決めた。そうすれば、この国の政治家と官僚が安保に関し、いかに詭弁を弄し、ときには嘘をも平気で語っていたかが自ずと明らかになるのではないか、そう考えたのである。

だから、本書には本文で引用したものを除き、「参考文献」というものがない。私が最も参考にしたのは国会の議事録である。次に、首相官邸、外務省、防衛省（防衛研究所）のウェブサイトである。国会で政治家や官僚が何を語ったのかを読み、政府の関係サイトに掲載されている公文書でそれを分析、確認するという方法である。その意味で本書は、私見を述べたものというよりは、日本政府や政党を代表する者たちの生の言葉を再構成したものにすぎない。おそらく、この方法をとることが、冷戦崩壊の記憶のカケラもない世代のみならず、「六〇年安保」を生々しい記憶としている世代、さらに今から二〇年後にどこかの図書館や古本屋で本書を手にする世代に対しても、日米同盟を再考し、安保に期限をつけることの意義を認識してもらう最良の方法ではないか、と私には思えた。

もう一つの動機は、安保・外交分野の国策との関係における「市民社会」の自立／自律性とは何かを、改めて考える素材を提出することにあった。「改めて」と強調するのは、このテーマは先に触れた『国家・社会変革・NGO』と『制裁論を越えて』にも共通するテーマであるからだが、「市民社会」と連携した日本の「国際貢献」論は民主党による政権交代以降、いっそう国の政策方針として押し出されるようになっている。そこで日米双方の政権交代を踏まえた、新たな分析が求められていると感じたのである。

政府と「市民社会」との連携・パートナーシップという表現は、①「市民社会」の側の「自立／自律性」があらかじめ制度的に保障され、②政府に対して「市民社会」が行う「提言」が個々の政策や個々のプロジェクトに反映される、あるいはそのための仕組みが現実に存在する、という錯覚を与えがちである。しかし、こと外務省所管の「国際協力」分野に関して言えば、その実態はごくごく一部の税金を外務省‐国際協力機構（ＪＩＣＡ）ルートで「市民社会」（ＮＧＯ＝非政府組織）にばら撒き、それを「市民社会」が「プロジェクト資金」と人件費の一部として「活用」するというスキームになっている。連携とかパートナーシップと言えば聞こえはよいが、政府・外務省の狙いは「市民社会」の取り込み（cooptation）をはかることにある、と私は考えてきた。これを民主党政権下の外務省は、安保理常任理事国入りという省益をかけた戦略の一環として、あるいは日本の国益（開発援助が日本の経済成長につながるという論理）と安保戦略（開発援助が日本の安全保障につながるという論理）の文脈の中で推進してきた。その外務省の焦眉の課題は、自公政権時代を継承するイラクやアフガニスタンにおける「復興人道・開発」プロジェクト、そしてアフリカ大陸における「人道・開発」プロジェクトの促進である。

私は、紛争や内戦の犠牲者のみならず、日米欧、そして中ロを含めた国々による金融・資源開発戦略の犠牲となった人々に対する支援の活動に、日本の「市民社会」は人的にも資金的にも、もっと貢献すべきだと考えている。しかしそれは、外務省が立案した「ＯＤＡの戦略的活用」論といった、外務省の安保・外交戦略に沿った海外「援助」の規模を拡大する（＝外務省の予算規模を拡大する）という発想とは無縁の考えに基づいている。

日本の税金が、それをほんとうに必要とする世界の人々のために、そしてその人々がほんとうに求めるもののために最大限に活かされるには、何を措いてもまず、①民主党が放棄してしまった外務省本体の構造改革を先行させ、②ＪＩＣＡの行財政改革と一体化した国際プロジェクトの事業仕分けの制度化をはかり、これらによって③日本の「援助」政策全般にわたる透明化と情報公開を徹底化させることが不可欠である。そのうえで、本書のテーマの一つである国連外交を含む外務省の外交政策の検証作業の中に「援助」政策の見直しの作業を組み入れ、自らの立ち位置を確定するのでなければ、「市民社会」は外務省に簡単に足をすくわれ、取り込まれ、利用されるだけである。

もちろん、このような主張に対する異論は多々あるだろう。しかし、日本の官僚機構は私たちが想像する以上に戦略的であり、狡猾であり、知恵があるということを、国に政策提言し、国と連携する「市民社会」の側は忘れてはならないだろう。いずれにしても、外務省の外交政策を問題視する議論自体が日本の「市民社会」には少なすぎるのが現状だ。異論を互いに排除せず、異論によって持論がより豊かになる、そうした議論の広がりに本書がささやかなりとも貢献できれば、と思う。

2

本書に収め切れず、幻となった二つの章がある。一つは、外交・安保を「国家の専権事項」とする主張を問うもの、もう一つは、「国政の主権者」の総意思を外交・安保における国家の意思とする「戦略」を考えようとするものである。これら二つの章を六章と終章との間に挿入する計画であったが、本書とは別に独立した形で読者に問う方が、本書の構成にとっても好ましいと考え直した。最後に、収録できなかったこの二つの章の問題意識を披瀝しておきたい。

日本国憲法は、外交に関して内閣が強大な権力を行使する余地を残している。安保条約は国会で「承認」され批准されたが、内閣は条約の調印にあたり、事前の国会承認はもちろん、審議することさえ義務づけられてはいない。官僚サイドから言えば、これは憲法第七三条二項が規定する「内閣の事務」の中の「外交関係を処理すること」の範疇で処理されることになる。

また、内閣総理大臣は、「外交関係について国会に報告」することを「職務」とするが（憲法第七二条）、事前にその概要を国会に報告しなければならない、という規定はない。つまり、「日米同盟」なるものを政権が変わるたびに日本政府が宣言し、準条約的な法的性格を持つ「日米共同声明」を連発できるのも、この第七二条にある内閣総理大臣の「職務」規定に基づいた行為の一つ、とみなせることになる。「一見、きわめて明白」な憲法違反が確認できないかぎり（それを解釈するのも官僚だが）、この国の内閣および内閣総理大臣（内閣付きの官僚たち）は、私たちの生活を根本から変えうる外国との条約や協定をフリーハンドで結び、さらにそれら条約や協定の実質的改定となる首脳間の「共同声明」を意のままに発することができるわけである。

一般に、外交や安全保障で「国家の専権事項」と言うときには、この「フリーハンド」をさしている。そしてこの「フリーハンド」は、政治家や官僚が「国政の主権者」の意思を顧みず、独断専行的な政策で居直るときに用いられる。新旧安保条約の調印、一九七〇年六月以降の安保の永続的「自動延長」はその典型だ。最近で言えば、普天間問題に関する民主党政権の閣議決定や「日米合意」などもそれに含まれるだろう。

しかし、これには重大かつ深刻な問題がある。その一つは、ただの市民／住民にとっては政府や官僚の横暴としか映らないそうした独断専行的な政策決定が、はたして日本国憲法の規定に従った行為と言えるのかどうか、もう一つは、市民／住民生活の根幹に関わる事柄が、当事者としての当該市民／住民の意思をバイパスし、日本政府と外国政府の「合意」のみによって決定されてしまってもよいのかどうか、という問題である。前者は、「内閣の事務」や「内閣総理大臣の職務」をめぐる憲法解釈、あるいは「三権分立」や「議院内閣制」など日本の「国のかたち」のあり方の根幹に関わる事柄であり、後者は、市民／住民主権の法的根拠の拡充、言葉を換えるなら、憲法が定める間接（代表）民主制の限界を乗り越える（あるいは補完する）直接民主制の諸制度の導入に関わる事柄である。

前者の問題を考究するにあたっては、日本国憲法は外交や安全保障が「国家の専権事項」であるとは何も言明していない事実を立脚点として、政府による憲法の拡大解釈を批判するという視点が重要である。政治家や官僚は憲法が明文的に否認していないことをもって「憲法上許される」と強弁し、憲法解釈の国家権力を行使するが、そうした解釈の余地を憲法が残していることと、それをもって「国政の主権者」の意思に反した権力の濫用や横暴を合憲化することは、まったく次元の異なる問題である。この認識を共有できるなら、議論はさらに「内閣の意思決定過程の透明性をいかにすれば実現できるか」という問題にも発展するだろう。そのためには、①有名無実化している内閣に対する国会のチェック機能の確立や、②情報公開制度のさらなる拡充などをめぐる議論も欠かせない。

しかし、詰まるところ議論は、「国政の主権者」の意思が、政策という形で押し出されてくる国家の意思を逆規定し、場合によってはその変更をも強制できるような「仕組み」はいかにすれば作れるか、ここに行く着くことになる。内閣の意思決定過程に対する「国政の主権者」の直接介入の「仕組み」。これが右に述べた、後者の「事柄」である。

3

あらゆる政治の意思の源泉は「国政の主権者」の総意思にある。

間接（代表）民主制の原理を基礎とする憲法理念から言えば、安保の再期限化の議論のイニシアティブは議会政党がとるべきである。日本国憲法は、その前文において、「日本国民は、正当に選挙された国会における代表者を通じて行動し……、ここに主権が国民に存することを宣言」し、「そもそも国政は、国民の厳粛な信託によるものであつて、その権威は国民に由来し、その権力は国民の代表者がこれを行使し、その福利は国民がこれを享受する」と定めている。

しかし現状では、既成政党にそのイニシアティブを期待することには無理がある。社共以外のすべての政党が日米同盟・安保堅持を掲げており、その社共両党にしても、安保の期限化をマニフェストに掲げ「国民運動」を組織するような気配は今のところ見られないからである。

この現状を打開するためには、二つのアプローチが考えられる。一つは、間接民主制（代議制民主主義）の論理に従い、既成政党に対してあくまで安保政策の見直しを求め続けるという形で、既成政党への関与を強めることである。どの政党（党員・支持者）も、在日米軍の駐留が無期限に続くことを容認することはないだろう。とすれば、政党の責任問題として、安保と米軍駐留の期限化をいずれは論じなければならなくなる。そのプロセスを促進するために既成政党の内外から関与を強める、というのがこのアプローチである。

　もう一つは、主権者の意思を必ずしも反映しない間接民主制の限界を、直接民主制の導入によって乗り越えることである。「安保を国民投票にかけよ」という議論はこのアプローチに基づくものだが、これは古く「六〇年安保」の時代から憲法学者や国会議員らによって幾度となく唱導されてきた主張である。

　たとえば、岸内閣が改定安保条約を強行採決するほぼ一カ月前、一九六〇年五月一七日の「安保国会」において、椎熊三郎（自民党）は「学識経験のあるりっぱな方々の意見を案件判断の参考」（椎熊）とすべく、その前々日に大阪で行われた公聴会で当時の立命館大学総長、末川博が述べた次のような見解を紹介している。「安保改定は国の運命を決する大問題であるから慎重に審議を尽くし、場合によっては国会を解散し、または国民投票をして国民の総意を問うべきである」。

　あるいは、一九六八年八月の参院外務委員会において、森元治郎（社会党）は次のように述べ、佐藤内閣に議論を仕掛けている。「衆議院、参議院の国会の選挙を通じて、安保条約に対して国民はわが自民党を支持しているなどと佐藤［栄作］さんはよく言うけれども、これは雲をつかむような話です。そうではなくて、具体的に一つの案件を取り上げて、そして国民の一人一人が、外交問題でもあるいは財政問題でもいい、それに国民の意思を投じて、国政に直接参加する道という意味で国民投票制度というのがあればいい」。

　注目すべきは、この森の質疑に対し答弁した、三木武夫（外務大臣・当時）の発言である。

このレフェレンダム〔国民投票〕の制度は憲法改正を伴います。したがってやはりこれは、各国が国民投票によってその国民の意思を聞くという制度は、民主政治のもとにおいては国民の端的な意思を聞く制度としては、非常によりよく国民の意思を聞き得る、早く短期間に正確に聞けるということで非常に検討に値する制度だと思いますけれども、憲法改正を伴いますので、これはどうでしょう、与野党なんかで一緒に検討してみるのは。

外務大臣、しかも首相経験者がこのような発言をしたにもかかわらず、政府・自民党は安保の国民投票をまともに検討したことがない。三木発言から丸四二年を経てもなお、この実施の可能性が「与野党なんかで一緒に検討」されたことは一度もない。その責任は自民党や旧社会党のみならず、議会政党のすべてが負っているのである。

安保の国民投票は、「一時停止」状態にある改憲手続きを促進するという、「寝た子を起こす」一面があることは否定できない。そしてそのことが議論の活性化を阻む要因にもなっている。その意味で安保の国民投票は慎重かつ真剣に検討されるべきだが、それでも私は「国政の重要課題」に関する国民投票は、「諮問」的なものであれ、積極的に検討され、実施されるべきだと考えている。なぜなら、主権者の総意が政党政治に反映されず、安保の無期限状態に関する主権者の意思が一度も問われないという状況が構造化されている現状にあっては、間接民主制の限界を補う諸制度（それには既存の住民投票制度の制度改革も含まれる）を導入する以外に方法はないからだ。安保の国民投票の実施は、なぜそれを問うのかという議論と不可分一体のものであって、そうした議論を広く行うプロセスそのものが、国民投票を凍結状態にしておくよりも、はるかに政治的な意義を有したものになる、と私は考えている。

憲法体系における間接民主制と直接民主制の緊張関係を踏まえながらも、五五年体制が構造的にはらんでいた矛盾と問題を未だに引きずっている政党政治の状況から言えば、国民投票制の導入や既存の住民投票制の制度改革の推進等による政治的意思決定システムの拡大は、日本の民主政の形成のために、もはや避けられない課題になっている。他のあらゆる政治的・社会的問題の解決と同様、日米同盟を再考し、安保にいつか期限をつけるという課題についても、この「民主政の形成とその深化をいかに実現するか」という観点に即し、もっと広く議論されてしかるべきである。

「日米安保五〇年」に際し、日米同盟と日米安保を根本から問い直す議論の素材の一つとして本書が活用されることがあるとすれば、著者としてこれにまさる喜びはない。読者の忌憚なき批判を仰ぎたい。

最後に、本書の執筆を勧めていただいた新評論編集部の山田洋氏への深謝を記しておきたい。

二〇一〇年九月八日
サンフランシスコ平和条約と
旧日米安保条約の署名から
五九年目を迎えた「青空」の日に。

中野　憲志

ナ行

タ行

事項索引

ナ行

ハ行

マ行

ヤ行

ラ行

ワ行

人名索引

著者紹介

中野憲志（NAKANO Kenji）

先住民族・第四世界研究。〈官僚制国家からの自律〉をテーマに、NGO論、現代教育—大学制度解体論、外交・安保問題に強い関心を持つ。目下、「ユナイティド・フルーツ社の興亡とラテンアメリカの先住民族」および「戦後官僚独裁論の系譜」を研究中。

著書に、『制裁論を越えて』（2007）『国家・社会変革・NGO』（2006、いずれも新評論）のほか、『大学を解体せよ——人間の未来を奪われないために』（2007、現代書館）、『グローバル化に抵抗するラテンアメリカの先住民族』（共編、2004、現代企画室）、『グローバル時代の先住民族——「先住民族の10年」とは何だったのか』（共編、2004、法律文化社）、『マヤ先住民族——自治と自律をめざすプロジェクト』（2003、現代企画室）などがある。

訳書に、グスタボ・エステバほか『学校のない社会への招待——〈教育〉という〈制度〉から自由になるために』（2004、現代書館）、ジェニファー・ハーバリー『勇気の架け橋——グァテマラ内戦とマヤ先住民族・ゲリラの戦いの記録』（共訳、1999、解放出版社）などがある。

日米同盟という欺瞞、日米安保という虚構　（検印廃止）

2010年11月10日　初版第1刷発行

著　者　中野憲志
発行者　武市一幸

発行所　株式会社 新評論

〒169-0051　東京都新宿区西早稲田 3-16-28
http://www.shinhyoron.co.jp
TEL　03（3202）7391
FAX　03（3202）5832
振替　00160-1-113487

定価はカバーに表示してあります
落丁・乱丁本はお取り替えします。

装幀　山田英春
印刷　フォレスト
製本　河上製本

ISBN978-4-7948-0851-6 C0031

日本音楽著作権協会（出）許諾第1011428-001号

Printed in Japan

好評刊

国家・社会変革・NGO

政治への視線・NGO 運動はどこへ向かうべきか

ISBN978-4-7948-0719-8

藤岡美恵子・越田清和・中野憲志＝編

NGO が直視することを避けてきた危機を正面から捉え、NGO 賛美論と無用論の背後にある“取り込み”と“排除”の両構造を“現場”の目線から注意深く検証。NGO 運動の自己変革と「生きた社会運動」のための備忘録。NGO 経験者が NGO の根本問題に挑む。第 9 章に中野憲志著「人間安全保障・植民地主義・NGO」を収録。

A 5 上・334頁・3360円

制裁論を超えて

朝鮮半島と日本の〈平和〉を紡ぐ

ISBN978-4-7948-0746-5

中野憲志＝編

日本が日朝平壌宣言（2002年 9 月）の精神に立ち返り、朝鮮半島の植民地支配の清算を行わずして「北朝鮮問題」の解決はありえない。「北朝鮮脅威」論の虚妄性と日本社会に今尚存在する植民地主義イデオロギーを鋭く抉り出し、日朝新時代を市民の力で切り開く。第 5 章に中野憲志著「安保を無みし、〈平和〉を紡ぐ」を収録。

四六上・292頁・2730円

価格はすべて定価（税 5 %込み）です。